U0909051

现代汉语语气词的功能特征研究

——以类型学视角

齐春红◎著

中国社会科学出版社

图书在版编目（CIP）数据

现代汉语语气词的功能特征研究：以类型学视角 / 齐春红著．— 北京：中国社会科学出版社，2022.12

ISBN 978-7-5227-1144-7

Ⅰ．①现…　Ⅱ．①齐…　Ⅲ．①现代汉语—助词—研究　Ⅳ．① H146.2

中国版本图书馆 CIP 数据核字（2022）第 238431 号

出 版 人　赵剑英
责任编辑　宫京蕾
责任校对　王佳玉
责任印制　郝美娜

出　　版　中国社会科学出版社
社　　址　北京鼓楼西大街甲 158 号
邮　　编　100720
网　　址　http：// www. csspw. cn
发 行 部　010-84083685
门 市 部　010-84029450
经　　销　新华书店及其他书店

印刷装订　北京君升印刷有限公司
版　　次　2022 年 12 月第 1 版
印　　次　2022 年 12 月第 1 次印刷

开　　本　710 × 1000　1 / 16
印　　张　17. 25
插　　页　2
字　　数　283千字
定　　价　85.00 元

凡购买中国社会科学出版社图书，如有质量问题请与本社营销中心联系调换
电话：010-84083683
版权所有　侵权必究

目　录

绪　论 …… 1

一　研究缘起 …… 1

二　本书的研究意义 …… 5

三　本书的研究思路 …… 5

四　本书的研究方法 …… 6

五　本书研究的主要内容 …… 10

六　本书所使用的语料库的来源及其检索办法 …… 11

第一章　相关研究现状及“语气”的界定 …… 14

一　“命题”“情态”和“语气” …… 15

二　“语气”的界定及其表达形式 …… 24

三　本书所划定的语气词的研究范围 …… 30

第二章　汉语语气词“呢”的类型学特征研究 …… 32

第一节　基于语音实验的疑问句里“呢”的语用功能探究 …… 32

一　实验情况说明 …… 35

二　三个句子里各字频率半音值数据的有效性及其对疑问语调的作用情况分析 …… 35

三　34位被试三个句子的焦点情况分析 …… 47

四　结论与讨论 …… 58

第二节　基于语料库的现代汉语语气词“呢”的语用功能分析 …… 60

一　引言 …… 60

二 泰语母语者现代汉语语气词“呢”的使用情况及原因探析……61
三 “呢”的语用功能分析……65

第三章 现代汉语语气词“吗/嘛”的类型学特征研究……67
第一节 基于语音实验的疑问句和陈述句里的“吗/嘛”的语用功能探究……67
一 实验情况说明……69
二 三个句子里各字频率半音值数据的有效性及其对疑问语调的作用情况分析……70
三 34位被试三个句子的焦点情况分析……75
四 结论……90
第二节 用于句中和句尾的“嘛”的语用功能探究……92
一 陈述句中“嘛”的语用功能分析……93
二 祈使句中“嘛”的语用功能分析……95
三 主语或话题后的“嘛”的语用功能分析……96
四 结语……104

第四章 现代汉语语气词“吧”的语用功能研究……106
第一节 现代汉语语气词“吧”是否为疑问语气词的实验研究……106
一 实验说明……107
二 实验语图情况分析……108
三 小结……111
第二节 汉语与缅甸语里的表示祈使语气的语气词的对比……111
第三节 汉语与越南语里的表示祈使语气的语气词的对比……114
第四节 汉语与泰语里的表示祈使语气的语气词的对比……121
第五节 本章小结……126

第五章 语气词“啊”的语义特点、语用功能特征研究……128
第一节 “啊”在疑问句里的语用功能探究……129

一　越南语疑问句里相当于“啊”的语气词的语义、语用功能分析 …… 130
二　已有研究中对现代汉语疑问句中“啊”的语音特征分析 …… 135
三　余论 …… 137
第二节　现代汉语语气词“啊”的语义、语用功能探究 …… 137
一　现代汉语里“啊”出现的句类及其使用频率 …… 138
二　陈述句和感叹句里的“啊”功能一致 …… 139
三　祈使句句末的语气词“啊”的语用功能 …… 140
四　疑问句里的“啊”语用功能 …… 141
五　句中语气词“啊”凸显抒情功能，舒缓语气，强调焦点 …… 142
六　小结 …… 145
第三节　缅甸语里相当于“啊”的语气词的语用功能分析 …… 145
第四节　基于汉语和越南语对比的“啊”的语用功能及其叹词用法来源探究 …… 149
一　现代汉语中语气词“啊”和叹词“啊”的来源 …… 150
二　越南语里相当于“啊”的词语的用法 …… 152
三　越南语里相应于“啊”的语气词的使用频率分析 …… 158
四　结论 …… 160

第六章　汉语语气词“的”“了”的类型学特征 …… 162
第一节　现代汉语句末语气词“了”的功能特征探讨 …… 162
第二节　现代汉语句末语气词“的”的功能特征探讨 …… 169
一　实验说明 …… 172
二　实验语图情况分析 …… 172
三　实验结论 …… 181
四　余论 …… 182
第三节　基于汉语对比的汉语“的”“了”的类型学特征探讨 …… 183
一　缅甸语里与“的”“了”相应于的虚词使用情况 …… 183

二 泰语里与“的”“了”相应于的虚词使用情况…………… 185

第七章 典型语气词的功能类型学比较及相关研究方法探讨………… 187
第一节 基于语音实验的“呢”“吗”“吧”的疑问功能比较 ………………………………… 187
一 “呢”问句和相应陈述句的各字语音特征分析…………… 187
二 “吗”问句和相应陈述句的音高、音长情况简要分析…… 193
三 “吧”问句和相应陈述句的各字语音特征分析…………… 194
四 带“呢”“吗”“吧”的疑问句与相应陈述句的差异比较………………………………………………… 195
第二节 基于汉外对比的“呢”“吗”“吧”的疑问功能比较 ………………………………………… 197
一 汉语和越南语疑问语气词的语用功能比较……………… 197
二 汉语和缅甸语疑问语气词的语用功能比较……………… 214
三 汉语和泰语疑问语气词的语用功能比较………………… 219
四 汉语疑问语气词的类型学特征小结……………………… 227
第三节 基于现代语气系统的“呢”“吗/嘛”“吧”“啊”的语用功能比较 ……………………………… 228
第四节 语气词的研究方法讨论及语气词的界定 ………………… 238
一 语气词的研究方法讨论…………………………………… 238
二 语气词的界定……………………………………………… 243

结 语……………………………………………………………… 245

参考文献…………………………………………………………… 249

后 记……………………………………………………………… 272

绪　论

一　研究缘起

中国古代的虚词研究主要是为了解释意义，《马氏文通》诞生至今，汉语语法界在虚词研究方面取得了显著的成绩，主要表现在：理论上不但保留了结构主义的合理内核，而且还把格语法、依存语法、转换生成语法、系统功能语法、认知语法等多种理论应用于虚词研究；在研究虚词时，尽可能地将语法、语义和语用，历时和共时，共同语和方言等各方面联系起来；分别把意义或形式作为出发点，从各个角度互相验证，充分揭示虚词的语法意义和句法形式之间的相互依存关系；加强对语义特征和语义指向、预设、隐含和蕴含、语境因素和篇章特征以及由虚词构成的格式和引起的歧义现象的研究。但是也存在一些不足之处：运用结构主义的理论和方法比较纯熟和普遍，其他学说和流派的理论和方法不够普遍和成熟；具体的归纳分析和表层现象较多，内在联系的探索和深层关系的解释不够；微观的单个虚词研究和分析较详尽，宏观的整个类别探讨和理论总结相对简略。还有一个最重要的研究缺陷，就是如果只在汉语的内部看汉语虚词的特点，常常是自说自话，当外国人学汉语的时候，这些解释不能让人信服。如张敏（1998：320）指出表情状关系的定语都必须带结构助词“的”作定语，原因是这些定语表达的概念和中心语概念之间的距离较大，而我们通过对老挝语的考察发现，老挝语里的形容词重叠式作定语一定不能加“的”，如汉语里说“漂漂亮亮的姑娘”，泰语和老挝语里，这种描写性定语与中心语之间却一定不能加任何连接词。因此，如果我们拿距离象似动因去解释汉语里“的”字的隐现规律，外国学生往往是不信服的。所以我们必须结合其他语言，在语言类型学理论的指导下，去寻求对汉语虚词意义和用法的更有力的描述和解释。

刘丹青（2003：4—5）指出语言类型学弥补了单一语言研究的不足，致力于从跨语言的角度研究人类语言，通过跨语言的比较寻求或验证语言共性，再以语言共性为背景更透彻地揭示具体语言的特点。[①]跨语言比较能够深化类型学、语言的共性和个性、语言认知、语言接触等理论的研究，汉语和非汉语结合研究，是深化语言研究的一个重要、可行的语言研究方法。[②]比如，汉语学界曾有把“呢”“吗”“吧”“啊”等词归为语气助词还是独立地归为语气词的意见分歧，但是如果放眼于世界其他语言，这个问题就不难解决。印尼语的语气词可以用在句首，独立使用，印尼语里Ayo[yuk]这个语气词既可以放在句首，也可以放在句尾表达跟现代汉语语气词“吧”一致的语气，例如：

［1］ayo/yuk，masuk!

[ayɔ/yuk][masuk]

吧　　进去　（进去吧！）

［2］Masuk ayo/yuk!

[masuk] [ayɔ/yuk]

进去　　吧　（进去吧！）

越南语语气词有一些可以出现在句首，表示祈使语气。例如：

［3］Đi，đi，đi đi mà!

[di^{44}]，[di^{44}]，[di^{44}] [di^{44}][ma^{22}]!（去吧！）

越南语语气词“đi”的使用频率非常高，也就是说在交际过程中越南人经常使用“đi”来表示“祈使语气”。但是在不同语境中，语气词“đi”的语义还是有所不同，大致有以下5种意思。

［4］“đi[di^{44}]”表示“建议语气”

Hỏi ổng đi.

[hɔi^{212}] [oŋ^{212}][di^{44}].（问他吧。）

---

① 刘丹青：《语序类型学与介词理论》，商务印书馆2003年版。

② 戴庆厦：《汉语和非汉语结合研究是深化我国语言研究的必由之路》，《中国语文》2012年第5期。

［5］“đi[di^{44}]”表示“催促语气”

“đi”表示“催促”行动（动作）的开始，它是一个变化过程。例如：

Bác trả lời đi ，sao bác lại kể chuyện này cho Triệu Vỹ nghe ?

[bak^{335}][ʈa^{212}] [lɤi^{22}] [di^{44}]，[ʂaɔ^{44}] [bak^{335}][lai^{221}][ke^{212}][cuien^{221}][nai^{22}] [cɔ^{44}] [ʈieu^{221}][vi^{325}] [ŋ ɛ^{44}]?

（你回答吧，为什么把这件事情告诉他？）

上例中用“đi”表示说话者“催促”听话者快点“回答”，因为他（她）很想知道答案。

［6］“đi[di^{44}]”表示“命令语气”

表示听话者按照说话者的话去做，表示“命令语气”。例如：

Được rồi， ra ngoài đi!

[dɯɤk^{221}] [ʐoi^{22}]，[ʐa^{44}][ŋɔai^{22}] [di^{44}]!（好了，出去吧！）

上例中“đi”表示命令语气，命令对方出去。

［7］“đi[di44]”表示“劝阻语气”

说话者通过使用“đi”来“劝阻”听话者，要求其停止或不要做某种行为。例如：

Thôi，cho xin lỗi... nín đi rồi.. đi ăn hủ tiếu.

[t’oi^{44}]，[cɔ^{44}] [sin^{44}] [loi^{325}]... [nin^{335}][di^{44}][ʐoi^{22}]...[di^{44}] [ăn^{44}] [hu^{212}] [tieu^{335}].

（对不起……不哭了……带你去吃东西。）

上例中“đi”表示劝阻，希望听话者不要哭了。

［8］“đi[di^{44}]”表示“请求语气”

“đi”用来“请求”别人帮助或恳请别人不做某事。例如：

Về với ba đi con!

[ve^{22}] [vɤi^{335}] [ba^{44}] [di^{44}] [k ɔˇn^{44}]!（儿子跟我回去吧！）

上例中说话者“请求”听话者回去。在越南语语料中“đi”表示“请求语气”用得比较少。

通过上面的语言事实我们可以看到越南语中表示祈使语气的“đi”既可以用在句末，也可以用在句首。我们汉语的语气词必须依附于句子或者短语，不可以独立地表达语气，缺乏像印尼语“Ayo[yuk]”或者越南语“đi”这样的语序灵活性和意义独立性，更多地具有助词的特征，因此应该归为语气助词。

由于虚词的意义特别虚，如果不通过跨语言的比较，很难发现汉语虚词的句法、语义和语用功能的共性和个性，但是跨语言比较的具有对比价值的语言点却很难找到，不过非汉语母语者的中介语偏误可以为我们找到非常好的对比角度。下面我们以语气词为例进行说明。现代汉语里的“$了_2$”与其他语言相比，有一个很大的差别，即“$了_2$”可以表达说话人的主观情态，同时又与时、体相联系①；并且在现代汉语里还形成了“太+动词/形容词+了”这样特殊的构式，这一点我们是通过观察汉语中介语发现的。我们曾用下面的图片，请非汉语母语者写句子回答“吃完饭他会说什么？”这个问题，有个具有中级水平的越南同学写的句子是：“太饱啊!”；有一位汉语中级水平的泰国同学是这么写的“这个菜真好的。”

题目：吃完饭他会说什么?

从泰国学生和越南学生的答案可以看到非汉语母语者很难理解汉语里的“了”“的”“啊”的区分，也不太清楚与每个语气词相关的汉语构式是什么。我们要想弄清楚汉语里不同语气词的区别，就要对汉语里的常用语气词进行系统的分析。但是，语气词的意义比较空灵，想要全面地归纳汉语语气词的意义，除了运用汉外对比外，还需要借助实验语音学的帮

① 金立鑫（2015：38）、于秀金（2017：681）、范晓蕾（2021：360）等认为“太……了”中的“了”是语气词，而陈前瑞、胡亚（2016）则认为“了”是表示时体功能的助词，不是语气词。

助，通过科学的语音分析来探索汉语语气词的调值，及其对焦点及功能语气的作用。

二　本书的研究意义

（1）深化现代汉语口语语气系统的本体研究。本课题基于多语书面语语料库，结合实验语言学和语言类型学方法进行实证研究，可以通过汉语与泰语、越南语、缅甸语的对比看出汉语语气成分类型的特点，寻找在汉语里占优势的表述方式在三国语言里的对应形式，寻找现代汉语语气语调功能的类型特征，并通过三国汉语学习者语气词的偏误和习得规律来印证我们研究结论的有效性，深化对汉语语气词功能特征的研究。

（2）有利于加深语言类型学的研究。可以把汉语和缅甸语、越南语、泰语进行比较，厘清汉语语气词的语言类型学特征，分析现代汉语典型语气词的核心功能、扩展功能和边缘功能，真正地从类型学高度总结汉语语气词相关的倾向性共性和个性，把汉语语气词的显赫范畴纳入汉语虚词库藏，丰富汉语语言学和语言类型学的研究成果。

（3）有利于国际中文教育的发展。语气词是将汉语作为外语的学习者较难把握的地方，而汉外对比是找到非汉语母语者学习难点形成的原因，纠正其语病的一个重要方法。如果能把我们总结出来的简单本质的语法原则提纲挈领地贯彻到语言教育的实践中去，在教材编写和课堂实施过程中，让师生得以举一反三，纲举目张，无疑可以改进教学效果。此外，本课题的研究基于大规模语料得出的语气词的使用数据还可以为开发留学生学习语气词、语调等语气成分的软件提供信息编码和处理的依据。

三　本书的研究思路

（1）通过对自建的80万字的三国学生汉语中介语语料库的考察和汉外语言对比，发现与汉语语气词有关的有对比价值的语言点。

（2）在汉语语料库和其他国家语言语料库的基础上依据语言类型学理论，对此语言学理论进行对比，进而得出汉语虚词的类型学特征，并把观察到的特征通过汉语中介语的习得规律进行验证，验证使用的方法是“语义镜像法”。

（3）归纳汉语语气词的类型学特征，研究汉语在语言类型学特征上的蕴含共性（或和谐关系）和类型个性，把与汉语语气词相关的显赫范畴纳入汉语库藏，对语言类型学所发现的跨语言蕴含关系进行验证和补充。

四　本书的研究方法

（一）语料库语言学的统计与分析法

语料库语言学是在语料库的基础上对语言进行分析和研究的科学。语料库语言学既是一种工具，但更是一门学科；它是对语言行为进行概率性归纳和概括的一门学科，它本身是跨学科性的，要作语料库语言学研究，许多方面都要有比较雄厚的基础，比如统计学、现代教育技术、计算机软件这些领域的知识，它们都会在对语料进行统计分析的时候有所涉及。[①]

基于大规模的语料库的分析，更容易观察到语言的使用规律。本课题对语言点的选取是建立在基于对缅甸、泰国和越南非汉语母语者中介语语料库的分析的基础上的。非汉语母语者易习得的地方往往体现了汉语虚词的类型学共性；容易出错的地方，常常暗示了汉语虚词的类型差异性。此外，我们对汉语和其他三国语言的分析也是建立在对四国语料库分析的基础上的。

（二）语言类型学的研究方法

语言类型学起始于19世纪的欧洲，因其以形态为标准，不考虑语言亲属关系，将世界语言按其类型，分为孤立语、屈折语、粘着语和多式综合语（又叫编插语）四类，又被称为形态类型学，也被称为古典语言类型学。Greenberg（1963）把语序类型作为类型学研究的核心问题，开创了当代语言类型学。Greenberg（1966）归纳出了45条蕴含共性，这些蕴含共性是建立在对多个语种样本统计归纳基础上的倾向性共性，比如，SOV语序蕴含该语言使用后置词的倾向。

语言类型学以形式与功能结合为原则，以跨语言的可比性为前提，以

① 桂诗春、冯志伟、杨惠中、何安平、卫乃兴、李文中、梁茂成：《语料库语言学与中国外语教学》，《现代外语》2010年第4期。

单一语言的描写分析工作及研究成果为依据，以从意义或功能出发预先设定的一个“范畴”为比较基础，检验各语言“编码”这一“范畴”的形态句法结构或方式，说明不同语言运用这个形态句法结构的范围以及使用不同句法结构方式表达这一“范畴”的结构类型，确定所对比的语言各自诸多结构表现类型中的一种保持基本类型。这种比较便于从类型学上概括语言共性、描述语言个性，克服单一语言现象分析不一定适合另一语言的困难，解决结构主义、生成语法以及语义、语用功能主义概括法所无法解决的难题。

刘丹青（2011）最早提出要建立语言库藏类型学，他（2011：301）指出语言库藏类型学是语言类型学的一个分支，它在跨语言学考察的基础上总结，人类语言在语言库藏方面的共性和类型差异。刘丹青（2017：273）指出语言库藏（Linguistic Inventory）是一种语言或语言的某一方面所拥有的语言手段的总和，语音、词汇和语法的手段都属于语言库藏。他（2011）认为类型学传统上主要从语义、语用范畴出发，看它们在语言形式中如何表达，语言库藏类型学关注语义语用范畴和形式手段的双向互动，尤其关注形式手段及其显赫性的差异对范畴表达的影响，并关注语言库藏差异中表现出来的语言共性。我们这个研究主要关注汉语虚词与其他语言（主要是越南语、泰语和缅甸语）虚词表现手段的显赫性[①]差异和共性，研究虚词库藏差异对语言类型差异的影响，在跨语言对比的基础上根据认知语言学的范畴化理论归纳出汉语虚词的原型功能、扩展功能和边缘功能。原型功能是一类语法手段的最重要的、使用频率最高的功能，扩展功能或者边缘功能是指扩展到相邻的甚至有一定距离的语义、语用范畴的功能，边缘功能是使用频率比较低的功能，从使用频率上来看，三者的使用频率可作如下排序：原型功能>扩展功能>边缘功能。（“>”表示

① 刘丹青（2011：290）指出显赫范畴，不仅凸显，而且强势，它会在使用中“侵占”其他语义语用范畴的领地，带来语言之间形义关系错综复杂的局面，并成为语种间类型差异的重要肇因；特定语言中的任何领域都有某些范畴凭借自身的库藏优势扩展用途成为显赫范畴，而另一些语言则会有另一些范畴成为家大业大的显赫范畴，显赫范畴常常表现为使用频率高、能产性和强制性大，扩张力和适用域广。陆丙甫、应学凤、张国华（2015）则指出语法化程度高（包含凸显）和扩展能力是一个范畴是否显赫的重要标准。于秀金（2018：11）主张把语法化程度、类推性、强制性、频率性及适用性作为评价范畴是否显赫的五个参数。

高于）[①]

本书主要借助语言库藏类型学的理论研究汉语语气词类型学共性和个性，找出语气词里的显赫范畴，在跨语言对比的基础上，归纳汉语虚词的原型功能、扩展功能和边缘功能；同时用汉语同越南语、泰语和缅甸语对比所表现出来的共性和差异点对语言类型学理论研究出来的结论进行验证和补充，试图根据汉语虚词所表达的语义、语用范畴的入库能力和显赫度将其排出等级序列。

（三）语义镜像法

Dyvik，Helge（2002）提出了“语义镜像法”，其基本假设是：在单一语言下，看似一致的语句翻译到其他语言中去，其语义和语用差别就会清晰地显示出来。[②]初级非汉语母语者在使用汉语的时候常常受母语的负迁移[③]影响，汉语虚词的语义和语用功能在他们的汉语中介语里就反映出来了，这是一种间接的语义镜像法。学习者用汉语表达的时候常常会借助母语的表达习惯，这样，如果这一习惯与汉语一致就会出现正迁移，这一语言点就会相对容易习得一些；如果母语的表达习惯与汉语的不一样就会出现负迁移，就会影响习得的进程；如果某一语言点非汉语母语者习得的顺序都靠前，就说明汉语的这一语言点是语言类型学上的无标记共性。优选论理论的标记性原则也支持这一结论。标记性原则，即“输出要尽可能的是人类语言里面的无标记的形式”。[④]

目前学界通常是根据语言类型学的研究结论来研究第二语言习得顺序。如孙文访（2012）指出语言类型学理论通过跨语言比较得出的语言共性可以为第二语言习得顺序研究提供理论依据，一种语言中与语言共性相一致的特征更容易习得，与语言共性不一致的特征更难习得。语言类型的标记性可以更准确性地预测难点；反过来，学习者的语言可以作为试验

① 见刘丹青《汉语的若干显赫范畴：语言库藏类型学视角》，《世界汉语教学》2012年第3期。

② 转引自姚双云、姚双云《由“语义镜像法”看“而且”的并列用法》，《汉语学报》2017年第3期。

③ 母语负迁移是指母语对学习母语以外语言的干扰。这种干扰在初级阶段发生的可能性比中后期要大得多。参见赵杨《第二语言习得》，外语教学与研究出版社2015年版，第67页。

④ 刘丹青：《语言类型学》，中华书局2017年版。

田，对语言类型学的研究成果加以运用。高顺全（2019）基于语序类型学理论研究了汉语介词和介词框架的习得规律与汉语介词的类型学特征及学习者母语介词的类型学特征的关系。

我们要通过学习者习得过程中反映出来的汉语的无标记特征去寻找汉语语气词的类型学共性，通过观察汉语学习者的学习难点预测汉语语气词的个性化特征。这种通过语言习得共性和个性的反方向研究目前在学界还不多见。我们通过习得特点反推出的汉语的共性和个性还要有语言对比的规律作为语言事实支撑，虽然如此，但至少，我们通过二语习得研究发现的规律能为汉外对比提供有效的选取语言点比较的标准，为语言类型学的跨语言比较提供有效的观察窗口。

（四）实验语音学的方法

实验语音学用实验的方法对语言进行研究，用统计学的方法对实验得到的数据进行量化分析，在此基础上归纳出语言的韵律特征。语音研究要采用相对化和归一化的数据，而非绝对的数据。这样才能有效地剔除性别、年龄、方言语音等外部因素的影响带来的差异，使不同年龄、不同性别、甚至不同方言之间的语音具有了可比性，据此得到的研究结果才会具有普遍性的意义。①

本书要研究汉语语气词的疑问度、语调的起伏度等的表述问题，这些都与声调有关。汉语里的声调是一种相对的音高变化，因此本报告的研究不分析元音和辅音。

声调分析要选用相对归一计算方法，将赫兹值转换为半音值，本报告的实验方法和数据归一化方法，都采用石锋（2013）的研究方法。把音高的赫兹值转换为半音值的公式为：St=12*lg（f/fr）/lg2②（其中“f”表示需要转换的赫兹数值，“fr”表示参考频率，男性设为55赫兹，女性设为64赫兹。）

用实验语音学的方法分析焦点音节的调域，我们在半音值的基础上计算出百分比值，对百分比值的计算是一种相对化的归一方法，计算方法如下：

---

① 石锋：《天津方言双字组声调分析》，《语音研究》1986年第1期。

② 石锋：《语调格局——实验语言学的奠基石》，商务印书馆2013年版。

$$Ki=100*（Gi-Smin）/（Smax-Smin）$$
$$Kj=100*（Gj-Smin）/（Smax-Smin）$$ [①]

（Ki为词调域上线百分比，Kj为词调域下线百分比，Kr为词调域的百分比跨度）

本书采集语音样本的录音情况为如下：

①录音软件：Praat；②切分软件：Cool Edit；③采样率：11025赫兹，16位，单声道；④要求学生每句读3遍，句与句间隔4秒，自然状态、平稳语速发音；⑤实验时，请他们用普通话朗读实验句，朗读前并未告诉他们朗读的目的；⑥我们用南开大学开发的Minispeechlab软件对实验得到的语音样本进行分析，再根据以上两个公式进行计算。

五　本书研究的主要内容

基于实验语言学和语料库的研究方法，根据语言类型学理论，分析了“呢”“吗/嘛”“吧”“啊”“的”韵律特征，界定了典型语气词“呢”“吗/嘛”“吧”“啊”“的”“了”的语义特征和语用功能，及其连用的规律和内在动因，最终对语气和语气词进行了新的界定。全书分为七章，具体内容如下：

第一章梳理了语气及语气词的研究现状，对语气与口气及语气词的表达关系进行了重新界定。

第二章用实验语音学方法分析了“呢”与疑问语调和焦点的互动关系；基于泰语母语者现代汉语语气词“呢”的使用情况及偏误原因，根据“普遍性对中介语有制约作用，习得也许遵循着特征层级性次序，无标记/弱标记性特征先于有标记/强标记特征习得”（周小兵，2004：135）这一理论分析了“呢”的语用功能类型特征。

第三章先用实验语音学的方法分析了“吗”的韵律特征及其与语调的互动关系，然后基于中介语语料分析了句中“嘛”和句末“嘛”的功能类型特征。

第四章先用实验语音学的方法对陈述句和是非问句里“吧”的韵律特征及其与语调的互动关系进行实证分析，然后运用跨语言比较的方法分析

① 石锋：《语调格局——实验语言学的奠基石》，商务印书馆2013年版。

了用在祈使句里的语气词“吧”及其与用在祈使句里的其他语气词的功能特征的异同点。

第五章先用实验语音学和跨语言对比的方法分析了疑问句里“啊”的韵律特征及其与语调的互动关系，然后基于多语书面语语料库，通过跨语言对比分析了“啊”在四个句类中的功能特征。

第六章用实验语音学的方法分析了句末语气词“的”在“是……的”中的语用功能特征，基于多语语料库，运用语言类型学方法分析了“的”和“了”的功能类型特征及其形成机制。

第七章先基于跨语言比较和实验语音分析对汉语同缅甸语、泰语和越南语里的疑问语气词的功能特征进行了比较，然后在前几章研究的基础上分析了“呢”“吗/嘛”“吧”“啊”在现代汉语语气系统里功能的异同点，最后对语气及语气系统的研究方法进行了反思。

结语部分总结了本书研究得出的主要结论。

六　本书所使用的语料库的来源及其检索办法

（一）本书所使用的语料库的来源

1. 汉语母语者语料库与缅甸、越南、泰国三国语言语料库来源

为了能全面地反映汉语里虚词的使用情况，本书所研究虚词频次的语料大多来源于国家语委语料库里的现代汉语语料库。该语料库的字数为1945.5328万字，我们对使用频率的计算是用某个词的使用频次除以这个字数来算的。

按照与国家语委语料库现代汉语语料库大体一致的语体比例，我们建了缅甸语母语者语料库，共记117.2925万字；越南语母语者语料库，共记121.7186万字；泰语母语者语料库，共记100.4769万字。以泰语母语者语料为例，其语体比例与国家语委语料库的语体比例大体一致，共分为四个大部分，各部分所占比重如下：（1）人文与社会科学的语言材料约占全库的60%，共约60万字，包含的体裁为：政法（含哲学、政治、宗教、法律等）、历史、社会学、语言、教育、民俗、经济、艺术（含音乐、美术、舞蹈、戏剧等）、文学（含散文、传记与短、中、长篇小说）、军

事、生活（含衣食住行等方面的普及读物）；其中文学占人文社会科学语言材料的50%，约为30万字，其余部分共占50%。（2）自然科学（含农业、医学、物理、化学、生物、技术等方面）占全库6%，共约6万字。（3）新闻刊物占全库26%，约为26万字。这部分语料主要取自泰国几个主要的新闻刊物网站。（4）应用文体（含政府公文、公告、书信、广告、说明书）约占全库8%，共计约8万字。我们建立的三国母语者语料库其实就是与国家语委语料库平行的平行语料库，这样我们对三国语言里许多虚词的词频的统计、分析、对比就会比较接近语言事实。

2. 中介语语料库来源

我们泰语、越南语母语者的中介语语料都是按照老HSK的等级进行汉语水平分级的。作文语料搜集时间从2007年持续到2018年。作文语料的搜集方式为：（1）教师平时上课根据学生的汉语水平布置的随堂作文；（2）期中考试与期末考试的作文。作文的话题多是非汉语母语者日常交际中最常用的话题，因此虽然是书面作文，但其实语料还是比较口语化的。语料的体裁以记叙文为主，也有少量的议论文和说明文。

泰国学生中介语语料来源如下：初级、中级和高级语料都来自泰国中小学、云南师范大学、红河学院的非汉语母语者的作文语料，其中，高级语料4.7万字，中级语料11.9万字，初级语料17.8万字，三个阶段语料总计34.4万字。越南语母语者的作文语料的字数如下：高级语料7.04万字，中级语料9.6万字，初级语料12.2万字，三个阶段语料总计28.84万字。

由于缅甸学生多为华裔，很难搜集到大规模的缅甸语非母语者语料，我们搜集的缅甸华裔的语料只能观察到缅甸语与汉语语言接触对语言输出的影响，而缅甸语作为母语对汉语的迁移作用就无法观察到。因此没有使用缅甸语母语者中介语语料库。

中介语语料的分级按照中山大学的教材研发基地的“汉语文本指南针”工具进行分级，该工具的网址为：http://languagedata.net/editor/，这个工具是中山大学教材研发基地的科研项目成果，工作原理是将输入的文本和他们系统里所储存的来自教材的30亿规模的语料库进行词汇和句长上的对比（可能还涉及CAF），从而确定文本分级，分级标准按照2010版《国际汉语教学通用课程大纲》分为一级至六级，我们把分出来的一级到四级归为初级，五级归为中级，六级为高级。

（二）语料库使用说明

我们对自建的中介语语料库和缅甸语语料库、泰语语料库和越南语语料库的检索，使用的是EmEditor、AntConc和NVivo软件。

第一章　相关研究现状及“语气”的界定

关于语气和语气词的研究状况，在孙汝建（1999）、齐沪扬（2002，2010）、彭利贞（2007）、徐晶凝（2008）、齐春红（2008）、叶琼（2016）、王珏（2013—2021）等人的研究里都有过比较详细的论述。但是关于语气范畴及其分类的界定、语气词研究方法的探讨始终是仁者见仁，智者见智。关于语气词的研究，正如张谊生（2000：265—266）指出的那样，“近二十年来，人们借鉴现代语言学的理论，着眼于语气范畴的整个表述系统，从交际和信息的角度、从语义和语用的不同层面，结合各类句子的具体功用，围绕着‘吗、吧、啊、呢’等发表了多篇论文，对一些常用语气词提出了一系列富有创见的看法。不过，由于语气词的意义比较空灵，使用又多依赖于语用因素，在句法结构上并没有明确的形式依据，在研究中很难把握其所表语气的实质，而且有关语气词的研究方法也较难有实质性的改进和突破，因此，迄今为止，对那些典型语气词的作用还是见仁见智，仍然没能取得相对一致的认识。”

关于什么是“语气”，学界在语气表达言者的主观认识和态度这方面的认识是一致的。这和国外学者的研究观点大体一致。Palmer（1986：16）指出语言中的情态，尤其是当它以语法形式表达出来时，主要是主观的。Lyons（1970：452）同样强调在情态理解上最重要的是主观性。赵春利、石定栩（2011：484）认为，“汉语语法分析中的语气概念是个大杂烩，既借鉴了mood、sentence type、modality的内涵，又融入了传统的‘口气/口吻’等解读，因而与助词功能、句子功能、情态类型以及口气等概念纠缠不清。”他们（2011：497）认为汉语的mood是通过形态句法手段来表示说话者表述话语方式的句法范畴，其类型可分为直陈、祈使和虚拟三种。汉语情态是基于逻辑认知的语义概念，口气是基于情感态度的语用概念。其实，赵春利、石定栩（2011）的辨析仍旧受西方语言学的影响，因为mood属于句法范畴，是表达语义的，情态范畴也是表达语义的，口气即使属于语用范畴，但它还是表达语义的，三者在本质上是有语义上的内在联系的；西方语言学和逻辑学谈到的情态（modality），在汉语里是通过口气范畴来表达的，只是汉语的口气范畴比modality更宽泛。按照语气表达的是言语行为的交际目的、口气表达的是说话人对说话内容的主观态度和情感的观念来看，它们都是表达命题之外言语使用者说话主观意图的成分，这样的成分在汉语里就称为语气。为了给汉语里的“语气”进行合理地定义和分类，我们首先要弄清楚“命题”和“情态”两个概念。

一 “命题”“情态”和“语气”

正如张则顺（2015：24）指出的那样，关于情态的研究还有很多基本问题尚未达成共识，如情态的定义、范围、分类，情态和语气的关系等，我们这里予以代表性地综述。

Von Wright（1951）把模态分为真值模态（包括必然性、可能性、偶然和不可能四种次类）、认识模态（包括证明、未定和证伪三个次类）、道义模态（包括义务、许可、无关、禁止四个次类）、存在模态（包括全称、存在和不存在三个次类）。他的这一分类对以后的广义模态逻辑和语言学的情态研究都产生了深远的影响。

菲尔墨（2002：30—31）指出句子由情态和命题两部分组成。“命题（proposition）”是一组牵涉动词和名词（还有内嵌句，如果有的话）的关系项，并且不带情态，跟可以称之为“情态”的成分分开。情态包括否定、时、式和体等和句子有关的成分。他所界定的情态的范围比较宽泛。

Lyons（1977：787—849）指出认识情态和道义情态都可以分为主观情态和客观情态，指出必然性与可能性是情态研究中的重要组成部分，分析了认识情态和事实性之间的关系、时态与情态之间的关系，辨析了认识情态和道义情态的不同，指出认识情态与命题的真值有关，提出道义情态主要指与义务和许可相关的某些行为的必要性和可能性，道义情态和将来相联系。他（1977：849）指出情态在每天的言语行为里运作得很好，但是这个概念如果不依据它在语言中的指示功能和工具功能就很难被很好地理解和分析，它的描写功能有时却是从属的。

Palmer（1986：14）指出命题和情态的区别非常类似于奥斯汀所提出的说话行为和施事行为的区别。说话行为（locutionary act）指说出符合语言习惯的、有意义的话语，是字面意义；施事行为（illocutionary act）指在特定语境中赋予有意义的话语一种言语行为力量（illocutionary force），即语力。

Palmer（1986：13—14）认为Lewis（1946）所提出的情态的概念比他界定的情态更为宽泛，他指出Lewis（1946：49）提出的“命题是可断言的，断言的内容……可以被质疑、否认或仅仅是假定，也可以在其他语气中被处理。”在这个意义上的情态，指的是一个句子的所有非命题元素，它包括时和体方面等方面常常可以被看作是与情态不同的语法范畴，比他对情态的界定要宽得多。

Halliday（1986：89—92）把一般划分为情态的内容分为情态和意态两个部分。在陈述命题内容、进行信息交换时，位于肯定和否定两极之间的过渡等级，统称为情态。在交换物品和服务表达提议的句子里，表达不同程度的义务和倾向，称为意态。Halliday（1986：83）把表示mood（语气）的附加语分为obviousness（显著性）、intensity（强度）、degree（程度）三个部分。表示显著性的附加语有of course（当然）、surely（确实）、obviously（显然地）、clearly（明显地）；表示强度的附加语有just（仅仅/恰好）、simply（仅仅/简单地）、merely（仅仅/只不过）、only（只）、even（甚至）、actually（事实上）、really（实际上/真正地）、in fact（确切地说/实际上）；表示程度的语气附加语有quite（完全/很）、almost（几乎）、nearly（几乎/差不多）、scarcely（几乎不/简直不）、hardly（几乎不/简直不）、absolutely（绝对地/完全地）、totally（完全地）、utterly（绝对地/全然地）、entirely（完全地/彻底地）、completely（完全地/彻底地/完整地）。这些副词都包含在齐春红（2008：93）所归纳的主观大量类语气副词里。Halliday（1986：82）把表示情态的附加语分为概率（probability）、频率（usuality）、意愿（readiness）、义务

（obligation）几个类别；表示概率的附加语有probably（大概）、possibly（也许）、certainly（当然/必定）、perhaps（也许）、maybe（也许）；表示频率的附加语有usually（通常）、sometimes（有时）、always（总是/常常）、never（从不/决不）、ever（曾经/永远）、seldom（很少/不常）、rarely（很少地）；表示意愿的附加语有willingly（欣然地）、readily（容易地/乐意地）、gladly（高兴地）、certainly（当然/必定）、easily（容易地）；表示义务的附加语有definitely（清楚地/明确地）、absolutely（绝对地/完全地）、possibly（也许）、at call costs（无论如何）、by all means（一定/务必）。表示频率的附加语比较客观，一般研究者没有把它们归为表达情态的附加语。他归纳的情态表达的“概率”部分相当于一般学者所说的认识情态，他所归纳的“意态”相当于一般学者所归纳的道义情态与动力情态中的意愿部分。

Bybee和Fleischmen（1995：2）认为语气指的是动词的形式上语法化了的范畴，该范畴具有情态功能。语气通常是通过一组有区别特征的动词变形来表达，有直陈语气、虚拟语气、祈愿语气（optative）、祈使语气（imperrative）、条件语气（conditional）等，语气范畴的数量和它们表达的语义特征在不同的语言中会有所不同。情态是一个语义范畴，指的是语言表达中许多存在细微差别的语义成分，如祈使（jussive）、意愿（desiderative）、目的（intentive）、假设（hypothetical）、可能（potential）、义务（obligative）、怀疑（dubitative）、劝告（hortatory）、感叹（exclamative）等，它们的共同点是在语句所表达命题中性的语义值（即事实（factual）与陈述（declarative））上附加上补充（supplement）或者叠加（overlay）的意义。

Lyons（1997：793，823）明确地把情态分为认知情态和道义情态两种，并指出认知情态是关于知识的可信程度的，道义情态是关于道义主体的行为道义上的可允许的程度的。

现代汉语情态研究中，贺阳（1992：59—66）把语气与情态等同起来，直接把语气英译为modality。他指出一个句子可以分为命题和语气两个部分。他（1992：59—66）指出汉语书面语的语气系统包括三个子系统：功能语气（陈述语气、疑问语气、祈使语气、感叹语气）；评判语气（认知语气：确认、非确认；模态语气：或然、必然；履义语气：允许、必要；

能愿语气：能力、意愿）和情感语气（诧异语气、料定语气、侥幸语气、表情语气）等。贺阳的分类存在的最大问题是把功能语气与评判语气、情感语气对立，这样的做法没有依据，因为评判语气与相应的句类具有对应性。例如，确认语气一般用在陈述句里面，陈述语气和语气副词、情态动词等一起表达确认语气。因此，我们在王力（1985：161—174）、吕叔湘（1982：258）、高名凯（1986：85）的研究中可以看到此三位大家没有把功能语气归到语气的次类中。贺阳（1992：62）指出，“吧”用于表达非确认语气。这也说明功能语气与认知语气是有联系的，不是并列关系。他所归纳的情感语气事实上都属于认知语气的范畴。齐沪扬（2002：21）也是把功能语气和意志语气（包括可能语气、能愿语气、允许语气）对立起来，但跟贺阳（1992）最大的不同是，他明确地把句末语气词归为陈述、疑问、祈使和感叹语气的标志。以“了”为例，他把它列为陈述语气和感叹语气的形式标志。事实上“了”可以用在任何句类的句末，跟句子的功能没有关系，只是用在陈述句末尾的频率最高。我们对国家语委语料库中用在小句或句子末尾的“了”的使用频率进行了统计，结果见表1-1。

表1-1　　国家语委汉语句末语气词“了”分布频率表

用在小句末尾（整个小句为陈述语气）	用在陈述句末尾	用在疑问句末尾	用在感叹句末尾	用在祈使句末尾
19655次	27108次	1258次	3322次	48次

从表1-1可以看到句尾的“了”可以出现在任何句类，它是一个表达时、体和语气的词①，但它不是陈述句和感叹句的形式标志。李战子（2000：10）指出语气是通过屈折来表达的，一般有几个区分明确的言语范式，如陈述的、虚拟的、祈使的、条件的，具体的数量和区分因语言而异。情态则是一个语义范畴，它包括语义上种种细微的区别：有必要而想得到的、故意的、假设的、潜在的、道义的、怀疑的、鼓励的、感叹的，等等。它们的共同点就是在命题最中性的语义价值（即事实或陈

① 范晓蕾（2021）把句尾“了”，即“了2”分为了四类，即表示完尽义、结果达成义、表起始体、表语气。

述）上加上或补充上一层意义。我们认为语气在本质上也是属于语义范畴的，Lyons（1995：313—314）认为，并不是所有的语言都是形态学综合的，而且，即使一种语言在形态上是综合性语言，而且有语言上的屈折变化，也没有理由解释为什么时态的区别必须用动词的屈折形式来表达，它们可能是由句子（或从句）里的虚词构成的，与句子的其他部分相比，它们在语法上与动词没有更紧密的联系。Lyons（1977：848）指出语气（mood）只是在某些语言里而不是在所有语言里都能找到的语法范畴。我们认为汉语里没有像印欧语言那样的屈折变化，通过语调来表达的陈述、疑问、祈使和感叹语气里，同样可以使用能愿动词、语气词、语气副词来表达肯定、推测、询问等主观态度。

温锁林（2001：214）指出，应当区分语气和口气。他（2001：174—213）把modality称作“口气”，并把“口气”定义为“说话人对所述命题的情感和态度”。他把口气系统分为传信范畴（evidentiality）和情态范畴（modality）两个部分。他指出传信范畴具有客观性，并把西方研究的真值情态（alethic modality）、道义情态（deontic modality）和意愿情态（boulomaic modality）归为狭义的传信范畴，着重表达在信息来源和说话人客观真实性概念之间的关系；情态范畴则具有一定的主观性，主要表达对相关命题和情景的主观感受，包括急促与舒缓、强调与委婉、惊异与惬意、张扬与收抑、偏执与宽容、亲昵与蔑视、提醒与解释等。温锁林（2001：195）把“传信范畴”称之为“客观情态”，这跟Lyons（1977）、Palmer（1986、2001）的看法都有很大的不同，例如Palmer（1986：16）指出，凡情态都带有主观性质，Lyons（1977）的主观情态与客观情态的区分，只是一种理论上的思考。刘翼斌、彭利贞（2010：42）指出，汉语中的情态语气词也属于情态的表达成分。所以说情态和语气是有内在联系的，只是情态和语气的范围界定一直有争议。

叶琼（2016：27）也认为，从句子的主观性出发，语气或情态是说话人在中性的命题之上，通过语言形式赋予命题的主观信息，“语气”与“情态”的所指一致。把西方研究的情态与汉语里的口气联系起来有一定的依据，但是要划清二者的异同点。

清代袁仁林的《虚字说》提到“气”（袁仁林1989：十一），其指出“凡其句中所用虚字，皆以托精神而传语气者”。也就是说他认为虚词是传达语气的。袁仁林（1989：二）在《虚字说》中指出“用为语已辞者，意有所见而拖其气以盘旋之，有无限虚空唱叹意”。他的这一论证指出了句末语气词的语用功能。

吕叔湘（1982：257）把它归为“语势”。吕叔湘（1982：257）把语气分为广狭两种。广义的语气包括“语意”和“语势”：“语意”，指正与反，定与不定，虚与实等区别；“语势”，则指说话的轻重缓急。“语意”以加用限制词为主，“语势”以语调为主，而“语气”则兼用语调和语气词。其中，语调是必需的，语气词则有时可以不用，尤其是在使用直陈语气时。语气词和语气不是一一相配的。一方面，一个语气词可以用来表达不同的语气；另一方面，同一语气可用几个语气词。从袁仁林（1989）和吕叔湘（1982）对语气的界定来看，现代汉语的语气跟语调与虚词有密切的关系，而我们现代汉语的语气与情态之间的关系是怎样的，一直是见仁见智，争论不休。

温锁林（2001：178）指出，汉语中表情感和态度的成分决不仅限于情态动词和语气副词。我国学者对情态的研究不自觉地受到西方语法观念的束缚，使情态（即口气）的研究范围太狭窄，汉语中的口气情态除了能愿动词和语气副词以外，还有语气词、独立语、提示语、插入语、特殊句式等。温锁林（2001：216）认为口气和语气的表达属于不同的层次，口气是说话人对所述命题的情感和态度，语气是说话人使用话语时所欲实施的功用和意图。他认为汉语中具有比西方语言更丰富的口气情态，主要用分析手段完成，而不是像西方语言那样用屈折形态来涵盖。

鲁川（2003：322—323）指出，语气和情态应该分开，“语气”是对人的，“情态”是对事的。“语气”的对象是接受句子信息的听话者这个“人”，它体现说话者跟听话者交际的意图。他（2003：324）认为“情态”范畴是说话者由于其固有认知而用标记来附加到语言中的情绪或态度之类的主观信息范畴，是说话人基于其主观的立场、观点而对客观事物的“判断”和“评议”。他对汉语情态及其标记的归类见表1-2。

鲁川的这一分类注意到了句末语气和情态的区别，前者重在交际意图，后者重在表达说话人的主观情绪和态度。但是，他的语气是“对人”的，“情态”是对事的观点缺乏依据，因为一个句子本身既有句末语气，又有说话人的主观态度，这些都是语言使用者在交际时通过句子表达出来的，都是说给听话人听的。此外，表中的一些情态标记“配”“值得”“善于”是动词，“咳”是叹词，“可惜”是形容词，这样他列出的情态标记就非常宽泛，并且不够全面，如表达突然有所领悟的语气“难怪”“怪不得”和表达料定的语气副词“果然”等没有包含其中。

表1–2　　鲁川对现代汉语情态及其标记的归类分析表

<table>
<tr><td rowspan="16">情态范畴</td><td rowspan="10">判断</td><td rowspan="2">推断</td><td>确定：确信事件准保必定发生</td><td>必　总是　一定</td></tr>
<tr><td>揣测：揣测事件或许可能发生</td><td>约　大概　也许</td></tr>
<tr><td rowspan="2">必要</td><td>理应：道义上必要，无强制性</td><td>该　应当　当然</td></tr>
<tr><td>必须：事实上必要，有强制性</td><td>得（děi）　必须</td></tr>
<tr><td rowspan="2">常规</td><td>照常：认为事件仍然按照常规</td><td>仍、依然、照例</td></tr>
<tr><td>反常：因为事件有违常规而不满</td><td>偏　反倒　居然</td></tr>
<tr><td rowspan="2">适度</td><td>过分：认为事件超过适当分寸</td><td>过　极其　简直</td></tr>
<tr><td>不足：认为事件未到适当分寸</td><td>只　不过　而已</td></tr>
<tr><td rowspan="2">机遇</td><td>幸好：因既成事实恰好而侥幸</td><td>恰　刚好　幸亏</td></tr>
<tr><td>遗憾：对既成事实遗憾而无奈</td><td>咳　可惜　只得</td></tr>
<tr><td rowspan="4">评议</td><td rowspan="2">评估</td><td>评价：对属实性适宜性的评价</td><td>配　值得　善于</td></tr>
<tr><td>能力：对是否具有能力的估计</td><td>可　可以　能够</td></tr>
<tr><td rowspan="2">提议</td><td>建议：建议他人进行某种活动</td><td>最好　赶快　千万</td></tr>
<tr><td>禁止：禁止他人进行某种活动</td><td>别　莫　不得</td></tr>
</table>

崔希亮（2003：332）指出“情态”包括了mood、moods，又包含了modality或者modal grams。他（2003：344）把情态系统分成语气范畴、能愿范畴和时体范畴三个子范畴。他的这一分类范围更广，因为一般学者研究的情态是不包含时体范畴的。他（2003：334）把语气词表达的情态直接和疑问、祈使、感叹、推测、委婉、肯定联系起来，见图1–1。

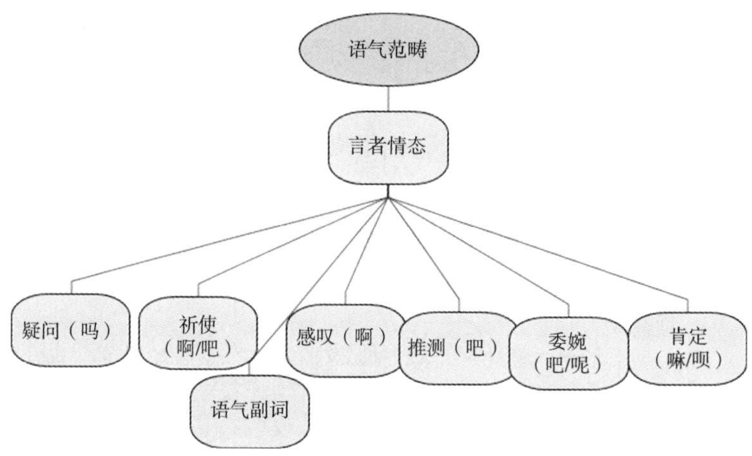

图1–1 崔希亮归纳的语气词所表达的情态

这里值得注意的是，这些语气词和上述主观态度甚至是句子的功能是否有对应关系呢？英语里的陈述、疑问、祈使和感叹语气是通过动词的屈折形式和语调来表示的，汉语里没有形态变化，这些语气形式是否是通过语调和语气词来表达的呢？这个分类把“疑问”“祈使”“感叹”和“推测”“委婉”以及“肯定”并列起来，分类上有些交叉，比如“疑问”的方法也可以有推测，语用上也可以采取委婉策略，表示反诘的疑问本身表达的就是肯定；不过他没有再提功能语气，这样的分类和王力（1985：161—174）、吕叔湘（1982：258）、高名凯（1986：85）的分类在对语气的理解上一致，摆脱了西方的通过动词的语法形式表达的功能语气才是语气观点的羁绊，从精神实质上把握了汉语语气的本质特征，即定与不定，轻重缓急等。崔希亮（2003）把能愿情态排除在语气范畴之外，也符合中国传统对语气的理解，因为从袁仁林的《虚字说》中的“气”到高明凯的口气虚词，提到的表达语气的词都是虚词，不包括“情态动词”，因此不包括西方情态研究中最重要的由情态动词表达的认识情态、道义情态和动力情态。但他（2003）把语气范畴作为命题之外的情态的一个下位概念的观点和一般学者的看法不同。

彭利贞（2007：64）指出，现代汉语研究中存在着语气和情态不分的现象。他对贺阳（1992）、齐沪扬（2002）把西方学者研究的语气和情态都归为一个语气范畴的做法提出质疑。彭利贞（2007：4）指出，“与时、体一样，情态是句子表达事件的背景成分，比之时、体范畴，情态与事件的核心图式的距离更远，这印证了情态成分在句法结构中属于高一级谓语的观点。”他（2007：40）指出，在语言学家对情态的定义中都提及说话人的观点和态度，情态可以定义为说话人观点或态度的语法化，是语义的语法表现。他（2007：41）认为，情态最普通的分类是从英语的情态动词表达的意义出发，把情态分成认识情态、道义情态和动力情态三个次类。他（2007：54—58）指出，情态的中心概念是可能性和必然性，情态是说话人对命题的真值或事件的现实性状态表达的主观态度。从他的定义来看，西方学者所研究的情态比汉语里的口气的范围要窄。

徐晶凝（2008：35）指出，“语气”和“情态”应该严格区分，语气指mood，是一种语法范畴；而情态指modality，是语义范畴。她（2008：4—9）把话语情态分为情态和意态两个部分，情态包括认识情态、道义情态和能愿情态三个部分，认识情态和道义情态刻画了说话人对命题或语句内容的不同态度，具有主观性；意态指说话人在语句中所表达的他对听话人的态度，属于语言的交互主观性，在汉语里专用于表达意态的语言手段是高度语法化了的语气助词。她指出，在印欧语的研究历史上，所谓的语气一般指的是直陈语气、虚拟语气、祈使语气、证据语气、意愿语气等，这些语气的分类一般与句子类型的语气相对应，可以把它称为言语行为语气（speech act mood）。汉语中的语气词表达的是说话人在说话时刻基于对交际双方关系或交际目的考虑而选择的一种交互主观性态度，可以将这样的语气称为传态语气（attitude-conveying mood）。

王珏（2020：93）指出广义情态观将语气词纳入情态词，广义话语标记观将语气词纳入话语标记，但广义情态词或广义话语标记里的非语气词，都不参与构成语气结构，而只能是语气结构或语气词附着或指向的辖域及其成分。换言之，依据是否参与构成语气结构[①]，可将语气词从广义

① 王珏（2020：69）《由语调/疑问标记和语气词的共现关系构建述题的语气结构》指出，语气词都可单个儿位于述题后与之构成跨层结构“述题>语气词”，也就是说他是按照“在述题之后”这个句法位置来界定语气词的，他（2020：72）是这样界定语气词结构的：语调是强制性标句符（C_1），其辖域为句法结构层面，最大投射为语调短语句（C_1P）；语气词是可选性标句符（C_2），其辖域为C_1P，最大投射为语气词短语句（C_2P），句子可表示为［$X+C_1$］$\pm C_2$。普通话述题的语气结构可表示为：语气结构=语调/疑问标记语气（mood）$^{n=1}$+语气词口气（tone）$^{n=0\geq 3}$。

情态词和广义话语标记里独立出来。甚至可以说语气词既不属于情态词也不属于话语标记，而是汉语这样的语气词语言特有的表示口气的功能词。

我们认为语气和情态都是表达人的主观情感和态度的，只是根据汉语的实际情况，我们应厘清情态和语气的关系，区分出各自的研究领域。情态是从逻辑学上来定义的，主要和命题的真值条件有关，而语气重点表达的是说话的轻重缓急，因此虽然二者在表达手段上有交叉，但实际上是可以厘清各自的研究重点的。应当把情态研究的核心领域能愿动词所表达的认识情态、道义情态和动力情态排除在汉语语气的研究范围之外，重点研究影响汉语语气表达的轻重缓急的语言形式，主要是汉语里的语调和各种虚词，在汉语里主要包括语气词、语气副词和特殊词类叹词及各种特殊句式。

二 “语气”的界定及其表达形式

我们认为从我国传统的研究方式来界定语气，语气多指语言的轻重缓急。这样语气毫无疑问地包含了很多学者区分出来的口气，也即齐沪扬等学者归纳出来的意志语气或认识判断语气，但用语调表达的功能语气在内层，口气是添加在相应的功能语气之上的，属于语言表达的外层，它们有层次关系，而不是并列关系。

“口气”的概念，高名凯（1986）在《汉语语法论》里较早地作了解释。高名凯（1986：85）指出，“口气的表达是一种关系，因为它说明这句话是在说话人的哪一种态度的关系之下说出来的。一般地说，口气是一种广义的感情。这种关系有时拿虚词来表达它，于是这种虚词就是口气虚词”。[①]他（1986：87）把口气虚词分为否定词（如“不”）、确定词（如“实在”）、询问词（如“吗”）、疑惑词（如“吧”）、命令词（如“罢”）和叹词（如“嗨”）六种。他（1986：505—506）把“罢”“吧”“呀”“啊”“哇”和“休”看作句终命令词。他（1986：535—537）又把“啊”“呵”“呀”“哩”“呢”“哇”“哪”等归为句终感叹词。可见，他所归纳的口气虚词的功能也不是单一的。他（1986：429—549）按句型表达的命题把句子分为以下6个类型，见图1-2。

① 高名凯：《汉语语法论》，商务印书馆1986年版。

句型
- 否定命题
- 确定命题
- 询问命题
- 传疑命题
- 命令命题
- 感叹命题

图1–2　高名凯（1986）所归纳的命题类型

他认为这些不同命题的表达就构成了不同的句型。如，他（1986：447）指出，询问实在是整个命题的询问的说法，所以是句型的问题。句型是句子的结构，命题是句子的语义特征，从语义上对句型进行分类不合逻辑，再者，他（1986：507）指出“不要”“不用”“别”“甭”“莫”等是表示命令语气的否定副词，这里可以看到他分出的否定命题和命令命题有交叉。他（1986：498）又指出命令语气的表达主要靠语调。因此高明凯先生的分类最大的问题是把句子的命题作为句型分类的基础。

胡裕树（1995：379）也明确指出，句子可以有种种口气，如肯定和否定、强调和委婉、活泼和迟疑等，口气用于“思想感情方面种种色彩的表达”。

孙汝建（1999：9—12）指出，语气研究应该区分语气和口气，广义的“语气”包括语气和口气，狭义的“语气（Modality）是指说话人根据句子的不同用途所采取的说话方式和态度”，只有陈述、疑问、祈使、感叹四种；“口气（tone）是指句子中思想感情色彩的种种表达法。口气包括肯定与否定、强调与委婉、活泼与迟疑等等。”温锁林（2001：37）对口气（modality）的定义与此相似。这两位学者对语气与口气的区分，与西方学者对语气与情态的分辨大体一致。如，Bybee和Fleischmen（1995：2）指出语气通过屈折变化来表达，有直陈、虚拟、祈愿、祈使、条件等，情态则是语言表达中的语义成分包括祈愿、意愿、目的、假设、可能、义务、怀疑、劝告、感叹等。不同的是西方学者把感叹归为情态，没有归为语气。

温锁林（2001：225）对句末语气词表达语气的说法提出质疑，他认为句末语气词表达的只是口气，是给某种语气增加一层情态意义。他（2001：226）认为应该把语气词改为口气词。他指出，“快出去！”与“快出去吧！”都是祈使句，加了“吧”以后只是增加了舒缓的口气。我们认为他的界定很接近功能语气（狭义语气）的本质，认为语气词给功能语气增加口气也体现了他对语气词功用的思考。

叶琼（2016：52—54）也认识到了语气与口气相辅相成的关系，她对语气系统进行了重新归类，她把语气分为“判断语气”和“功能语气”两类。她认为功能语气也表达了判断语气。她将无标记陈述句和疑问句纳入了认识判断语气，并指出认识判断语气不仅包括或然、必然类的可能性判断，也包括实然性判断与言据性判断。她（2016：58）指出，价值判断语气对应于功能类别的陈述、疑问和祈使语气，她（2016：68）把这种对应关系列成图1-3。

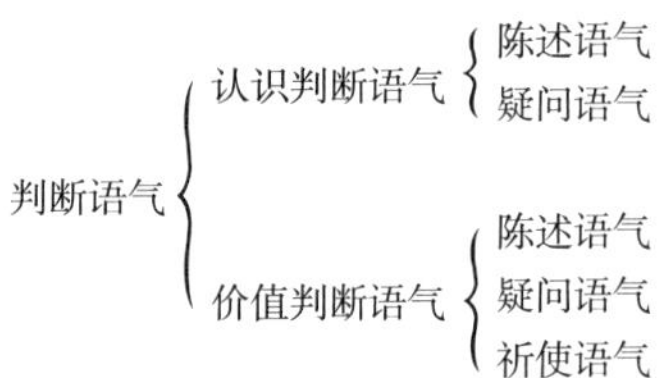

图1-3　叶琼归纳的语气类型

叶琼（2016：54—68）的这一分类看到了汉语里的功能语气与西方传统的情态分类是有交叉的。西方的直陈、虚拟等语气用动词的屈折形态就可以直接表达了，而汉语的功能语气要靠语调、语气词等手段来表达，汉语里的语气词并不专属于某一语气，某一句类。

在印欧语言研究的历史上，一般包含了直陈语气、虚拟语气、祈使语气、证据语气和意愿语气等，没有提到感叹语气。Halliday（1985：74）指出，命题只用信息交换，用于陈述信息的是直陈语气，用于表达疑问的是陈述语气。祈使语气和直陈语气的人称系统不同，祈使语气是交换物品和服务的，它的主语是You和me，或者You或者me（Halliday，1985：87）。他（1985：95）认为感叹句是陈述句的一个特殊次类，因为英语里感叹句在主语和限定动词的语序与陈述句一致。Lyons（1995：194）则指出，感叹句作为言语行为上发出宣言的次范畴已经被语法化了，有其独特的不同于陈述句、疑问句和祈使句的韵律特征，英语陈述句“He is very tall.”和“How tall he is!”有着明显的句法区别。他认为所有类型的句子都可以用特殊的表达方式来表达，在口语中通过重音和语调表达出来，在书面语言中通过感叹号的方式表达出来。因此我们认为把感叹句作为独立的句类，把感叹语气与陈述、疑问和祈使并列是有形式上的依据的。徐晶凝（2008：107）认为确定汉语的感叹句不依赖于语调，而是依赖于三种形式标记，一是感叹标记词“多么”，二是具有独特句法结构的名词性独词句，三是某些含有“好”“真”“太”“这么”“那么”等词和语气助词。我们认为这三种情况固然是感叹句的形式标记，但不是区分陈述句和感叹句的最主要的依据，确定句类最主要的方法是语调而不是其他语言形式。叶琼（2016：54—68）的这一分类缺少了感叹语气，而在她（2016：52—53）对语气系统的归类中又包含了感叹语气，这说明她的分类也存在前后不一致的地方。

我们认为既然语气是有层次性的，认识判断语气和价值判断语气必然出现在表出语气里，起辅佐作用，那么语气的分类应该是这样的：从类型学上看语气分为陈述语气、疑问语气、祈使语气和感叹语气，认识判断语气和价值判断语气则属于口气，对功能语气的表达起辅佐作用。我们制定了语气与口气的关系图，见图1-4。

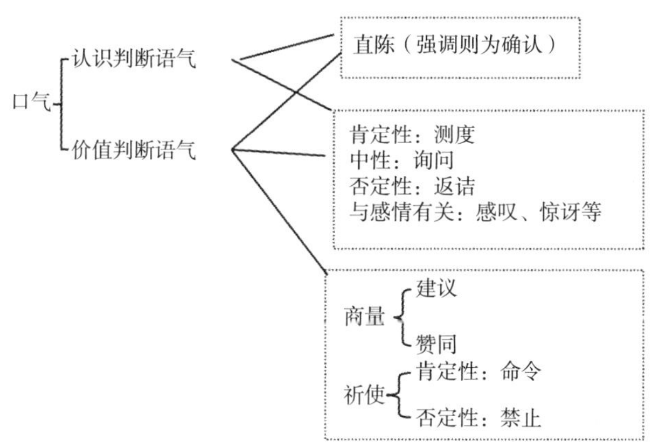

图1-4　口气与语气的关系图

齐沪扬（2000：17）（2002：9）认为语气是存在于句子平面的，语气的表达必须有形式标志。这一点和我们的认识一致。我们认为语气属于语义平面，必须有形式标志。学界公认语调和语气词都是语气的表达手段。但语气的表达还有其他手段，学界的归类不尽一致。徐晶凝（2000：136—140）指出口气有六种表达方式，即语调、语气助词、叹词、语气副词、句法格式（包括动词重叠、易位、追加、固定句子格式）和同义选择。她归纳的这些手段与一般学者的归纳相比缺乏了一些很重要的表达手段，如能愿动词、名词、实义动词、语体等，且文中未对为什么不把这些归纳为语气的表达手段进行解释。张云秋（2002）指出，表达口气的手段有语音（包括语调和语速等）、词汇（包括语气词、助词、叹词、语气副词、程度副词、代词、助动词、动词、形容词、插入语等）以及句法手段（主要指否定句式，包括一般否定句、双重否定句和反问句）等，涵盖了多种语言形式。她的语气表达手段又非常宽泛。

王珏（2013：324—325）在《语气词的功能属性》中指出，语气词不能分布在词组里，只能出现在句子里，因此语气词不属于句法词类范畴，而属于情态词范畴。他把语气词和叹词、语气副词、助动词都归为情态词。

叶琼（2016：42）指出，应将情感主观性排除在语气范畴之外，因为情感信息作为一个概念系统具有无法穷尽性。如果把说话人的情绪、各种主观因素都纳入语气系统，语气范畴就会过于宽泛。叶琼（2016：27）指出，从句子的主观性出发，语气或情态是说话人在中性的命题之上，通过语言形式赋予命题的主观信息，“语气”与“情态”的所指一致。因此，我们汉语中所谈的语气，其实包含了西方学者所说的语气（mood）和情态（modality）两类。前文我们已经指出根据现代汉语语气的研究传统，我们把不属于虚词的能愿动词所表达的情态排除在现代汉语语气的研究范围之外。

此外，语气和情态的界限一直模糊不清，因此语气必须如齐沪扬（2002：9）指出的那样要有形式标志。结合传统汉语研究把语调和虚词作为语气的主要研究对象，我们认为语气应该包括语气和口气。我们对语气的界定是，“语气是一个句子里由语调、语气词、语气副词、叹词和句法格式等表达的句子的交际意图及说话人附加在句子上的对说话内容的主观情感、态度”。

从我们的定义可以看出，我们认为语气的表达形式主要有语调、语气词、语气副词、叹词和句法格式这几种。在这些表达形式里语调、语气词、语气副词和叹词已有研究有过很详细的论述，如张云秋（2002）、徐晶凝（2000，2008）。我们重点对叹词和句法格式予以界定。

关于句法格式的鉴定，应该有一定的标准。在语气的形式鉴定上，温锁林（2001：219—221）指出，应坚持两个原则：第一，形式第一的原则，按照句法形式不能把“还不快跑？”这样的疑问句当作祈使句；第二，要坚持离境原则。温锁林（2001：221）指出，“语气是句子自身所携带的语用意义和语用价值，它脱离了具体的语境仍然存在，因此在研究中切忌把语境中的句子的实现了的功用和施行了的言语行为与语气等量齐观，混为一谈”。他（2001：33）指出，“语法的语用是指脱离现实语境仍然存在的语用”。我们认为所有的语用意义都应当是在动态的语境中辨别的，如果句子的语用意义可以离开语境而辨别的话，那么语气这一语法范畴表达的意义便不是语用意义，而是语法意义。功能语气是属于语义平面的，而不是语用平面。因此，我们认为句法格式应该是经过语法化后的句法构式，语法构式的理念参见陆俭明（2016）的研究。[①]我们认为表语气的句法格式主要是由反复、重复和重叠形成的构式，如动词重叠、“A就A吧”“V来V去”等。

我们认为语气是由功能语气和口气共同构成的，只不过二者不是并列关系，而是内层和外层的关系。口气是辅助功能语气表达的，属于外层，功能语气属于句子交际所必需的交际，是内层，汉语的功能语气主要是靠语调来实现的。汉语里的语气词常常是一体多用，对表达功能语有一定的辅助作用，但汉语里的语气词更多地表达了说话者的主观态度。我们归纳的语气系统如表1-3所示：

表1-3　　现代汉语语气系统表达形式分析表

功能语气 口气	辅助相应功能语气的口气的表达手段	
直陈语气 （陈述语调）	确认语气	的确、确实、实在、压根、根本、其实、显然、看来、当然、明明、分明、反正、高低、横竖、好歹、左右、终究、总算、果然、果真、当真、啊
	推断语气	必然、丝毫、决、一定、必定、准保、势必、相比、绝、未必、似乎、简直、至少、至多、起码、最多、不免、难免
	侥幸、契合语气	幸亏、幸而、幸好、好在、恰好、恰巧、碰巧、正好
	惊讶语气	竟然、居然、才、偏偏、倒、反倒、反而、甚至、甚而
	决定、选择语气	宁可、宁愿、必须、非、非得、只好、A就A吧、吧

① 陆俭明：《从语法构式到修辞构式再到语法构式》，《当代修辞学》2016年第1期（总第193期）。

续表

功能语气口气	辅助相应功能语气的口气的表达手段
测度语气（陈述或疑问语调）	吧、也许、大概、大约、恐怕、或许
询问语气（疑问语调）	呢、吗、VP不VP、VP没有、到底、究竟、难道、莫非
反诘语气（反诘语调）	吗、难道、何必、何苦、何须
祈使语气（祈使语调）	啊、吧、呀、哪、嘛、千万、务必、只管、尽管、必须、V—V（动词重叠）
感叹语气（感叹语调）	叹词、啊、哇、多么、多、真、好、难怪、怪不得、原来、主谓结构倒装、重叠词语、重复句子、好（副词）+数量词+体词结构、太+谓词性结构+了

三　本书所划定的语气词的研究范围

学界公认的典型的语气词有“啊”“吗”“吧”“呢”“了”“的”六个，如张谊生（2000：277）、齐沪扬（2002：61）和张斌（2002：337）等。孙锡信（1997：152）指出，现代汉语中由“啊、呀、吗、呢、吧、了、的”等构成的新语气词体系在元代时已基本形成，与现代有所不同的是有的语气词在书面上用不同的汉字形式，如：“啊”在元代记作“呵、阿”，而现代记作“啊”，“吧”在元代记作“罢”，“吧”是较晚起用的。有的语气词在与别的语气词连用时合音为一个新形式，如“了”和“啊”连用产生了“啦”。有的语气词在语句中由于连读音变产生了语音变体，如“啊”“呀”“哇”“哪”，这些变化都是在明清时期完成的。因此，本报告只涉及典型的语气词“啊、吗、呢、吧、了、的”，不涉及变体。

孙锡信（1997：186）认为“不成”虽然可以用在句末表示反诘语气，但其意义与表示实义的“不成”仍能清楚看到意义的关联性，因此不把“不成”看作是一个独立的语气词。同理，他（1997：188）认为表语气的“罢了”和“罢了”的表示忍让意的“罢了”意义联系密切，不能看作语气词。我们赞同他的观点，不把“不成”和“罢了”归为语气词。

邢福义（2000：236—237）把“来着”和“着呢”归为准时态助词，他认为“来着”表示经验时态，“着呢”强调性状的现实性持续。“着呢”有时是两个词，“着”是时态助词，“呢”是语气词。这些观点都是很有见地的。

汉语典型语气词的使用频率高，分布范围广。邢福义（2002：242—243）指出，“啊”可以出现在任何一种功能语气的句尾，“了”“呢”“吧”也可以出现在两种以上的句类的末尾，“即使是‘吗’似乎一定得用于疑问句，其实这只是文字问题，或者说，只是书面语的问题。在口语里，ma这个音是不一定只跟疑问句相联系的”。因此本书的研究范围里除了上述列出的6个典型语气词以外，还包括语气词“嘛”。

本书的研究目的旨在于通过新的研究手段和研究方法，揭示汉语语气词的类型学特征，因此本书的研究只涉及典型的现代汉语语气词。

（1）通过实验语音学的手段和语言对比确定汉语语气词“呢”“吗”“吧”“啊”是否具有疑问表达功能，若有，表达的方式和手段有何类型学特点。

（2）汉语里的典型语气词的语义特征和语用功能的类型学特点是什么。

（3）汉语语气词连用的类型学特点和内在动因究竟是什么。

第二章　汉语语气词“呢”的类型学特征研究

第一节　基于语音实验的疑问句里“呢”的语用功能探究

关于“呢”是不是疑问语气词，学界的成果颇丰，但一直有分歧，总结起来有三种观点，一是认为“呢”是一个疑问语气词，二是认为“呢”不是一个疑问语气词，三是认为“呢”是一个不典型的语气词。

陆俭明（1984）、陈妹金（1995）、齐沪扬（2002）、江海燕（2010）的研究支持第一种观点。陆俭明（1984：333—334）指出，“呢”是一个负载非是非问信息的疑问语气词，但并非羡余信息，它使问句多了疑惑、猜想或焦虑的意思。陈妹金（1995）统计了西北大学出版社出版的《新时期争鸣作品选2》一书约30余万字的语料，发现“呢”用于非是非问，共152例，其中真性问92例，假性问60例；而没有疑问语气词的非是非问474例，其中真性问300例，假性问174例；“呢”用于非疑问句60例；根据这些数据作者指出，非是非问以不带“呢”为常，而“呢”字本身主要用于疑问句，还是属于疑问语气词。齐沪扬（2002：34）指出“呢”最基本的意义是表疑问语气。江海燕（2010：138—140）通过语音实验证明“吗”和“呢”负载部分疑问语气，“呢”更能承载疑问语气意义。

邵敬敏（1989）、胡明扬（1991）[①]、叶蓉（1994）、金立鑫（1996）、张谊生（2002：271）、左思民（2009：371）、完权（2018）的研究支持第二种观点。胡明扬（1991）《北京话的语气助词和叹词》

---

① 胡明扬：《北京话的语气助词和叹词》，《语言学论文选》，中国人民大学出版社1991年版。

认为，“呢”只是表示提醒的语气，它不是一个疑问语气词。邵敬敏（1989：170）指出“呢”不是一个疑问语气词。但他（2012：601）后来又从方法论上进行反思，并进一步更正他的（1989：170）“呢”不是疑问语气词观点，认为“呢”是一个疑问语气词，有“深究”的意味。叶蓉（1994：449）指出，“‘呢’用于含疑问词的特指问句中或用于选择问句中，不负载疑问信息，它不是一个表疑问的语气词，它表示的是一种缓和地深究的语气”，“呢”用在反问句中“与陈述句末尾表示确认兼铺张语气的‘呢’作用相似”。金立鑫（1996）、张谊生（2002：271）认为，用“呢”的疑问句里要么有别的疑问词，要么依赖语境，因此“呢”不是一个疑问语气词。金立鑫（1996：49）认为“呢”在疑问句中的作用是配合强调。张谊生（2002：269—270）、左思民（2009：371）指出，汉语里的语气词严格地说并不表达陈述、疑问、祈使和感叹等语气，而表达的是口气。完权（2018：23—30）的观点其实也认为“呢”表达的是“口气”，是言者的主观态度。他（2018）认为“呢”的作用是在互动性强的言语交际中表达“信据力”，即“提醒重视并采信”。他认为“呢”在疑问句里仍旧是表达信据力，希望听话人注意并回答。我们认为既然是“信据力”就应该是消息可靠，有说服力，如果用在问句里，言者自己都不知道消息，又如何能表达信据力呢？他（2018）举了下面的例子：

为什么？为什么呢？我也不知道，总之最后大家就都一样了。（石康《奋斗》）

他（2018）认为这里的“呢”表达了信据力就是期望别人回答，所以“为什么呢”的语气比“为什么”强，这个句子不能颠倒过来变成“为什么呢？为什么？”我们认为这个例子恰恰说明疑问句中的“呢”加强了疑问语气。他还用下面的例子说明“呢”是表示信据力的：

“挑水呢？”“哎。”（礼平《小站的黄昏》）

他（2018）认为这里的“呢”并没有疑问的意思，类似于打个招呼。我们中国人的问候语“吃饭了吗？”也是一句问候语，我们不能据此认为"吗"没有疑问功能，有时看见了明知故问只是一种礼貌，并不能说明"吗"和"呢"没有疑问功能。

杨永忠（2011）的研究支持第三种观点。杨永忠（2011：344）指出，语气词"呢"不仅表示疑问语气，而且还表示焦点。其既可以出现在陈述句，又可以出现在疑问句，它不是一个典型语气词，而是介于陈述语气词与疑问语气词之间的一个过渡词，它在句法层级中排列于典型陈述语气词"了"之后，典型疑问语气词"吗"之前。无论是在陈述句还是在疑问句里，它离动词短语越近就越容易成为焦点标记，越远则越容易成为话题标记。

以上的诸多研究，多为根据语言事实的推理与分析，而江海燕（2010）的研究采用实验语音学的方法，进行了大量的实验。江海燕（2010：131—134）通过语音实验证实带语气词的疑问句都比相应的不带语气词的疑问句句末音节的音高值低，因此她认为句末语气词只承担了部分疑问信息。这里需要分析的是有可能不带语气词的疑问句的疑问语气比带疑问词的疑问句的疑问语气要强，因此句末调值升高；还有一种可能是两个句子里句首词或者句中词的调值不同，因此两个句子承担的疑问语气也不同。江海燕（2010：132—134）同时还进行了换听实验，把原来疑问句句末的"呢"剪掉，换成陈述句句末的"呢"，再用软件重新合成，然后让被试听辨是疑问句还是陈述句，结果约有72.3%的被试判断为疑问句，这里还存在同样的问题，可能是由于句子里其他的非语气词表达了疑问语气，因此根据这样的换听实验得到的结论仍有待于进一步研究。看句子中其他的非语气词是否承载了疑问语气，如若其他词没有承载疑问语气，这时换成陈述句调的"呢"被判断为疑问句，才能说明"呢"确实承载着疑问语气。江海燕（2010：33）指出，如果同一个音节在陈述句中和在疑问句中的基频相差不多，就说明这个音节对区别这两类语调起到的作用不大，如果基频对比的结果差别比较大，说明这个音节负载了较多的语调信息。她（2010：33—36）还指出，在音节比较多的句子里，句末音节所承载的语调信息对语气意义的表达起决定性作用；音节比较少的句子很多都从句首开始已经有了明显的音高差别，她的这些结论都是定性分析，缺乏有统计学意义的定量分析。我们尝试扩大被试的数量，从统计学意义上对疑问句中起疑问语气作用的音节予以限定，并分析在陈述句和疑问句中的"呢"是否有所不同、"呢"到底是不是一个疑问语气词。我们的实验要研究的问题有两个，如下：

1.由同样的词语构成“呢”字陈述句和疑问句里，每个词的音节基频有没有变化？

2.“呢”会不会在陈述句、非是非问和特指问句里，因直接附在动词短语的后面而成为焦点标记呢？

一　实验情况说明

我们选择了云南师范大学大学一年级、大学二年级和研究生一年级、二年级的34位年龄在18岁到25岁之间的同学进行了录音，其中女同学17位，男同学17位，他们的普通话水平为二甲及以上。

录音情况为如下：

①录音软件：Praat。②切分软件：Cool Edit。③采样率：11025赫兹，16位，单声道。④要求学生每句读3遍，句与句间隔4秒，自然状态、平稳语速发音。实验时，请他们用普通话朗读“多巧，爷爷在工作呢。”“（你每天给爷爷打这么多电话，你打电话的时候，）要是爷爷在工作呢？”和“谁在工作呢？”这3个句子。朗读前并未告诉他们朗读的目的。⑤我们用南开大学开发的Minispeechlab软件对这些34位同学的语音样本进行了分析，制作百分比跨度图时仅呈现“爷爷在工作呢！”“要是爷爷在工作呢？”和“谁在工作呢？”这3个句子，“多巧”“你每天给爷爷打这么多电话，你打电话的时候，”只是给被试提供一个比较容易理解的语境。⑥我们在分析时先用Minispeechlab软件按韵律词“爷爷/谁”“在”“工作呢”来分析每一个字的频率值，为了减少差异性，再用公式：St=12*lg（f/fr）/lg2（“f”表示需要转换的赫兹数值，“fr”表示参考频率，男性设为55赫兹，女性设为64赫兹。）将频率值转换为对数域中的半音值，用统计学的方法分析34个被试“爷爷”“在”“工作呢”和“谁”在不同句子中频率半音值是否有显著差异，来分析陈述句、非是非问句和特指问的语调的差异及其形成原因。

二　三个句子里各字频率半音值数据的有效性及其对疑问语调的作用情况分析

在“爷爷在工作呢！”“要是爷爷在工作呢？”和“谁在工作呢？”

这三个句子里，“呢”对疑问语调的作用怎样，我们只能通过把三个句子里相同或相关字的频率半音值进行配对样本检验，并把三个句子里的字进行两两比较，才能知道每个字对非是非问句语调和特指问语调是否起作用，进而判定“呢”对疑问语调的形成起到什么样的作用。

（一）陈述句与非是非问句各字频率半音值的分析

为了检验什么对非是非问句构成疑问语调造成影响，我们对陈述句和非是非问句中相同的字的频率半音值分别进行了配对样本检验。

1. 陈述句中与非是非问句中第一个“爷”的频率半音值分析

我们对“爷爷在工作呢！”和“要是爷爷在工作呢？”中第一个“爷”的频率半音值进行了配对样本检验，检验结果制成表2-1和表2-2。

表2-1　非轻声“爷$_1$”与“爷$_2$”成对样本相关系数

		N	相关系数	Sig.
对1	“非轻声爷$_1$”和“非轻声爷$_2$”	34	.937	.000

表2-2　非轻声“爷$_1$”与“爷$_2$”成对样本检验

		成对差分					t	df	Sig.（双侧）
		均值	标准差	均值的标准误	差分的95%置信区间				
					下限	上限			
对1	非轻声爷$_1$-非轻声爷$_2$	.61412	1.70153	.29181	.02043	1.20781	2.105	33	.043

从表2-1可以看到$p=0.000<0.05$，两个句子中第一个“爷”频率半音值的相关系数为93.7%，相关度极高，说明数据非常具有统计学意义。从表2-2可以看到$p=0.043<0.05$，陈述句中第一个“爷”的频率半音值的均值比非是非问句中第一个“爷”的频率半音值的均值高0.6142，差异具有显著性。

2. 陈述句中与非是非问句中轻声“爷”的频率半音值分析

我们对“爷爷在工作呢！”和“要是爷爷在工作呢？”中轻声“爷”的频率半音值进行了配对样本检验，检验结果制成表2-3和表2-4。

表2-3　　轻声“爷$_1$”与“爷$_2$”成对样本相关系数

		N	相关系数	Sig.
对1	“轻声爷$_1$”和“轻声爷$_2$”	34	.937	.000

表2-4　　轻声“爷$_1$”与“爷$_2$”成对样本检验

		成对差分					t	df	Sig.（双侧）
		均值	标准差	均值的标准误	差分的95%置信区间				
					下限	上限			
对1	轻声爷$_1$-轻声爷$_2$	1.16559	1.9431	.33324	.48761	1.84357	3.498	33	.001

从表2-3和表2-4可以看到同第一个非轻声的“爷”一样，轻声“爷”的频率半音值两个句子半音值高度相关，且差异具有显著性，陈述句轻声“爷”的频率半音值比非是非问句中“爷”的频率半音值高1.16559，差异具有显著性。

3. 陈述句中与非是非问句中“在”的频率半音值分析

我们对“爷爷在工作呢！”和“要是爷爷在工作呢？”中“在”的频率半音值进行了配对样本检验，检验结果制成表2-5和表2-6。

表2-5　　陈述句“在$_1$”与非是非问句中“在$_2$”成对样本相关系数

		N	相关系数	Sig.
对1	“在$_1$”和“在$_2$”	34	.910	.000

表2-6　　陈述句“在$_1$”与非是非问句中“在$_2$”成对样本检验

		成对差分					t	df	Sig.（双侧）
		均值	标准差	均值的标准误	差分的95%置信区间				
					下限	上限			
对1	在$_1$-在$_2$	.32353	2.34900	.40285	-.49608	1.14313	.803	33	.428

从表2-5可以看到陈述句中“在$_1$”与非是非问句中“在$_2$”的频率半音值高度相关，相关系数达到91%，数据具有统计学意义；然而表2-6显

示p=0.428>0.05，二者的频率半音值差异不具有显著性。

4. 陈述句中与非是非问句中“工”的频率半音值分析

我们对“爷爷在工作呢！”和“要是爷爷在工作呢？”中“工”的频率半音值进行了配对样本检验，检验结果制成表2-7和表2-8。

表2-7　陈述句“工$_1$”与非是非问句中“工$_2$”成对样本相关系数

		N	相关系数	Sig.
对1	“工$_1$”和“工$_2$”	34	.958	.000

表2-8　陈述句“工$_1$”与非是非问句中“工$_2$”成对样本检验

		成对差分					t	df	Sig.（双侧）
		均值	标准差	均值的标准误	差分的95%置信区间				
					下限	上限			
对1	工$_1$-工$_2$	.41118	1.74038	.29847	−.19607	1.01842	1.378	33	.178

从表2-7可以看到到陈述句中“工$_1$”与非是非问句中“工$_2$”的频率半音值高度相关，相关系数达到95.8%，数据具有统计学意义；然而表2-8显示p=0.178>0.05，二者的频率半音值差异不具有显著性。

5. 陈述句中与非是非问句中“作”的频率半音值分析

我们对“爷爷在工作呢！”和“要是爷爷在工作呢？”中“作”的频率半音值进行了配对样本检验，检验结果制成表2-9和表2-10。

表2-9　陈述句“作$_1$”与非是非问句中“作$_2$”成对样本相关系数

		N	相关系数	Sig.
对1	“作$_1$”和“作$_2$”	34	.933	.000

表2-10　陈述句“作$_1$”与非是非问句中“作$_2$”成对样本

		成对差分					t	df	Sig.（双侧）
		均值	标准差	均值的标准误	差分的95%置信区间				
					下限	上限			
对1	作$_1$-作$_2$	.65912	2.19423	.37631	−.10649	1.42472	1.752	33	.089

从表2-9可以看到到陈述句中“作$_1$”与非是非问句中“作$_2$”的频率半音值高度相关，相关系数达到93.3%，数据具有统计学意义；然而表2-10显示p=0.089>0.05，二者的频率半音值差异不具有显著性。

6. 陈述句中与非是非问句中“呢”的频率半音值分析

我们对“爷爷在工作呢！”和“要是爷爷在工作呢？”中“呢”的频率半音值进行了配对样本检验，检验结果制成表2-11和表2-12。

表2-11　　陈述句“呢$_1$”与非是非问句中“呢$_2$”成对样本相关系数

		N	相关系数	Sig.
对1	“呢$_1$”和“呢$_2$”	34	.802	.000

表2-12　　陈述句“呢$_1$”与非是非问句中“呢$_2$”成对样本检验

<table>
<tr><td rowspan="3" colspan="2"></td><td colspan="5">成对差分</td><td rowspan="3">t</td><td rowspan="3">df</td><td rowspan="3">Sig.（双侧）</td></tr>
<tr><td rowspan="2">均值</td><td rowspan="2">标准差</td><td rowspan="2">均值的标准误</td><td colspan="2">差分的95%置信区间</td></tr>
<tr><td>下限</td><td>上限</td></tr>
<tr><td>对1</td><td>呢$_1$-呢$_2$</td><td>-2.06353</td><td>3.44540</td><td>.59088</td><td>-3.26569</td><td>-.86137</td><td>-3.492</td><td>33</td><td>.001</td></tr>
</table>

从表2-11可以看到到陈述句中“呢$_1$”与非是非问句中“呢$_2$”的频率半音值高度相关，相关系数达到80.2%，数据具有统计学意义；表2-12显示p=0.001<0.05，二者的频率半音值差异具有显著性，即非是非问句中“呢$_2$”的频率半音值均值比陈述句中“呢$_1$”的频率半音值均值高2.06353。

7. 小结

通过上面的分析可以看到“爷爷在工作呢！”中“爷爷”的频率半音值比“要是爷爷在工作呢？”中“爷爷”的频率半音值高，两个句子里“在工作”三个字的频率半音值的差异不具有显著性。疑问句“要是爷爷在工作呢？”中“呢”的频率半音值比陈述句中“呢”的频率半音值高得多，整个疑问句的上升语调是靠“呢”的升高来体现的，非是非问句的起点音高“爷爷”有所下降。这符合林茂灿（2012：252）的结论，“区分疑问与陈述的征兆在末音节，末音节对区分疑问和陈述具有主要的决定性的作用”。他（2012：252）还指出，“末音节音高跟时长比较，音高对区分疑问和陈述语气的作用更加重要”。34位被试“呢”的发音时长有的大于句中各音节的均值，有的小于句中各音节的均值，因此“时长”对疑问语气的影响并不显著。“爷爷在工作呢！”和“爷爷在工作呢？”相比，是“呢”的音高对其构成疑问句起到了决定性的作用，“爷爷”在非是非问句中音高有所降低，这对形成上扬的疑问语调也有一定的作用。

（二）特指问句与非是非问句各字频率半音值的分析

为了检验是什么对非是非问句和特指问句的疑问语调造成影响，我们对特指问句中和非是非问句中相同或相关的字的频率半音值分别进行了配对样本检验。

1. 特指问句中第一个阳平字“谁”与非是非问句中第一个阳平字“爷”的频率半音值分析

我们对“谁在工作呢？”中的“谁”和“要是爷爷在工作呢？”中第一个“爷”的频率半音值进行了配对样本检验，检验结果制成表2-13和表2-14。

表2-13　特指问句中“谁”与非是非问句中非轻声“爷”成对样本相关系数

		N	相关系数	Sig.
对1	“疑问句非轻声爷”和“谁”	34	.837	.000

表2-14　特指问句中“谁”与非是非问句中非轻声“爷”成对样本检验

		成对差分					t	df	Sig.（双侧）
		均值	标准差	均值的标准误	差分的95%置信区间 下限	差分的95%置信区间 上限			
对1	疑问句非轻声爷-谁	-.53882	2.60940	.44751	-1.44929	.37164	-1.204	33	.237

从表2-13可以看到特指问句中“谁”与非是非问句中“爷”的频率半音值高度相关，相关系数达到83.7%，数据具有统计学意义；然而表2-14显示$p=0.237>0.05$，二者的频率半音值差异不具有显著性。

2. 特指问句中的“在$_3$”与非是非问句中的“在$_2$”的频率半音值分析

我们对“谁在工作呢？”中和“要是爷爷在工作呢？”中两个“在”

的频率半音值进行了配对样本检验，检验结果制成表2-15和表2-16。

表2-15 特指问句中“在$_3$”与非是非问句中“在$_2$”成对样本相关系数

		N	相关系数	Sig.
对1	“在$_2$”和“在$_3$”	34	.901	.000

表2-16 特指问句中“在$_3$”与非是非问句中“在$_2$”成对样本检验

		成对差分					t	df	Sig.（双侧）
		均值	标准差	均值的标准误	差分的95%置信区间				
					下限	上限			
对1	在$_2$-在$_3$	−3.14235	2.43854	.41821	−3.99320	−2.29151	−7.514	33	.000

从表2-15可以看到特指问句中“在$_3$”与非是非问句中“在$_2$”的频率半音值高度相关，相关系数达到90.1%，数据具有统计学意义；表2-16显示$p=0.000<0.05$，二者的频率半音值差异具有显著性，“在$_3$”的频率半音值比“在$_2$”高3.14235。

3. 特指问句中的“工$_3$”与非是非问句中的“工$_2$”的频率半音值分析

我们对“谁在工作呢？”中和“要是爷爷在工作呢？”中两个“工”的频率半音值进行了配对样本检验，检验结果制成表2-17和表2-18。

表2-17 特指问句中“工$_3$”与非是非问句中“工$_2$”成对样本相关系数

		N	相关系数	Sig.
对1	“工$_2$”和“工$_3$”	34	.895	.000

表2-18 特指问句中“工$_3$”与非是非问句中“工$_2$”成对样本检验

		成对差分					t	df	Sig.（双侧）
		均值	标准差	均值的标准误	差分的95%置信区间				
					下限	上限			
对1	工$_2$-工$_3$	1.09559	2.61239	.44802	.18408	2.0071	2.445	33	.020

从表2-17可以看到特指问句中“工$_3$”与非是非问句中“工$_2$”的频率半音值高度相关，相关系数达到89.5%，数据具有统计学意义；表2-18显示$p=0.02<0.05$，二者的频率半音值差异具有显著性，“工$_3$”的频率半音值

比“工$_2$”低1.09559。

4. 特指问句中的“作$_3$”与非是非问句中的“作$_2$”的频率半音值分析

我们对“谁在工作呢？”中和“要是爷爷在工作呢？”中两个“作”的频率半音值进行了配对样本检验，检验结果制成表2-19和表2-20。

表2-19　特指问句中“作$_3$”与非是非问句中“作$_2$”成对样本相关系数

		N	相关系数	Sig.
对1	“作$_2$”和“作$_3$”	34	.889	.000

表2-20　特指问句中“作$_3$”与非是非问句中“作$_2$”成对样本检验

		成对差分					t	df	Sig.（双侧）
		均值	标准差	均值的标准误	差分的95%置信区间				
					下限	上限			
对1	作$_2$-作$_3$	1.19971	2.79396	.47916	.22485	2.17457	2.504	33	.017

从表2-19可以看到特指问句中“作$_3$”与非是非问句中“作$_2$”的频率半音值高度相关，相关系数达到88.9%，数据具有统计学意义；表2-20显示$p=0.017<0.05$，二者的频率半音值差异具有显著性，“作$_3$”的频率半音值比“作$_2$”低1.19971。

5. 特指问句中的“呢$_3$”与非是非问句中的“呢$_2$”的频率半音值分析

我们对“谁在工作呢？”中和“要是爷爷在工作呢？”中两个“呢”的频率半音值进行了配对样本检验，检验结果制成表2-21和表2-22。

表2-21　特指问句中“呢$_3$”与非是非问句中“呢$_2$”成对样本相关系数

		N	相关系数	Sig.
对1	“呢$_2$”和“呢$_3$”	34	.905	.000

表2-22　特指问句中“呢$_3$”与非是非问句中“呢$_2$”成对样本检验

		成对差分					t	df	Sig.（双侧）
		均值	标准差	均值的标准误	差分的95%置信区间				
					下限	上限			
对1	呢$_2$-呢$_3$	1.32088	2.42791	.41638	.47374	2.16802	3.172	33	.003

从表2-21可以看到特指问句中“呢$_3$”与非是非问句中“呢$_2$”的频率半音值高度相关，相关系数达到90.5%，数据具有统计学意义；表2-22显示$p=0.003<0.05$，二者的频率半音值差异具有显著性，“呢$_3$”的频率半音值比“呢$_2$”低1.32088。

6. 小结

通过上面的分析可以看到与非是非问句相比，特指问句并没有通过疑问词“谁”的音高来改变语调，而是通过升高“在”的音高，降低“工作呢”的音高来形成特指问句的疑问语气。在特指问句是通过升高焦点“在”的音高，降低其后韵律词“工作”的音高来实现疑问语调的，“呢”对疑问语调的形成不起作用，因为特指问句里的“呢”和陈述问句里的“呢”并无差异。

（三）特指问句与陈述句中各字频率半音值的分析

为了检验是什么对陈述语调和特指问句的疑问语调的差异产生影响，我们对特指问句中和陈述句中相同或相关的字的频率半音值分别进行了配对样本检验。

1. 特指问句中第一个阳平字“谁”与陈述句中第一个阳平字“爷”的频率半音值分析

我们对“谁在工作呢？”中的“谁”和“爷爷在工作呢！”中第一个“爷”的频率半音值进行了配对样本检验，检验结果制成表2-23和表2 24。

表2-23　特指问句中“谁”与陈述问句中非轻声“爷”成对样本相关系数

		N	相关系数	Sig.
对1	“陈述句非轻声爷”和“谁”	34	.872	.000

表2-24　特指问句中“谁”与陈述问句中非轻声“爷”成对样本相关系数

<table>
<tr><td rowspan="3" colspan="2"></td><td colspan="5">成对差分</td><td rowspan="3">t</td><td rowspan="3">df</td><td rowspan="3">Sig.（双侧）</td></tr>
<tr><td rowspan="2">均值</td><td rowspan="2">标准差</td><td rowspan="2">均值的标准误</td><td colspan="2">差分的95%置信区间</td></tr>
<tr><td>下限</td><td>上限</td></tr>
<tr><td>对1</td><td>陈述句非轻声爷-谁</td><td>.09059</td><td>2.37559</td><td>.40741</td><td>-.73829</td><td>.91947</td><td>.222</td><td>33</td><td>.825</td></tr>
</table>

从表2–23可以看到特指问句中“谁”与陈述句中“爷”的频率半音值高度相关，相关系数达到87.2%，数据具有统计学意义；然而表2–24显示p=0.825>0.05，二者的频率半音值差异不具有显著性。

2. 特指问句中的“在$_3$”与陈述句中的“在$_1$”的频率半音值分析

我们对“谁在工作呢？”中和“爷爷在工作呢！”中两个“在”的频率半音值进行了配对样本检验，检验结果制成表2–25和表2–26。

表2–25　　特指问句中“在$_3$”与陈述句中“在$_1$”成对样本相关系数

		N	相关系数	Sig.
对1	“在$_1$”和“在$_3$”	34	.889	.000

表2–26　　特指问句中“在$_3$”与陈述句中“在$_1$”成对样本检验

		成对差分					t	df	Sig.（双侧）
		均值	标准差	均值的标准误	差分的95%置信区间				
					下限	上限			
对1	在$_1$-在$_3$	−2.81882	2.60291	.44640	−3.72702	−1.91063	−6.315	33	.000

从表2–25可以看到特指问句中“在$_3$”与陈述句中“在$_1$”的频率半音值高度相关，相关系数达到88.9%，数据具有统计学意义；表2–26显示p=0.000<0.05，二者的频率半音值差异具有显著性，“在$_3$”的频率半音值比“在$_1$”高2.81882。

3. 特指问句中的“工$_3$”与陈述句中的“工$_1$”的频率半音值分析

我们对“谁在工作呢？”中和“爷爷在工作呢！”中两个“工”的频率半音值进行了配对样本检验，检验结果制成表2–27和表2–28。

表2–27　　特指问句中“工$_3$”与陈述句中“工$_1$”成对样本相关系数

		N	相关系数	Sig.
对1	“工$_1$”和“工$_3$”	34	.893	.000

表2-28 特指问句中“$工_3$”与陈述句中“$工_1$”成对样本检验

		成对差分					t	df	Sig.（双侧）
		均值	标准差	均值的标准误	差分的95%置信区间				
					下限	上限			
对1	$工_1$-$工_3$	1.50676	2.72694	.46767	.55529	2.45824	3.222	33	.003

从表2-27可以看到特指问句中“$工_3$”与陈述句中“$工_1$”的频率半音值高度相关，相关系数达到89.3%，数据具有统计学意义；表2-28显示$p=0.003<0.05$，二者的频率半音值差异具有显著性，“$工_3$”的频率半音值比“$工_1$”低1.50676。

4. 特指问句中的“$作_3$”与陈述句中的“$作_1$”的频率半音值分析

我们对“谁在工作呢？”中和“爷爷在工作呢！”中两个“作”的频率半音值进行了配对样本检验，检验结果制成表2-29和表2-30。

表2-29 特指问句中“$作_3$”与陈述句中“$作_1$”成对样本相关系数

		N	相关系数	Sig.
对1	“$作_1$”和“$作_3$”	34	.851	.000

表2-30 特指问句中“$作_3$”与陈述句中“$作_1$”成对样本检验

		成对差分					t	df	Sig.（双侧）
		均值	标准差	均值的标准误	差分的95%置信区间				
					下限	上限			
对1	$作_1$-$作_3$	1.85882	3.15087	.54037	.75943	2.95821	3.44	33	.002

从表2-29可以看到特指问句中“$作_3$”与陈述句中“$作_1$”的频率半音值高度相关，相关系数达到85.1%，数据具有统计学意义；表2-30显示$p=0.002<0.05$，二者的频率半音值差异具有显著性，“$作_3$”的频率半音值比“$作_1$”低1.85882。

5. 特指问句中的“$呢_3$”与陈述句中的“$呢_1$”的频率半音值分析

我们对“谁在工作呢？”中和“爷爷在工作呢！”中两个“呢”的频率半音值进行了配对样本检验，检验结果制成表2-31和表2-32。

表2-31 特指问句中“呢$_3$”与陈述句中“呢$_1$”成对样本相关系数

		N	相关系数	Sig.
对1	“呢$_1$”和“呢$_3$”	34	.773	.000

表2-32 特指问句中“呢$_3$”与陈述句中“呢$_1$”成对样本检验

		成对差分					t	df	Sig.（双侧）
		均值	标准差	均值的标准误	差分的95%置信区间				
					下限	上限			
对1	呢$_1$-呢$_3$	-.74265	3.49208	.59889	-1.96109	.4758	-1.24	33	.224

从表2-31可以看到特指问句中“呢$_3$”与陈述句中“呢$_1$”的频率半音值高度相关，相关系数达到77.3%，数据具有统计学意义；表2-32显示p=0.224>0.05，二者的频率半音值差异不具有显著性。

6. 小结

通过上面的分析可以看到与陈述问句相比，特指问句并没有通过疑问词“谁”的音高来改变语调，而是通过升高“在”的音高，降低“工作”的音高来形成特指问句的疑问语气，这一点与非是非问句相似；不同的是“呢$_3$”与陈述句中“呢$_1$”的频率半音值无显著差异，而与疑问句中“呢$_2$”的频率半音值有显著差异，同是我们说的疑问句中的语气词“呢”，且同在句末，一个对疑问语调的形成起作用，另一个对疑问语调的形成不起作用。这只能说明在非是非问句中“呢”的基频的升高是由于句调的原因造成的，而不是因为“呢”是一个疑问语气词。

曹文、彭金美等（2012）指出，不同疑问程度的句子在韵律表现上是有差异的，主要表现在焦点音高、句子音阶和语气词音高三个方面。我们的研究发现特指问句的焦点多为“在工作呢”，34位被试中有25例，询问句的焦点多为宾语“工作（呢）”，34例中有33例，特指问句的疑问程度比询问句高[①]，这种高正是通过升高焦点中动词“在”的音高，降低其后韵律词“工作呢”的音高来实现的，疑问代词“谁”和语气词“呢”在

① 邵敬敏（2010：28）指出特指问句中疑问度是100%，“谁在工作呢？”从语感上比非是非问句“要是爷爷在工作呢？”的疑问度高。

这里起不起作用呢？“谁”的音高疑问句和陈述句里同是阳平的“爷”的音高并无显著差异，“呢”的音高与陈述句里也无显著差异，难道它们对疑问语调的构成就不起作用了吗？很显然，“谁”的疑问功能是其词汇意义的一部分，那么“呢”的呢？“谁在工作？”与“谁在工作呢？”疑问的语气并不一样，后者多了深究语气，这一“深究”语气就是由“呢”带来的。

三　34位被试三个句子的焦点情况分析

我们用公式Ki=100*（Gi–Smin）/（Smax–Smin）（其中Smax为整个句调域上限半音值，Smin为语句调域下限半音值）计算出每个字9个点（Minispeechlab软件取每个字的9个点上的音高数据）上的百分比值，找出最大值和最小值，做出各个句子的百分比跨度图，以此来分析各个句子的焦点情况。我们根据林茂灿（2012：135）指出的“窄焦点重音的声学表现是某个或某几个非上声音节音高曲拱或曲线的高点相对其前后的抬高”的观点对各个句子的焦点情况进行分析。

（一）三个句子各字的音高呈现情况分析

为了说明我们对音高的分析依据和音高的呈现情况，我们选取一些被试的音高百分比跨度图进行分析，然后对34位被试三个句子焦点的呈现情况予以汇总。

1. 被试的三个句子的焦点都是“工作呢”

有的被试三个句子焦点都是“作”，因为“作”的音高高线最高，并且“作”前的音高高线基本上是缓升，“作”后的音高高线都是骤降，如图2-1、图2-2、图2-3所示。虽然，“作”的音高高线最高，但它的音域扩展并不是最大的，石锋（2013：132—138）指出强调焦点最重要的一个特征是焦点所在调核词调域最大化扩展，是全句所有韵律词调域最宽的，覆盖全部语句调域，当强调焦点位于句首或句中词语时，调域上线是体现强调焦点特殊音高表现的主导，焦点后词调域大幅压缩，上下线都有所下降，呈现出明显的音高下倾趋势，因此，从图2-1到图2-3可以看到，韵律词“工作呢”的词调域为全句最宽，整个句子的焦点应该是“工作呢”，

“工作”这个词为前轻后重型，“作”是“工作呢”这个韵律词的重音。

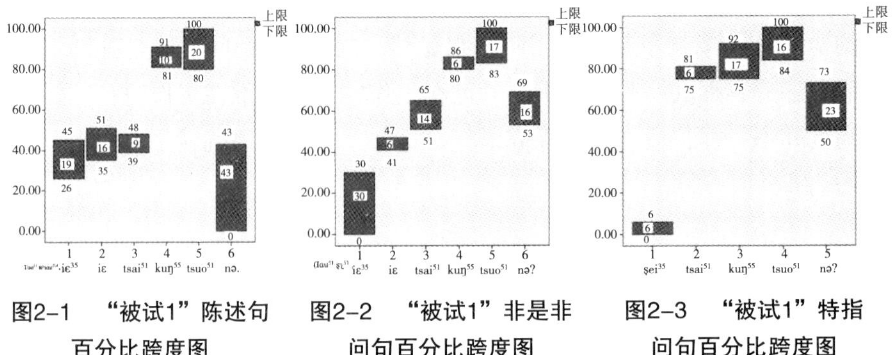

图2-1 “被试1”陈述句百分比跨度图　　图2-2 “被试1”非是非问句百分比跨度图　　图2-3 “被试1”特指问句百分比跨度图

2. 被试特指问句的焦点是“在”，其他两个句子的焦点是“工作呢”

有的被试陈述句和非是非问句的焦点是“工作呢”，“工作”是前轻后重型，具体情况见图2-4和图2-5。图2-6显示“在”的音高高线为全句最高，音域也为全句最宽，其后音节“工”的音高骤降，且音域也被压缩，“在”符合窄焦点的典型特征。

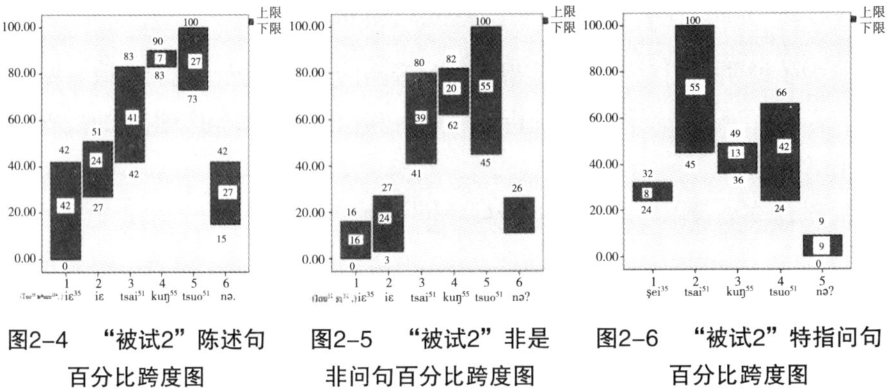

图2-4 “被试2”陈述句百分比跨度图　　图2-5 “被试2”非是非问句百分比跨度图　　图2-6 “被试2”特指问句百分比跨度图

3. 被试陈述句的焦点为“爷爷”，非是非问句的焦点为“工作呢”，特指问句的焦点为“在”

图2-7显示被试“爷爷在工作呢。”一句里，非轻声“爷”的音高高线最高，“爷爷”是全句的焦点，但其音域并不是全句最大，“工作呢”的音域为全句最大，是全句的次重音。图2-8显示“要是爷爷在工作

呢？”一句中“工作呢”为全句的重音，“工作”是前重后轻型。图2-9显示“在”为“谁在工作呢？”一句的焦点。

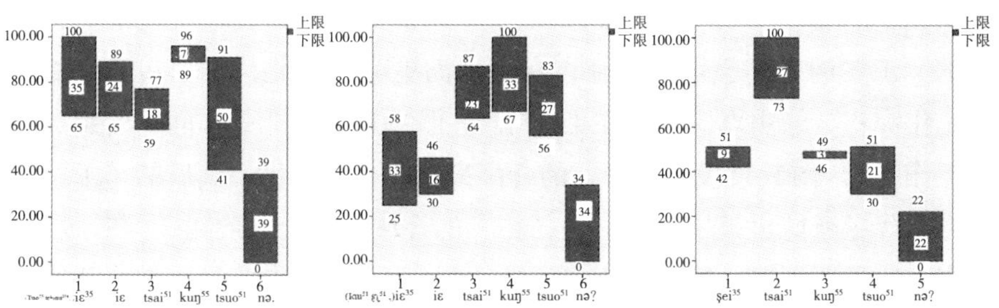

图2-7　“被试3”陈述句百分比跨度图　图2-8　“被试3”非是非问句百分比跨度图　图2-9　“被试3”特指问句百分比跨度图

4. 被试陈述句的焦点为“爷爷”，非是非问句的焦点为“工作呢”，特指问句的焦点为“谁在”

我们把陈述句、非是非问句和特指问句中的“爷爷在工作呢”分别制成图2-10、图2-11和图2-12。图2-10显示非轻声“爷”的音高高线为全句最高，但音域并不是全句最大，“爷爷”合在一起，音域就比较大，因此“爷爷”是全句的重音。图2-11显示“工”的音高高线为全句最高，但其后音节“作”的音域并未被压缩，因此整个韵律词“工作呢”是焦点。图2-12显示“谁”的音高高线为全句最高，但音域比较窄，其后音节“在”的音域比较宽，因此“谁在”作为一个韵律词整体是全句的焦点。

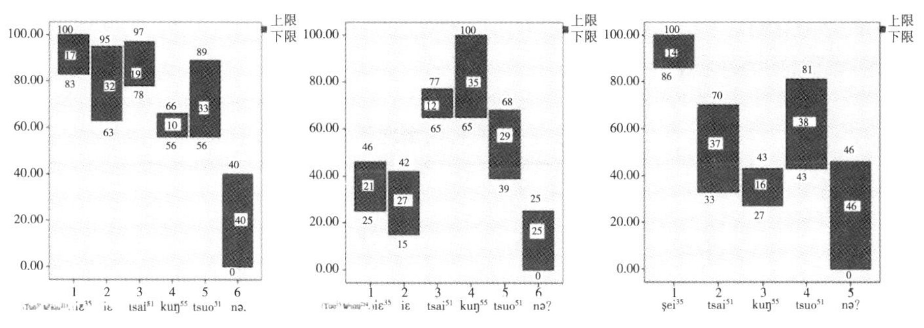

图2-10　“被试30”陈述句百分比跨度图　图2-11　“被试30”非是非问句百分比跨度图　图2-12　“被试30”特指问句百分比跨度图

5. 陈述句的焦点是“在工作呢”，非是非问句的焦点是“工作呢”，特指问句的焦点是“在工作呢”

图2-13显示“在”的音高高线为全句最高，但其音域跨度很小，其后的“工”的音高也没有骤降，音域反而更宽，因此，整个句子“爷爷在工作呢！”的焦点应是“在工作呢”。图2-14显示非是非问句的焦点是“工作呢”。图2-15显示“在”的音高高线为全句最高，其后的“工”的音高骤降，音域也被压缩，只是“在”的音域不是全句最宽，“在”后的音高高线逐渐下降，符合宽焦点的特征①，因此其焦点应是“谁在”这个韵律词。

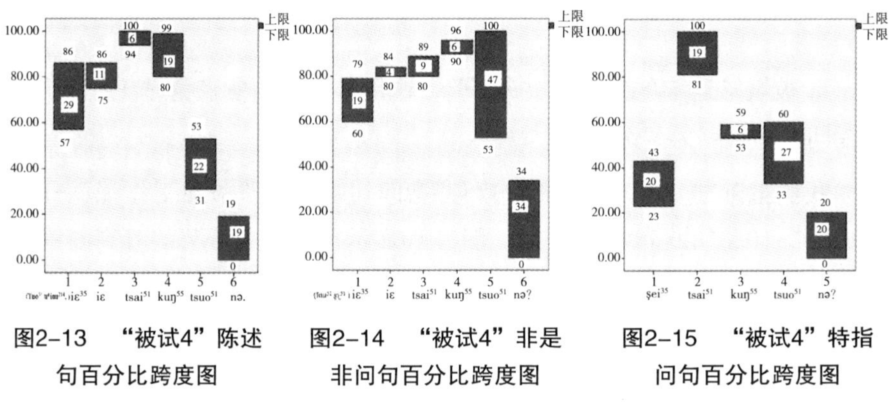

图2-13 “被试4”陈述句百分比跨度图

图2-14 “被试4”非是非问句百分比跨度图

图2-15 “被试4”特指问句百分比跨度图

6. 三十四位被试三个句子焦点情况汇总

为了便于分析“呢”是否如杨永忠（2011：344）所分析的那样，“呢”离动词短语越近，越容易成为焦点标记，我们对三个句子的焦点情况予以汇总，制成表2-33。

表2-33 三个句子焦点情况汇总表

句子	焦点情况
陈述句	焦点是“工作呢”，“工作”前轻后重24例；焦点是“工作呢”，“工作”前重后轻5例；焦点是“爷爷”4例；焦点是“在工作呢”1例。

① 林茂灿（2015：42）指出宽焦点重音的特点，后面韵律词的音高高点不会比其前面的高，但音高低点逐步下降，末了一两个音节的音域较大。

续表

句子	焦点情况
非是非问句	焦点是“工作呢”，“工作”前轻后重24例；焦点是“工作呢”，“工作”前重后轻9例；焦点是“爷爷”1例
特指问	焦点是“谁在”2例，其中重音在“谁”1例，在“在”1例；焦点是“在”或“在工作呢”25例；焦点是“工作呢”，“工作”前轻后重8例。

从表2-33可以看到陈述句和疑问句中的焦点倾向为“工作呢”，特指问句中的焦点倾向为“在工作呢”，这三个句子的焦点特征符合杨永忠（2011：344）的观点，句尾语气词“呢”倾向于成为焦点标记。

需要讨论的是，学界一般认为特指问句中的焦点为疑问代词或副词，如，徐杰（1999：24）指出特指问句中句子的焦点就是疑问代词或者包含疑问代词的语法成分，而我们的研究揭露并不支持这一结论，“谁在工作呢”一句中的焦点是“在”，全句是通过升高“在”的音高来表达疑问语气的。全句的疑问重点不在“谁”，而在于“在工作”，比如“这么晚了，谁还在工作呢？”，作者的表意重点可以是“还在工作”，因为这个句子可能疑问的重点不是“谁”，而是强调“不应该工作”，因此我们的语感并一定和语言实际相符。徐杰（1999：25）认为疑问代词的[+疑问]和[+焦点]的特征是词库里自带的。既然这样，这些疑问代词的特点就属于句法范畴，这与焦点属于语用范畴的特点相矛盾。徐杰（1999：32）认为汉语针对疑问范畴语法化的方式是加用疑问语气词与正反叠用，他忽略了语调对疑问范畴的至关重要的作用。他（1999：34）用马来语的疑问词后面都带有焦点标记来说明所有的疑问代词都是焦点，如果焦点跟句法对应的话，语言里言者的表达意图就对指派焦点不起作用了，比如反问句“谁没有一个亲人呢？”其表达的重点就不在“谁”，而是“大家都有亲人”。再如“到底给谁呢？”这个句子的焦点应是语气副词“到底”，而不是“谁”。我们的研究证实“谁在工作呢？”中的“谁”的音高跟“爷爷在工作呢！”中的“爷（非轻声）”的音高无差异，差异却在“在”的音高上升和“工”“作”的音高下降上，该特指问句是通过这样的先升后降的方式形成特指问句的语调。特指问句“谁在工作呢？”中的“谁”并没有改变其自身的音高特征，而且也不倾向于成为全句的焦点，但其自身所负载的疑问特征是显而易见的。因此，并非是一个特指问句含有负载疑问信息的词语就可以不改变其相对应的陈述句的语调了。这里“谁在工作呢？”的问域是整个句子，而“问点”却是“在工作呢？”，因此“在工作呢”常常成为信息的焦点。[①]

（二）三个句子焦点重音的音长分析

为了能够排除个性，使得音节的音长具有数据有效性，我们用石锋（2013：191）计算时长停延率的公式Dx=（Sx+Gx）/S#（其中Dx代表某个音节x的停延率，Sx代表句中音节x的自然时长，S#代表每个发音人该句子中的音节平均时长，Gx是每个音节后出现的停顿，因句内音节后无停顿，因此这里Gx等于0）对陈述句和非是非问句的“工作呢”，以及特指问句里的“谁在工作呢”各字的发音时长进行了归一化处理，计算出34位发音人三个句子焦点音节的发音时长停延率，制成表2–34。因陈述句的焦点有30句是“工作呢”，非是非问句的焦点有33例是“工作呢”，因此这两个句子我们只呈现“工作呢”的时长停延率。

表2–34　　34位被试三个句子发音时长停延率

陈述句			非是非问句			特指问句				
工$_1$	作$_1$	呢$_1$	工$_2$	作$_2$	呢$_2$	谁	在	工$_3$	作$_3$	呢$_3$
1.18	0.69	1.63	1.02	1.02	1.9	0.71	1.04	1.19	0.9	2.16
1.2	0.67	0.81	1.24	0.76	1.27	1.12	1.12	0.78	0.78	1.21
1.12	0.65	0.91	0.85	0.92	1.35	0.88	0.67	0.93	0.88	1.65
1.14	0.54	0.67	1.28	1.4	1.57	0.9	1.02	1.1	1.13	0.85
1.28	1.52	0.85	1.01	1.49	1.06	0.98	0.96	1.24	0.75	1.07
1.46	1.1	066	1.12	1.57	1.09	0.54	0.98	0.98	1.2	1.3
1.51	0.83	0.68	0.82	0.71	0.6	1.08	0.91	1.28	1.08	0.65
1.4	0.93	1.18	1.29	1.12	0.91	0.75	0.77	1.07	1.2	1.22
1.45	0.87	0.81	1.19	1.06	1.14	0.73	0.94	1.06	1.24	1.03
1.22	0.84	0.65	1.42	0.56	1.38	1.03	0.76	1.15	0.82	1.24

① 问域与问点的界定参见徐阳春（2003）《疑问句的语义、语用考察》，《汉语学习》2003年第4期，第34—39页。

续表

陈述句			非是非问句			特指问句				
工$_1$	作$_1$	呢$_1$	工$_2$	作$_2$	呢$_2$	谁	在	工$_3$	作$_3$	呢$_3$
1.17	1	0.62	1.45	0.57	1.14	1.02	0.97	1.06	1.06	0.88
1.19	0.82	0.52	1.19	0.82	0.52	1.25	0.75	1.06	0.68	1.26
1.13	0.78	0.81	0.81	1	1.4	0.88	1.01	1.09	1.05	0.96
1.79	0.83	0.74	1.85	0.69	1.33	0.93	1.12	1.32	0.96	0.66
1.07	1.01	1.07	0.91	1.15	1.01	0.84	0.7	0.99	1.34	1.13
1.11	0.79	0.52	0.79	0.86	0.84	0.85	0.88	1.06	1.2	1.02
1.26	1.3	0.72	1.03	1.34	1.2	0.62	1.02	1.32	1.23	0.82
1.22	1.06	1	0.76	0.97	1.35	1.13	1.06	1.03	0.63	1.16
1.42	0.85	0.71	1.41	0.66	0.97	1.08	1.24	1.24	0.93	0.5
1.42	1.01	0.51	1.28	1.2	0.97	1.08	0.96	1.48	0.86	0.62
1.23	0.95	0.72	1.02	0.81	0.89	0.97	1.15	0.99	1.05	0.84
1.18	1.02	0.87	0.74	1.12	1.23	0.82	1	0.82	0.99	1.37
1.38	0.5	1	0.75	0.79	1.28	0.96	1.15	1.23	0.74	0.93
1.47	0.82	0.79	1.06	0.79	0.97	0.84	1.05	1.1	0.73	1.28
1.19	0.97	0.88	0.91	1.04	1.48	0.93	0.74	1.12	1.04	1.17
0.78	0.96	0.78	1.1	1.2	0.9	1.38	0.69	1.04	0.84	1.06
1.29	0.66	0.63	1.02	1.02	0.94	0.88	1.03	0.99	0.91	1.19
1.14	0.91	0.53	0.89	0.97	1.38	1	1.09	1.11	1	0.79
1.05	1.05	0.75	0.99	0.6	1.07	1.02	0.85	1.2	1.17	0.77
1.4	0.89	0.84	1.52	1.09	0.97	1.21	0.69	1.38	0.94	0.77
1.46	0.77	0.77	1.02	1.06	1.32	1.18	1.03	1.06	0.82	0.91
1.18	0.92	0.6	1.17	0.93	0.98	1.02	1.02	1.47	0.82	0.68
1.52	1.06	0.79	1.08	1.13	1.29	0.89	1.18	1.32	0.94	0.67
1.37	0.76	0.7	1.08	0.71	1.31	1.16	0.65	1.02	1.07	1.09

1. 三个句子“呢”的时长停延率重复测量方差分析

我们对三个句子“呢”的时长停延率进行了重复测量方差分析，结果见表2-35—表2-37。

表2–35　　三个句子“呢”的时长停延率Mauchly的球形度检验[b]

度量：MEASURE_1

主体内效应	Mauchly的W	近似卡方	df	Sig.	Epsilon[a]		
					Greenhouse-Geisser	Huynh-Feldt	下限
句子	.836	5.717	2	.057	.859	.902	.500

检验零假设，即标准正交转换因变量的误差协方差矩阵与一个单位矩阵成比例。

注：a. 可用于调整显著性平均检验的自由度。在“主体内效应检验”表格中显示修正后的检验。

b. 设计：截距

主体内设计：句子

表2–36　　三个句子“呢”的时长停延率主体内效应的检验

度量：MEASURE_1

源		Ⅲ型平方和	df	均方	F	Sig.
句子	采用的球形度	2.303	2	1.152	28.226	.000
	Greenhouse-Geisser	2.303	1.719	1.340	28.226	.000
	Huynh-Feldt	2.303	1.804	1.277	28.226	.000
	下限	2.303	1.000	2.303	28.226	.000
误差（句子）	采用的球形度	2.693	66	.041		
	Greenhouse-Geisser	2.693	56.721	.047		
	Huynh-Feldt	2.693	59.541	.045		
	下限	2.693	33.000	.082		

表2–37　　三个句子“呢”的时长停延率的均值描述

度量：MEASURE_1

句子	均值	标准误差	95%置信区间	
			下限	上限
1	.786	.037	.711	.861
2	1.147	.047	1.052	1.243
3	1.027	.056	.913	1.140

表2-35显示莫奇里球形检验的结果是，Mauchly W=0.836，p=0.057>0.05，具有球形性，可以直接以表2-36一元方差分析的结果为准。表2-36显示，自由度为2，F=28.226，p=0.000<0.05，三个句子的停延率均值之间的差异具有显著性。表2-37显示陈述句中“呢”的时长停延率最小，等于0.786，小于句中各个音节时长的均值，非是非问句中“呢”的停延率最大，为1.147；特指问句中“呢”的停延率为1.027，疑问句中“呢”的时长停延率都大于句子中各音节的均值，因此疑问句中语气词的时长对表达疑问有一定的作用。我们对三个句中“呢”的时长停延率进行了两两配对检验，结果显示所有的数据都相关，这里不再重复显示数据。这一研究结论与王韫佳（2008）的“陈述句句末音节的长度小于疑问句”，音长也参与了疑问语调的形成的结论相吻合。

2. 三个句子“工”的时长停延率进行了配对样本检验

为了更细致地分析三个句子的“工”的时长停延率的关系，我们对“工”的时长停延率进行了两两配对样本检验，结果显示陈述句中“工”的时长比疑问句长，疑问句中“工”的时长无差异，结果见表2-38—表2-43。

表2-38　　　$工_1$与$工_2$成对样本相关系数

		N	相关系数	Sig.
对1	“$工_1$”和“$工_2$”	34	.409	.016

表2-39　　　$工_1$与$工_2$成对样本检验

		成对差分					t	df	Sig.（双侧）
		均值	标准差	均值的标准误	差分的95%置信区间				
					下限	上限			
对1	$工_1$-$工_2$	.18559	.24233	.04156	.10104	.27014	4.466	33	.000

表2-40　　　$工_1$与$工_3$成对样本相关系数

		N	相关系数	Sig.
对1	$工_1$和$工_2$	34	.365	.034

表2-41 工$_1$与工$_3$成对样本检验

		成对差分					t	df	Sig.（双侧）
		均值	标准差	均值的标准误	差分的95%置信区间				
					下限	上限			
对1	工$_1$-工$_3$	.15	.19661	.03372	.08140	.21860	4.449	33	.000

表2-42 工$_2$与工$_3$成对样本相关系数

		N	相关系数	Sig.
对1	“工$_2$”和“工$_3$”	34	.331	.056

表2-43 工$_2$与工$_3$成对样本检验

		成对差分					t	df	Sig.（双侧）
		均值	标准差	均值的标准误	差分的95%置信区间				
					下限	上限			
对1	工$_2$-工$_3$	-.03559	.24893	.04269	-.12244	.05127	-.834	33	.410

表2-38—表2-41显示“工$_1$”与“工$_2$”和“工$_3$”的时长停延率数据都呈现出正相关，p值分别为0.016，0.034，都小于0.05；“工$_1$”与“工$_2$”和“工$_3$”的时长停延率数据都有显著差异，p=0.000<0.05，“工$_1$”比“工$_2$”和“工$_3$”的时长停延率分别长0.18559、0.15。表2-42和表2-43显示“工$_2$”和“工$_3$”的时长停延率数据既不相关，也没有显著差异，这说明疑问句里“工”的时长没有差异。

3. 三个句子的“作”的时长停延率重复测量方差分析

我们对三个句子的“作”的时长停延率进行了重复测量方差分析，结果见表2-44—表2-45。

表2-44显示莫奇里球形检验的结果是，Mauchly W=0.972，p=0.639>0.05，具有球形性，可以直接以表2-45一元方差分析的结果为准。表2-45显示，F=2.138，p=0.126>0.05，三个句子的停延率均值之间的差异没有显著性，也就说三个句子“作”的时长停延率是一致的。

表2-44　　三个句子“作”的时长停延率Mauchly的球形度检验[b]

度量：MEASURE_1

主体内效应	Mauchly的W	近似卡方	df	Sig.	Epsilona		
					Greenhouse-Geisser	Huynh-Feldt	下限
句子	.972	.897	2	.639	.973	1.000	.500

检验零假设，即标准正交转换因变量的误差协方差矩阵与一个单位矩阵成比例。

注：a. 可用于调整显著性平均检验的自由度。在“主体内效应检验”表格中显示修正后的检验。

b. 设计：截距

主体内设计：句子

表2-45　　三个句子“作”的时长停延率主体内效应的检验

度量：MEASURE_1

源		Ⅲ型平方和	df	均方	F	Sig.
句子	采用的球形度	.146	2	.073	2.138	.126
	Greenhouse-Geisser	.146	1.946	.075	2.138	.127
	Huynh-Feldt	.146	2.000	.073	2.138	.126
	下限	.146	1.000	.146	2.138	.153
误差（句子）	采用的球形度	2.252	66	.034		
	Greenhouse-Geisser	2.252	64.225	.035		
	Huynh-Feldt	2.252	66.000	.034		
	下限	2.252	33.000	.068		

4. 特指问句中“谁”与“在”的停延率分析

我们对特指问句中“谁”与“在”的停延率进行了分析，二者之间没有显著差异，结果见表2-46和表2-47。

表2-46　　“谁”与“在”的停延率成对样本相关系数

成对样本相关系数				
		N	相关系数	Sig.
对1	“在$_3$”和“谁”	34	-.216	.219

表2-47　“谁”与“在”的停延率成对样本检验

成对样本检验									
		成对差分					t	df	Sig.（双侧）
		均值	标准差	均值的标准误	差分的95%置信区间				
					下限	上限			
对1	在$_3$-谁	-.01353	.2689	.04612	-.10735	.08029	-.293	33	.771

表2-46和2-47显示“谁”与“在”的停延率数据相关分析和配对样本检验的p值分别为0.219和0.771，都大于0.05，二者的停延率数据既不相关，也无显著差异，即在特指问句中虽然“在”常常为重音，但其与特殊疑问词“谁”的音长并无显著差异，其成为焦点主要是音高在起作用。

四　结论与讨论

曾经有不少学者对“呢”的功能作了统一的归纳，如胡明扬（1991）的“呢”只是表示提醒的语气，Li&Thompson的“对期待的回应”和Alleton“说话人想让听话人主动参与”[①]以及屈承熹（2008：18）“呢”的功能应归结为“与上文对比”和“要求继续对话”，具有语篇关联功能没有话语情态功能的观点，这些归纳只概括了大部分语气词的交互主观性的共同特征，没有注意到疑问句中“呢”自身的疑问、深究的语用功能，也忽视了问句中的“呢”与非问句中的“呢”的区别。

从上文我们可以看到疑问句里的“呢$_2$”比陈述句里的“呢$_1$”和特指问句中的“呢$_3$”的调值都高，而“呢$_1$”和“呢$_3$”的音高没有差异，这也是学界认为疑问句的疑问语气是由语调表示的而不是由语气词表示的原因，再加上“呢”要么用在特指问句里，问句里有别的疑问词，要么用在“NP/VP呢”短语里，疑问依赖语境，因此据此认为“呢”不是一个疑问语气词。

江海燕（2010：132—134）进行了换听实验，把原来疑问句句末的“呢”剪掉，换成陈述句句末的“呢”，再用软件重新合成，然后让被试

① 转引自齐沪扬（2002：36）《“呢”的意义分析和历史演变》，载于《上海师范大学学报（哲学社会科学版）》2002年第31卷第1期。

听辨是疑问句还是陈述句，结果有72.3%的被试判断为疑问句，而我们的统计数据分析疑问句语调的升高主要是由“呢”的字调的升高引起的，其他词的音高要么是在陈述句里和在疑问句里没有差异，要么是在陈述句里的还要高一点，应该说“呢”的字调的升高对疑问句语调的形成起着决定性的作用，但是换成了陈述句的“呢”以后，仍有72.3%的被试判断为疑问句。江海燕（2010：132—134）进行了换听实验，把原来疑问句句末的“呢”剪掉，换成陈述句句末的“呢”，再用软件重新合成，然后让被试听辨是疑问句还是陈述句，结果“人？呢。”“茶叶桶？呢。”“缺的那页纸？呢。”这样的句子约有72.3%的被试判断为疑问句[①]；而“这儿？呢。”“编书？呢。”“还青着？呢。”仅有10%的人选择为疑问句，这两个听辨实验存在的问题是第一类句子从句法构式上看更像疑问句，而第二类句子更像陈述句，是句法构式导致了听辨的数据不一致，因此，换听实验也不能说明“呢”是一个疑问语气词。

总之，非疑问句里的“呢”调值最高，而陈述句和特指问句中的“呢”音高没有差异；与陈述句相比，特指疑问句则是通过焦点韵律词的音高的起伏度来形成疑问句调，而非是非问句则是通过降低句首韵律词的音高，升高句末字“呢”的音高来形成疑问语调，从音高上不能判断“呢”是一个疑问语气词。

疑问代词“谁”和语气词“呢”在这里起不起作用呢？“谁”的音高和陈述句里同是阳平的“爷”的音高并无显著差异，特指问句里“呢”的音高与陈述句里也无显著差异，难道它们对疑问语气的构成就不起作用了吗？很显然，“谁”的疑问功能是其词汇意义的一部分，那么“呢”的是否也是其词汇意义的一部分呢？我们试比较“谁在工作？”与“谁在工作呢？”的语气，二者并不一样，后者多了深究语气，这一“深究”语气应该就是由“呢”带来的。

从上文的实验数据可以看到陈述句和疑问句中的焦点倾向为“工作呢”，特指问句中的焦点倾向为“在工作呢”，这三个句子的焦点特征符合杨永忠（2011：344）的观点，句尾语气词“呢”倾向于成为焦点标记。

① 陆俭明（19984：334）指出非是非问句“W+呢？”中如果没有“呢”就不能形成疑问句，句子的非是非疑问信息显然是由“呢”负载的。这里应该是一个表达疑问的语法构式。

为了探究“呢”在疑问句里的语用功能，论文还要基于语言类型对比来做进一步地研究。戴庆厦（2012）指出，单一语言的研究，如果能参照别的语言，对其特征的判定就会更贴近事实；语言研究有了跨语言视野就会加深深度。汉语、缅甸语、泰语和越南语都是分析性语言，缺少形态变化，这些语言要扩大表现能力就要靠虚词来寻找潜力，扩大虚词的表达功能。由于分析性强弱的不同，各自虚词的功能特点会有不同，可以通过汉语与它们的对比看出汉语的特点。

第二节　基于语料库的现代汉语语气词“呢”的语用功能分析

一　引言

完权（2018：23—30）认为“呢”表达的是“口气”，是言者的主观态度，他（2018）认为“呢”的作用在陈述句和疑问句里是一致的，都是在互动性强的言语交际中表达“信据力”，即“提醒重视并采信”，他认为“呢”在疑问句里仍旧是表达信据力，希望听话人注意并回答。陈述句和疑问句中的“呢”有没有必要进行区分呢？很多学者都指出现代汉语里的“呢”有不同的语法化来源，如王力（1980：452），江蓝生（1986），太田辰夫（1987：336，350），曹广顺（1995：159），俞光中，植田均（1999：424—430），冯春田（2000：529—552），吕叔湘（2002：62），齐沪扬（2002），蒋绍愚（2005：216—217），翟燕（2013：70—85）等。“呢”在是非问和非是非问句中的语义差异是自近代汉语以来就客观存在的，因此还是尊重语言的实际把是非问句中的“呢”和非是非问句中的“呢”分开为好。吕叔湘（1980：365—366）指出，“呢”有4种用法，即表疑问、指明事实而略带夸张、表示持续的状态、用于句中停顿处。学界一般认为“呢”不表示句中持续的状态（参见胡明扬1981），“持续状态”这一语法意义是由句中其他词语表示的，因此“呢”的意义有3个：1.表示疑问、深究；2.指明事实，略带夸张；3.话题标记。齐沪扬（2002）指出，“呢”的主要意义是表示疑问。我们对国家语委语料库2000万字的现代汉语语料库进行了检索，“呢”的用法如下：

表2-48　国家语委语料库2000万字的现代汉语语料库中现代汉语中“呢”的用法统计

用法 使用频率（比例）	表示疑问、深究	指明事实，略带夸张	话题或者关联词语之后	用在应对语后	假设分句后
呢	7166（3.583‱）	2881（1.441‱）	331（0.166‱）	15（0.0035‱）	7（0.0035‱）

注：使用频率=使用频次÷语料的总字数。

从表2-48可以看到“呢”的无标记用法确实是用在问句里。根据陈妹金（1995：17—18）的统计，“呢”用于真性问句的情况明显多于假性问，因此“呢”的基本意义确实是表示疑问和深究。根据沈家煊（1999：33）的研究，使用频率是一个语法项目是有标记还是无标记的一个重要参考值。周小兵（2004：135）指出：“普遍性对中介语有制约作用，习得也许遵循着特征层级性次序，无标记/弱标记性特征先于有标记/强标记特征习得。”我们意图通过对非汉语母语者汉语中介语语料的分析，验证现代汉语语气词“呢”的用法的标记性以及有没有必要对“呢”的不同用法进行区分。

二　泰语母语者现代汉语语气词“呢”的使用情况及原因探析

我们对泰语母语者22.3756万字初级汉语中介语语料进行了分析，制成了表2-49。

表2-49　泰语母语者中介语语料库使用“呢”的情况统计

用法 使用频率（比例）		表示疑问、深究	指明事实，略带夸张	话题或者关联词语之后
泰语母语者现代汉语“呢”的使用频率	初级	84（3.75‱）	5（0.22‱）	9（0.4‱）
	中级	95（8.11‱）	18（1.54‱）	6（0.52‱）
	高级	27（5.74‱）	2（0.43‱）	0
汉语母语者使用频率		7166（3.583‱）	2881（1.441‱）	331（0.166‱）

注：使用频率=使用频次÷语料库的总字数。

从使用频次上来看，无论是泰语母语者说的汉语，还是汉语母语者对“呢”的使用，“呢”在疑问里的使用频率都是最高的，根据沈家煊（1999：33）的研究，使用频率是一个语法项目是有标记还是无标记的一个重要参考值。周小兵（2004：135）指出，“普遍性对中介语有制约作用，习得也许遵循着特征层级性次序，无标记/弱标记性特征先于有标记/强标记特征习得。”我们可以通过对非汉语母语者汉语中介语语料的分析，验证现代汉语语气词“呢”的用法的标记性以及有没有必要对“呢”的不同用法进行区分。

泰语母语者中级阶段和高级阶段中“呢”的使用频率远远超过汉语母语者。而到了高级阶段，“呢”在陈述句、感叹句里“指明事实、略带夸张”的用法以及句中用在话题之后的使用频率仍旧不足，这充分说明“呢”的非疑问用法对泰语母语者来说是有难度的。为了弄清楚泰语母语者使用“呢”的具体情况，我们按汉语水平分阶段对他们“呢”的使用情况予以分析。

（一）泰语母语者初级汉语中介语偏误及其原因分析

1. 疑问句里的“呢”使用情况分析

泰语母语者初级阶段“呢”的疑问用法的使用为84例，偏误5例，正确率为94%。

在疑问句的5例偏误里，大多是疑问句其他成分的偏误，其中有一例，是误代“啊”的偏误，如下：

[1] 没想到她已经有新的男人了，那我怎么办呢？呵呵。这是我最沉重的事很难忘。

泰语的na^{33}在疑问句里相当于汉语的“呢”，而在陈述句和感叹句里却相当于汉语的“啊”，这就导致泰语母语者“呢”误代“啊”。

$\underline{chan}^{24}\underline{maj}^{41}\underline{khaw}^{41}\underline{caj}^{33}\underline{na}^{453}$。

我　　不　　明白　啊

由于泰语里的na^{453}有“呢”和“啊”的两种用法，这样他们在使用汉语“呢”的时候常常误代“啊”。怎样跟留学生解释清楚陈述句中“呢”和“啊”的区别，对于避免母语负迁移有一定的意义。“呢”用在陈述句里有针对前文说的某一情况申明、确认的意思，即为胡明扬（1981）指出的“这种情况你可能不知道，我现在请你注意！”，而“啊”没有申明的意思，只有确信、告知、抒情的意思；“呢”表疑问时，有深究的意思，而“啊”则只是表达自己的想法，有告知的意思，疑问的意义并不强。在偏误句“没想到她已经有新的男人了，那我怎么办呢？呵呵……”里，言者并非要寻求别人的答案，而是表达自己的无助，因此应该用“啊”，而不是用“呢”。

2. 陈述句和感叹句里的“呢”的使用情况分析

泰语母语者初级汉语中介语语料中有5例“呢”的感叹用法，偏误有4例，偏误率为80%，偏误例子如下：

［2］Sui然（C）小王peng到了一个小姑娘。她长的很漂亮，大大的眼，长长的发，身材很高。Wow怎么那么可爱呢。看见她的时候，小王就喜欢那个小娘了，但是小王没有开口跟她说。

［3］不过我还是喜欢旅行，这是锻练人的好机会呢。

［4］除了旅游的地方以外在帕府还有够物景点呢！就是柚木的物品。

［5］我哭了，她们都来对不起，我笑她们都笑。我说跟我这样玩好笑吗？她们说是我就很笑啊。我也跟她们说：“谢谢你们都不忘我呢。你们是我的好朋友啊。”

例［2］、例［3］、例［5］中表达感叹，都是“告知”的意思，而用“呢”则是对上文的回应，有申明事实的意味，因此这三个句子中的“呢”都应该改为“啊”。例［4］句中，应是表达对有“购物景点”这一事实的确认，应该把“呢”改为“的”。初级阶段泰语母语者汉语中介语语料中的有一例有依据语境申明的意思，是正确的，见例［6］。

［6］已经四点多了其中一个朋友说“我们要准备回宿舍了”我还不是很想走没玩够呢。

3. 用于句中的“呢”的使用情况分析

泰语母语者初级汉语中介语语料中用于句中的“呢”有9例，都不自然，皆属于偏误，如下：

［7］我：想去北京长成，你呢想去了吗？

［8］对东边来说最有名就是海边。在这个海边人很多，不管老了还是小在泰国很多人都喜欢海边，因为在泰国天气很热，所以人们就喜欢去

海边玩儿，在这个海边呢有各种各样的东西吃。

[9] 我的家乡是在泰国的北方，有很多旅游的地方，一来呢，不贵二来呢，风京很好三来呢安全四来呢有很多好吃的东西

[10] 最后呢我就觉得最好的方法就按自己习惯的方法来用比较好。这样才能学好汉语。

[11] 以前呢！我们住在遥远的地方经常会给朋友亲笔写信，或不定期拜访亲朋友。但现在很多人选择了快捷的电话，这时代我们叫做“新时代3G”。

[12] 今天呢热。昨天不热。

例句［7］到例［12］里，如果用了“呢”都觉得冗长不简洁。这也是受泰语语气词na^{33}的用法的影响。泰语语气词na^{33}用在句中除了有标记话题的功能外，还表达言者的态度，表达言者的礼貌以及说话实事求是的态度。但是，汉语里的“呢”一般不出现在始发句里，它常常出现在后续句里，并且常常是转换新的话题，或者新的谈话角度。①

（二）泰语母语者中级汉语中介语偏误及其原因分析

泰语母语者中级汉语中介语语料有11.7188万字，其中疑问句里语气词“呢”的用法基本是正确的，而陈述和感叹句里的“呢”的用法有18例，偏误10例，偏误率为55.56%，例如：

[13] 可是那时候我还小，我想“为什么我想做的事情，妈妈怎么不让我做呢？”，我还是经常偷偷去做呢！也是常常被妈妈发现呢！妈妈发现后我被妈妈打了几次呢！可是我还不怕。

[14] 但那时候她不但不打还哭呢！那时候我心理比伤口痛多了，因为第一次看到我老妈为我哭呢，我想我真得这次做错了呢，那时侯我也不该怎么办，只好看着妈妈哭了呢！

[15] 在飞机场的时候，看见爸妈越来越离我远的样子我禁不住流了眼泪。有一个朋友说“你不要难过，我们俩开他们不是不好的事，我们要走，往前走，不是不可以不见他们呢”。

[16] 我来到昆明的时候我心里觉得该怎么过呢。什么都不是我想象

① 方梅：《北京话句中语气词的功能研究》，《中国语文》1994年第2期。

的那样，很想家，想爸妈，可能因为我是独生女吧就觉得自己有了压力。

[17] 我学汉语差不多两年了，当然要多听、多说、多写、多念。每天学什么，要复习什么，然后复习以前的功课。除了反复复习功课了以外，还要预习新课文呢。

以上例句中的“呢”要么是误代“的”“了”“啊”，要么是误加，这里的偏误的主要原因是母语负迁移，此外，就是不太清楚“的”“了”“啊”与“呢”的区别。

中级阶段“呢”在句中的用法有5例，偏误了3例，该阶段所有的“呢”的用例如下：

[18] 那些人要经过很多事情才能得到成功的。很多有名的作家或者科学家他们的生活要受到各种各样的困难，才能得到成功的。但是我们呢！遇到了点小困难就不能坚持下去了。（“呢”后标点符号的误用，应改感叹号为逗号）

[19] 我的建议呢只有一点点，就是内容和生词有点多所以老师讲课时有时候跟不上。（“呢”的误加，这里不是用在后续句里，不需要加“呢”）

[20] 每次回家我的家都会一起去玩的，但是去哪里玩呢都母亲来安排的。（“呢”的误加）

从偏误情况来看，句中的“呢”的使用仍旧是误加偏误最多，因此弄清楚句中“呢”和泰语中的na^{33}的区别是很重要的。

（三）泰语母语者高级汉语中介语偏误及其原因分析

泰语母语者高级汉语中介语语料有4.7万字，其中疑问句里语气词“呢”的用法有27例，基本是正确的；陈述和感叹句里的“呢”的用法有2例，也是正确的，只是使用频率低于汉语母语者。“呢”在句中的用法没有检索到，一方面说明“呢”在句中的用法对他们来说最难，另一方面也说明我们高级阶段的语料过少，要继续搜集高级阶段的语料，对他们实际使用“呢”的情况进行追踪和教学实验，才更能说明怎样去分析“呢”的语用功能更具有理论和实践价值。

三　“呢”的语用功能分析

通过上文的分析可以看到“呢”的语用功能并不能作统一的归并处

理，必须三分，而且还必须指出其与其他语气词，尤其是“啊”“的”“了”的区别，才能指导没有语感的非汉语母语者正确使用它。我们在邵敬敏（2014：90）对“呢”的语法意义分析的基础上结合吕叔湘（1980）、胡明扬（1981）、方梅（1994）和齐沪扬（2002）的研究，把“呢”的语法功能归结如下：（1）“呢”用在疑问句中表示“疑惑”“深究”，是一个疑问语气词。（2）“呢”用在陈述句和感叹句中表示“提醒”“申明”某一个言者可能不知道的事实，略带夸张的语气。3.“呢”用在句中的话题或关联词语后，仍旧有“提醒”“申明”的意味；当用在话题后时，该话题常常用在后续句里，是承接当前语境转换出的新话题。通过泰语母语者汉语疑问词“呢”的输出再结合现代汉语语料库中“呢”的使用情况及汉外对比分析，可以看到表示“疑惑”“深究”的功能是“呢”的原型功能（核心功能），在陈述句和感叹句中表示“提醒”“申明”并略带夸张是其扩展功能，用作话题标记（承接当前语境转换出的新话题）是其边缘功能。

第三章　现代汉语语气词“吗/嘛”的类型学特征研究

第一节　基于语音实验的疑问句和陈述句里的“吗/嘛”的语用功能探究

关于“吗”是不是疑问语气词，有两种观点，一种认为是，另一种认为否。徐杰（1999）、王珏（2016）指出“吗”是疑问句里的可选性第二标句符，升调才是疑问句的强制性第一标句符。陆俭明（1984）认为“吗”是一个疑问语气词，因为在“W+吗？”问句里，句子可以使用降调来表达疑问，他认为据此可以确定疑问语气是由“吗”负载，而不是由句调负载的。需要证实的是降调加“吗”是否能在听感上真正表达疑问。另外，“吗”虽然是降调，但其音高或者说整个句子的音高有可能比陈述句高，句子的疑问语气的表达仍有语调的作用。实验语音学领域不少学者作了有益的探索。曹文、彭金美等（2012）指出，疑问程度的韵律特征主要体现在焦点的音高上，无标记反问句的焦点音高最高，陈述句最低，询问句和有标记的反问句居中。因此，从他们的结论可以看到即使句子是降调，句子的疑问语气也有可能是由于其他音节（焦点音节）的音高变化造成的，也不能说明“吗”负载疑问语气。王韫佳（2008）通过语音实验证明疑问句的语调的表达与音高、音长和音色都有关系，她指出带疑问语气词的疑问句跟陈述句的差别与无标记的疑问句和陈述句的差别基本相同，她认为在有疑问句法标记的情况下，疑问句同样可以使用音高手段来表达疑问语气，只不过是无标记问句的句末音高范围大于“吗”问句，

“吧”问句的准句末音节和语气词的音高范围都大于“吗”问句，她的研究结论说明疑问语气词本身可能携带疑问语气，携带的语气越强，语气词的音高就越低。杨纯莉（2016）的研究也证明句末的轻声音节（包括语气词“吗”）承担疑问语气。王韫佳（2008）和杨纯莉（2016）的研究都没有进行数据的有效性检验。熊子瑜、林茂灿（2003）通过对“张三是司机（专题/兵痞/兵士）。”“张三是司机（专题/兵痞/兵士）？”“张三是司机（专题/兵痞/兵士）吗？”“张三是司机（专题/兵痞/兵士）嘛！”这样的宾语的最后一个字分别是四个声调的四组句子进行了语音实验，证实疑问句和陈述句的韵律特征不同，疑问句的焦点是“是”或者“是+宾语”，而陈述句的焦点是宾语；语气词“嘛”的音高比“吗”低，二者所在句子的疑问语气和陈述语气的区别是由语调负载的，“吗”不是专门的疑问语气词，不负载疑问语气。他这个结论的问题在于“吗”的声调随句调升高，“吗”就不负载疑问语气了吗？不带“吗”的疑问句的语调要比“吗”问句高，原因是什么呢？

江海燕（2010）的研究采用实验语音学的方法，进行了大量的实验。江海燕（2010：131—134）通过语音实验证实带语气词的疑问句都比相应的不带语气词的疑问句句末音节的音高值低，因此她认为句末语气词只承担了部分疑问信息。这里需要分析的是有可能不带语气词的疑问句的疑问语气比带疑问词的疑问句的疑问语气要强，因此句末调值升高；还有一种可能是两个句子里句首词或者句中词的调值不同，因此两个句子承担的疑问语气也不同。江海燕（2010：132—134）同时还进行了换听实验，把原来疑问句句末的“吗”剪掉，换成陈述句句末的“吗”再用软件重新合成，然后让被试听辨是疑问句还是陈述句，结果有54.2%的被试判断为疑问句。这里还存在同样的问题，可能是由于句子里其他的非语气词表达了疑问语气，因此根据这样的换听实验得到的结论仍有待进一步研究，看句子中其他的非语气词是否承载了疑问语气，如若其他词没有承载疑问语气，这时换成陈述句调的“吗”被判断为疑问句，才能说明“吗”确实承载着疑问语气。江海燕（2010：33）指出，如果同一个音节在陈述句中和在疑问句中的基频相差不多，就说明这个音节对区别这两类语调起的作用不大，如果基频对比的结果差别比较大，说明这个音节负载了较多的语调信息，她（2010：33—36）还指出，在音节比较多的句子里，句末音节所承载的语调信息对语气意义的表达起决定性作用；在音节比较少的句子里，很多都从句首就开始有了明显的音高差别。她的这些结论都是定性分析，缺乏有统计学意义的定量分析。熊子瑜、林茂灿（2003）的被试也只有6个，我们尝试扩大被试的数量，从统计学意义上对疑问句中起疑问语气作用的音节予以限定，并分析陈述句和疑问句中的“吗/嘛”是否有所不同、“吗”到底是不是一个疑问语气词。我们的实验要研究的问题有两个，如下：

1. 由同样的词语构成“吗”字陈述句和疑问句里，每个词的音节基频有没有变化？

2. 在陈述句和是非问问句里，“吗”会不会因直接附在动词短语的后面而成为焦点标记呢？

一 实验情况说明

我们选择了云南师范大学大学一年级、二年级和研究生一年级、二年级的34位年龄在18岁到25岁之间的同学进行了录音，其中女同学17位，男同学17位，他们的普通话水平为二甲及以上。

录音情况为如下：

①录音软件：Praat。②切分软件：Cool Edit。③采样率：11025赫兹，16位，单声道。④要求学生每句读3遍，句与句间隔4秒，自然状态、平稳语速发音。实验时，请他们用普通话朗读“他是小张。”“他是小张吗？”和“你不认识了？他是小张嘛！”这三个句子。朗读前并未告诉他们朗读的目的。⑤我们用南开大学开发的Minispeechlab软件对这34位同学的语音样本进行了分析，分析时按韵律词“他”“是”“小张（吗/嘛）”来分析每一个字的频率值，为了减少差异性，再用公式：St=12*lg（f/fr）/lg2（“f”表示需要转换的赫兹数值，“fr”表示参考频率，男性设为55赫兹，女性设为64赫兹。）将频率值转换为对数域中的半音值，用统计学的方法分析34个被试“他”“是”“小张（吗/嘛）”在不同句子中频率半音值是否有显著差异，阐明陈述句、无标记是非问句和带“吗”是非问句的差异及其形成的原因。

二　三个句子里各字频率半音值数据的有效性及其对疑问语调的作用情况分析

在“他是小张。”“他是小张吗？”和“他是小张嘛！”这三个句子里，“吗”对疑问语调的作用怎样，我们只能通过把三个句子里的相同或相关字的频率半音值进行统计学检验，才能知道每个字对是非问句语调是否起作用，进而判定“吗”对疑问语调的形成起什么样的作用。

（一）带“吗”是非问句与无标记是非问句各字频率半音值的分析

我们对“他是小张嘛！”和“他是小张吗？”中“嘛”和“吗”的频率半音值进行了配对样本检验，检验结果制成表3-1和表3-2。

表3-1　“嘛”和“吗”成对样本相关系数

		N	相关系数	Sig.
对1	“吗”和“嘛”	34	.932	.000

表3-2　“嘛”和“吗”成对样本检验

		成对差分					t	df	Sig.（双侧）
		均值	标准差	均值的标准误	差分的95%置信区间				
					下限	上限			
对1	吗-嘛	1.88029	2.20384	.37796	1.11134	2.64925	4.975	33	.000

从表3-1可以看到$p=0.000<0.05$，两个句子中“吗”与“嘛”频率半音值的相关系数为93.2%，相关度极高，说明数据非常具有统计学意义。从表3-2可以看到$p=0.000<0.05$，$t=4.975$，“吗”的频率半音值均值比“嘛”的高1.88029，差异具有显著性。

（二）三个句子“张”的频率半音值分析

我们首先对三个句子“张”频率半音值之间是否存在相关性进

行球形检验，才能决定用哪一种方差分析方法，球形检验的结果为p=0.043<0.05，说明三个句子“张”频率半音值之间存在相关性，球形分布假设不成立，应采用多变量分析方法进行检验，并主要参考Greenhouse-Geisser的检验结果予以校正，检验结果见表3-3。

表3-3　　三个句子“张”频率半音值数据主体内效应的检验数据

主体内效应的检验

度量：MEASURE_1

源		Ⅲ型平方和	df	均方	F	Sig.
句子	采用的球形度	5.687	2	2.844	1.005	.372
	Greenhouse-Geisser	5.687	1.698	3.350	1.005	.361
	Huynh-Feldt	5.687	1.780	3.195	1.005	.364
	下限	5.687	1.000	5.687	1.005	.323
误差（句子）	采用的球形度	186.722	66	2.829		
	Greenhouse-Geisser	186.722	56.026	3.333		
	Huynh-Feldt	186.722	58.746	3.178		
	下限	186.722	33.000	5.658		

从表3-3可以看出句子对“张”的频率半音值的影响不显著（Greenhouse-Geisser检验的校正结果为p=0.361>0.05，F=1.005），三个句子“张”的频率半音值之间没有显著差异。

（三）三个句子“小”的频率半音值分析

我们对三个句子“小”的频率半音值进行了两两配对样本检验，结果显示“小$_1$”与“小$_2$”“小$_2$”与“小$_3$”“小$_1$”与“小$_3$”之间的数据相关度分别为91.2%，93.1%，92.1%，p值都等于0.000<0.05，相关度极高。我们对三个句子里的“小”的频率半音值进行了两两配对样本检验，结果见表3-4。

表3-4　　三个句子里的“小”的频率半音值两两成对样本检验

		成对差分					t	df	Sig.（双侧）
		均值	标准差	均值的标准误	差分的95%置信区间				
					下限	上限			
对1	小$_1$-小$_2$	-.89912	2.06880	.35480	-1.62095	-.17728	-2.534	33	.016
对2	小$_2$-小$_3$	.54147	1.70424	.29227	-.05317	1.13611	1.853	33	.073
对3	小$_1$-小$_3$	-.35765	2.01255	.34515	-1.05986	.34457	-1.036	33	.308

从表3-4可以看到只有“小$_1$”与“小$_2$”的频率半音值差异显著（t=-2.534，p=.016<0.05），“小$_2$”比“小$_1$”的频率半音值高0.89912，其他两组“小”的频率半音值的差异不显著，p值分别为0.073，0.308，都大于0.05。

（四）三个句子“是”的频率半音值分析

我们首先对三个句子“是”频率半音值之间是否存在相关性进行球形检验，球形检验的结果为p=0.005<0.05，说明三个句子“张”频率半音值之间存在相关性，球形分布假设不成立，应采用多变量分析方法进行检验，并主要参考Greenhouse-Geisser的检验结果予以校正，检验结果见表3-5。

表3-5　　三个句子“是”频率半音值数据主体内效应的检验数据

度量：MEASURE_1

源		Ⅲ型平方和	df	均方	F	Sig.
句子	采用的球形度	8.504	2	4.252	1.704	.190
	Greenhouse-Geisser	8.504	1.558	5.458	1.704	.197
	Huynh-Feldt	8.504	1.621	5.245	1.704	.196
	下限	8.504	1.000	8.504	1.704	.201
误差（句子）	采用的球形度	164.723	66	2.496		
	Greenhouse-Geisser	164.723	51.420	3.203		
	Huynh-Feldt	164.723	53.505	3.079		
	下限	164.723	33.000	4.992		

从表3-5可以看出句子对“是”的频率半音值的影响不显著（Greenhouse-Geisser检验的校正结果为p=0.197>0.05，F=1.704），三个句子“是”的频率半音值之间没有显著差异。

（五）三个句子“他”的频率半音值分析

我们首先对三个句子“他”频率半音值之间是否存在相关性进行球形检验，球形检验的结果为p=0.000<0.05，说明三个句子“他”频率半音值之间存在相关性，球形分布假设不成立，应采用多变量分析方法进行检验，并主要参考Greenhouse-Geisser的检验结果予以校正，检验结果见表3-6。

表3-6　三个句子“他”频率半音值数据主体内效应的检验数据

度量：MEASURE_1

源		Ⅲ型平方和	df	均方	F	Sig.
句子3	采用的球形度	.664	2	.332	.199	.820
	Greenhouse-Geisser	.664	1.287	.516	.199	.720
	Huynh-Feldt	.664	1.317	.504	.199	.726
	下限	.664	1.000	.664	.199	.659
误差（句子3）	采用的球形度	110.362	66	1.672		
	Greenhouse-Geisser	110.362	42.477	2.598		
	Huynh-Feldt	110.362	43.459	2.539		
	下限	110.362	33.000	3.344		

从表3-6可以看出句子对“他”的频率半音值的影响不显著（Greenhouse-Geisser检验的校正结果为p=0.720>0.05，F=0.199），三个句子“他”的频率半音值之间没有显著差异。

（六）结论

以上分析可以看出“他是小张？”与“他是小张嘛！”中的“他”组、“是”组、“小”组和“张”组之间没有频率半音值的差异；“他是小张吗？”与“他是小张嘛”之间的差异仅存在于“吗”和“嘛”之间；“他是小张？”与“他是小张吗？”的差异在于“小$_2$”的频率半音值比

“小$_1$”高0.89912个半音值，“他是小张吗？”的疑问度比“他是小张？”强，这种增强的疑问度是通过升高“小”的音高和附加语气词“吗”来共同实现的。三个句子的具体差异参见下面的图3-1和图3-2。

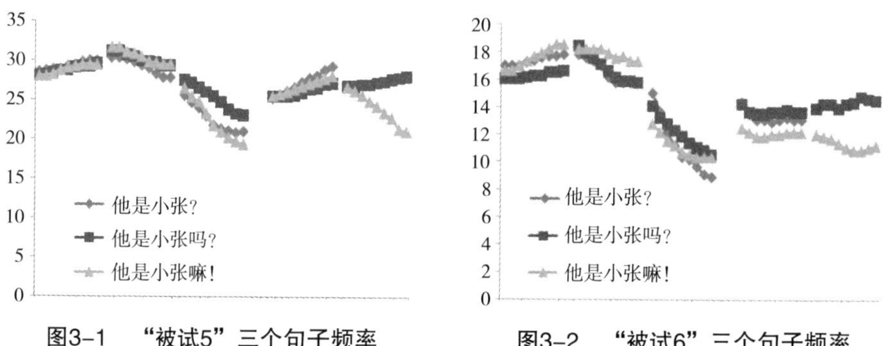

图3-1　“被试5”三个句子频率半音值图

图3-2　“被试6”三个句子频率半音值图

图3-1直观地显示了本文得出的统计学上的结论：1.无标记疑问句与带“吗”疑问句的差异在于“吗”问句升高了“小”的频率值，“吗”的调型上扬。“他是小张？”与“他是小张吗？”的区别不是靠升高句末音节“张”的调值，而是靠升高“小”的调值，并附加语气词“吗”达到加强疑问疑问语气的目的，这与江海燕（2010：171）“无标记疑问句句尾音节音高在各类句子中最高的”的结论不一致。2.“嘛”陈述句与“吗”问句的区别是由两句中“吗”和“嘛”的音高不同造成的，且“吗”的调值在疑问句中上扬，在陈述句中下降，这一点与熊子瑜，林茂灿（2003）的研究结论一致，也与江海燕（2010：171）指出的句尾音节承载的语气信息最多的观点一致。3.“他是小张？”与“他是小张嘛！”中的“他”“是”“小”“张”之间音高差异不显著，陈述语调是靠“嘛”的音高下倾来实现的。“他是小张？”“他是小张吗？”与“他是小张嘛！”中的“小张”语调都是上扬的，这是由两个字字调本身的特点决定的，“小”为上声，字调降到全句最低，“张”为阴平，调值为55，“小”调值降低以后，要读“张”还是要上升的，我们对“小$_1$”和“张$_1$”，“小$_2$”和“张$_2$”的音高进行配对样本检验，检验结果见表3-7。

从表3-7可看到三个句子里的“张”都比“小”的音高半音值高出很多，“他是小张？”里的“张”比“小”高出4.47676个半音值；“他是小张吗”里的“张”比“小”高出3.68059个半音值；“他是小张嘛！”里的

“张”比“小”高出3.675个半音值，三组对比中p值都等于0.000<0.05，差异具有显著性，无标记疑问句“他是小张？”句末两个字的音高差值最大。这符合王韫佳（2008）的研究结论，她指出，在有疑问句法标记的情况下，疑问句同样可以使用音高手段来表达疑问语气，只不过是无标记问句的句末音高范围大于“吗”问句。

表3-7 三个句子里“小”与“张”的音高半音值成对样本检验

		成对差分					t	df	Sig.（双侧）
		均值	标准差	均值的标准误	差分的95%置信区间				
					下限	上限			
对1	小$_1$-张$_1$	−4.47676	2.67502	.45876	−5.41012	−3.54341	−9.758	33	.000
对2	小$_2$-张$_2$	−3.68059	2.56662	.44017	−4.57612	−2.78505	−8.362	33	.000
对3	小$_3$-张$_3$	−3.67500	3.36767	.57755	−4.85004	−2.49996	−6.363	33	.000

从我们的研究结论来看，“小张”本身的字调就是上扬的，因此，江海燕（2010：132—134）进行换听实验试，把原来疑问句句末的“吗”剪掉，换成陈述句句末的“吗”再用软件重新合成，然后让被试听辨是疑问句还是陈述句，结果有54.2%的被试判断为疑问句，这是靠“小张”的语调上扬来实现的，江海燕（2010：134）的“如果没有疑问语调起作用，单纯的语气词‘吗’部分地表达疑问信息”的结论是不正确的；把原来陈述句末尾换上疑问句末尾的“吗”，有99.2%的人选择是疑问句，“吗”的语调是上扬的，符合江海燕（2010：133）的疑问信息是“吗”和疑问语调共同负载的结论。语气词“吗”和“嘛”的区分是由于二者分别所在疑问句和陈述句的句调造成的，这也是熊子瑜、林茂灿（2003）认为“吗”不是专门的疑问语气词的原因。

图3-2显示从单个的语图来看，规律并没有那么严整，这也是各家得出的结论有出入的原因，因此要得出有效的结论，必须扩大被试的范围，进行统计学上的数据分析。

三 34位被试三个句子的焦点情况分析

我们用公式Ki=100*（Gi–Smin）/（Smax–Smin）（其中Smax为整

个句调域上限半音值，Smin为语句调域下限半音值）计算出每个字9个点（Minispeechlab软件取每个字的9个点上的音高数据）上的百分比值，找出最大值和最小值，做出各个句子的百分比跨度图，以此来分析各个句子的焦点情况。

我们将依据以下关于焦点特征的理论，对三个实验句的焦点予以分析。沈炯（1994：15）指出，语势重音的表现是声调高音线单方面向上调节，而不是使音域简单地上移或扩大。许毅（1999）指出，焦点所在的音节调域被扩展，焦点后面的音域被压缩，他认为焦点重音调域扩展表现为向上和向下两个方向，一般而言向上扩展更显著，就上声而言，焦点重音表现为低音点下降。他指出，不管焦点位置的音节是什么声调，其后的音节音高都会显著降低。林茂灿（2011：13）指出，汉语重音主要与音高的音域关联，语音越重，其音域越大；阴平的整体，去声的起点及阳平的终点抬高，上声的转折点（相对于其前后音节）下低一些。林茂灿（2015：41）又明确了焦点和焦点重音音节时长的关系，落在阴平、阳平和去声音节时，其音高曲线高点明显抬高，音域加大，时长往往较长（不一定总是长）；短语音高曲线呈凸型，凸峰之前音节的音阶缓升，凸峰之后的音节音阶骤降，窄焦点重点听起来会觉得音高凸显；窄焦点重音落在上声音节时，其转折点会下压一些，时长一定长，短语音高曲线在上声音节处呈凹型，凹处之前音节的音阶往往比凹处之后的音阶高，这种窄焦点重音听起来也会觉得音高凸显。石锋（2013：132—138）指出，强调焦点最重要的一个特征是焦点所在调核[①]词调域最大化扩展，是全句所有韵律词调域最宽的，覆盖全部语句调域，当强调焦点位于句首或句中词语时，调域上线是体现强调焦点特殊音高表现的主导。焦点后词调域大幅压缩，上下线都有所下降，呈现出明显的音高下倾趋势。

（一）三个句子各字的音高呈现情况分析

为了说明我们对音高的分析依据和音高呈现情况，我们选取一些被试的音高百分比跨度图进行举例分析，然后对34位被试三个句子焦点的呈现情况予以汇总。

---

① 石锋（2013：136）指出："调核是语调构造中最重要的部分，是语义中心所在的位置，是言语信息焦点的标志。"

1. “他是小张？”的焦点情况分析

“他是小张？”中焦点为“他是”或者“他”的情况有15例，见图3-3；焦点为“是（或者‘是小张’）”的情况有16例，见图3-4；焦点为“小张”的情况为3例，见图3-5。

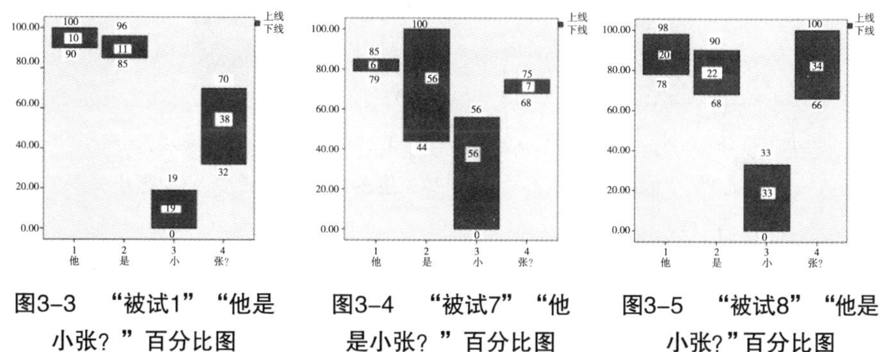

图3-3　“被试1”“他是小张？”百分比图　　图3-4　“被试7”“他是小张？”百分比图　　图3-5　“被试8”“他是小张？”百分比图

从图3-3可以看到“他”的音高高线为全句最高，但音域不大，其后“是”的音高高线也没有骤降，只是到了“小”才骤降，因此，全句的重音应是“他是”，毕竟音域上线跟语义加强和强重音有关[①]。从图3-4可以看到“是”的音高高线为全句最高，词调域也为全句最大，“是”后“小”的音高骤降，但词调域很大，因此后“小张”应是与“是”一起构成焦点。从图3-5可以看到上声音节“小”的音高降到全句最低点，“张”的音高高线为全句最高，且二者的音域比“他是”大，因此全句的焦点为“小张”。

2. “他是小张吗？”的焦点情况分析

有标记是非问句“他是小张吗？”中焦点为“他是”或者“他”的情况有14例，见图3-6；焦点为“是”或者“是小张”的情况有16例，见图3-7；焦点为“小张吗”的情况为4例，见图3-8和图3-9。

---

① 这一观点见于沈炯的很多研究。参见曹文《汉语焦点重音的韵律实现》，北京语言大学出版社2010年版，第6页。

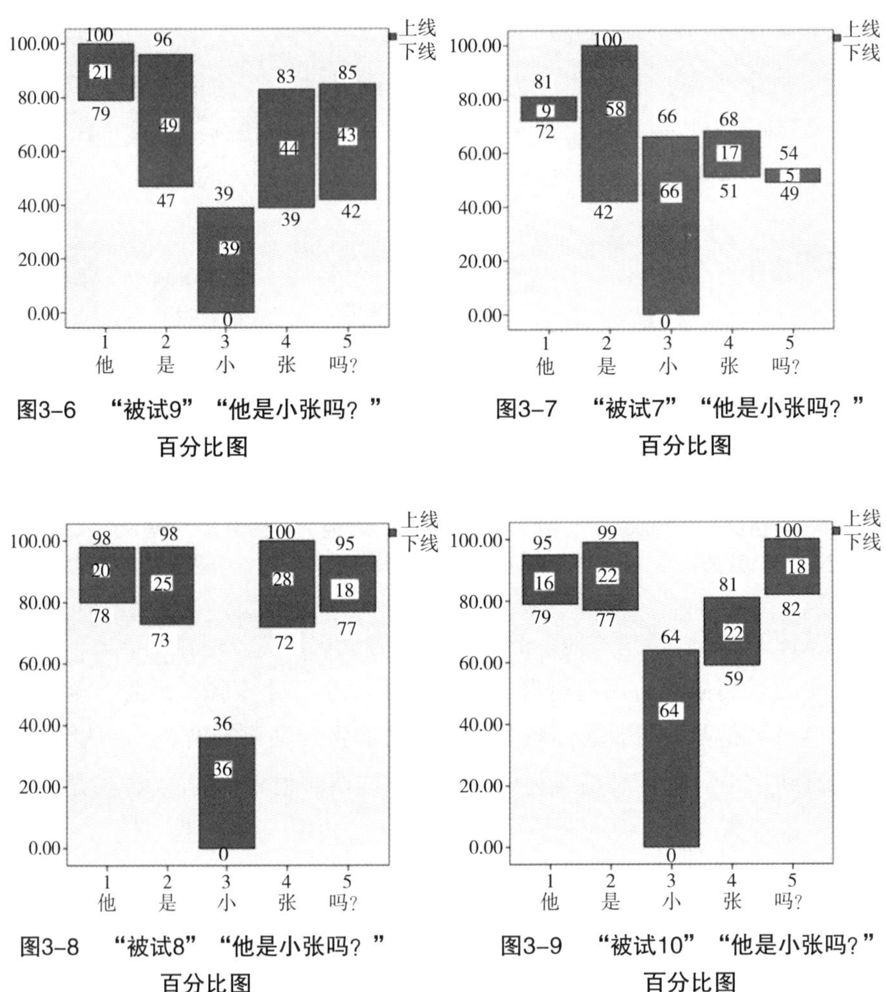

图3-6 “被试9” “他是小张吗？”百分比图

图3-7 “被试7” “他是小张吗？”百分比图

图3-8 “被试8” “他是小张吗？”百分比图

图3-9 “被试10” “他是小张吗？”百分比图

从图3-6可以看到“他”的音高高线最高，但音域并不大，其后“是”的音高仍旧很高，且音域很大，因此整个句子的重音应是“他是”。从图3-7可以看到“是”的音高高线为全句最高，“是”后“小”的音节骤降，但音域没有被压缩，音域到“吗”时才被压缩，因此全句的焦点是“是小张”。从图3-8和图3-9可以看到“小”的音高高线降到全句最低，音域也为全句最宽，其后音节“张”和“吗”的音高升高，且音域较大，因此这两个句子里的焦点应该是“小张吗”。四种情况“吗”的调型情况如何呢？请参看图3-10到图3-13的三个句子频率半音值图。

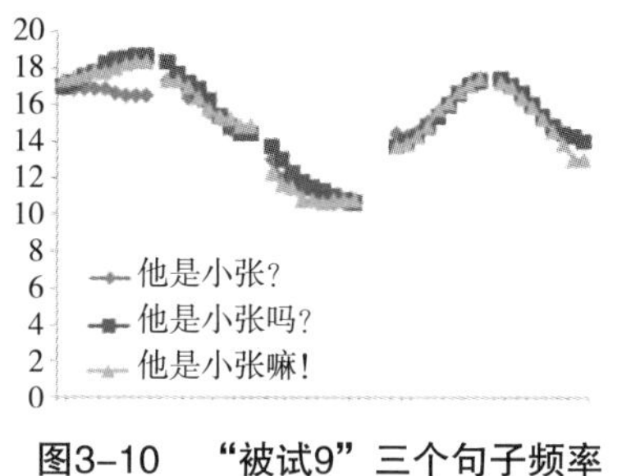

图3-10 “被试9”三个句子频率半音值图

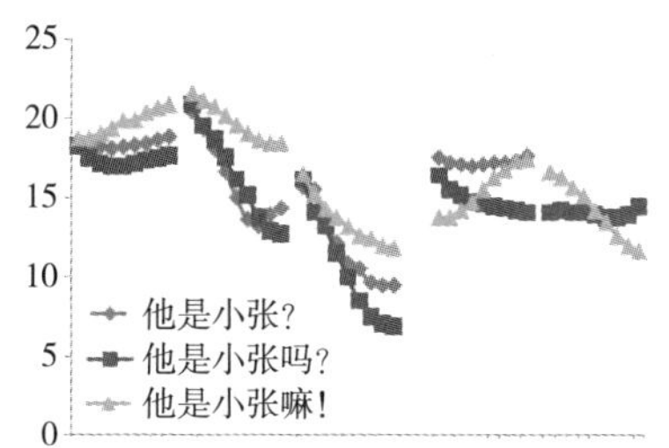

图3-11 “被试7”三个句子频率半音值图

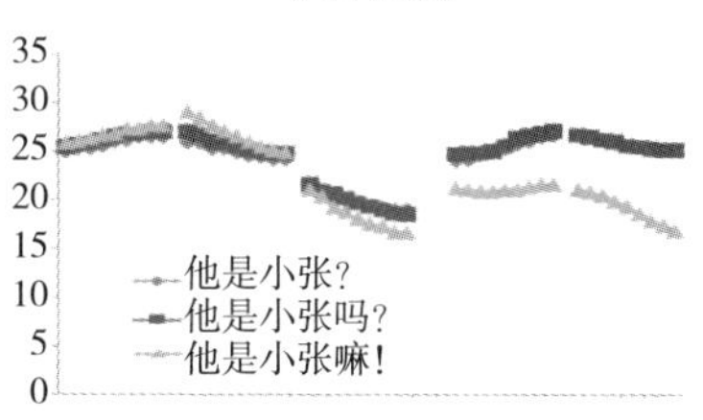

图3-12 “被试8”三个句子频率半音值图

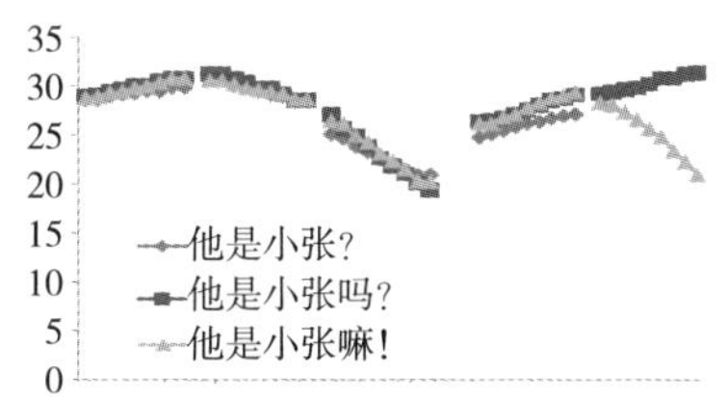

图3-13 “被试10”三个句子频率半音值图

从图3-10到图3-13可以看到“吗”的调型并不稳定，但调尾都保持上升趋势；这与江海燕（2010：183）“吗”在阴平的后面是降调的结论不一致，与之相比“嘛”的调型就非常稳定，都保持下降趋势。

3. “他是小张嘛！”的焦点情况分析

“他是小张嘛”中焦点为“他是”或者“他”的情况有13例，见图3-14；焦点为“是”或者“是小张嘛”的情况有14例，见图3-15；焦点为“小张嘛”的情况为7例，见图3-16和图3-17。

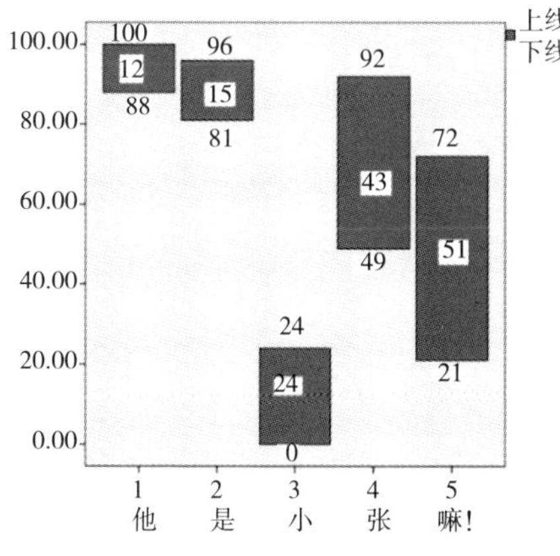

图3-14 “被试11”“他是小张嘛！”百分比图

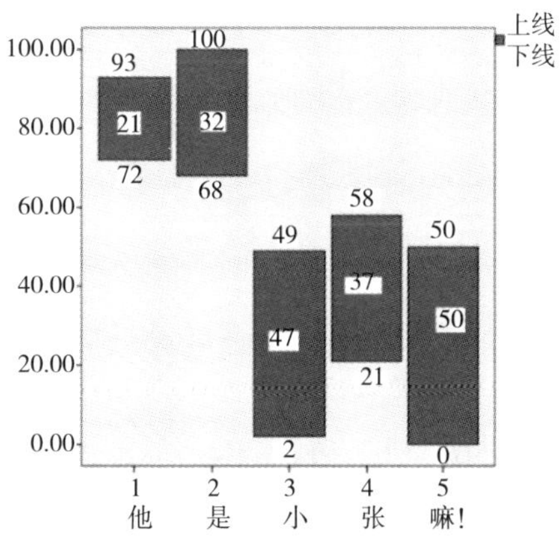

图3-15 “被试7”“他是小张嘛！”百分比图

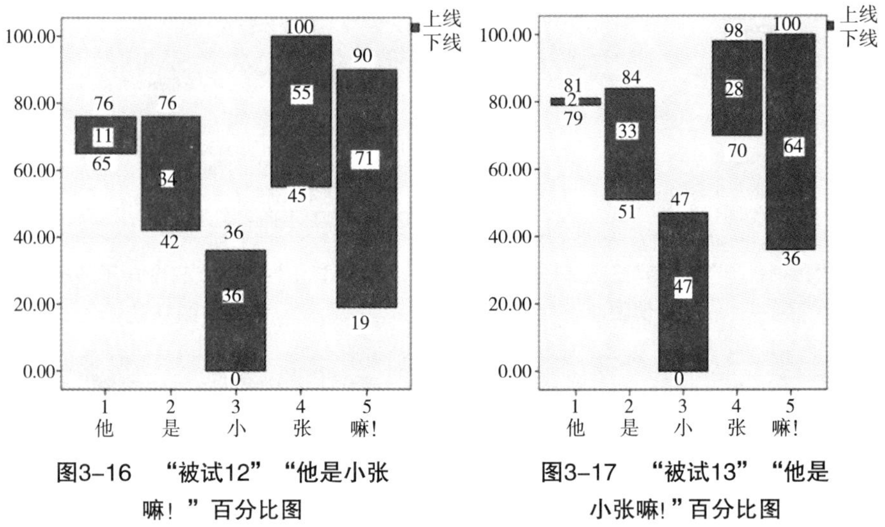

图3-16 “被试12”“他是小张嘛！”百分比图

图3-17 “被试13”“他是小张嘛!”百分比图

从图3-14可以看到“他”的音高高线为全句最高，“是”的音高高线并没有骤降，但音高高线仍旧很高，到了“小”的时候，“小”的音高骤降，“张”的音高高线很高，音域很大，“嘛”的音域也很大，但是从音高最高值来看，焦点为“他”；从图3-15可以看到“是”的音高高线为全句最高，“小”的音高骤降，低线也降到全句最低点，“小”“张”和“嘛”的音域并没有被压缩，因此全句的焦点应是“是小张嘛”。这四种类型句子的语调走势可以参看图3-18—图3-21。

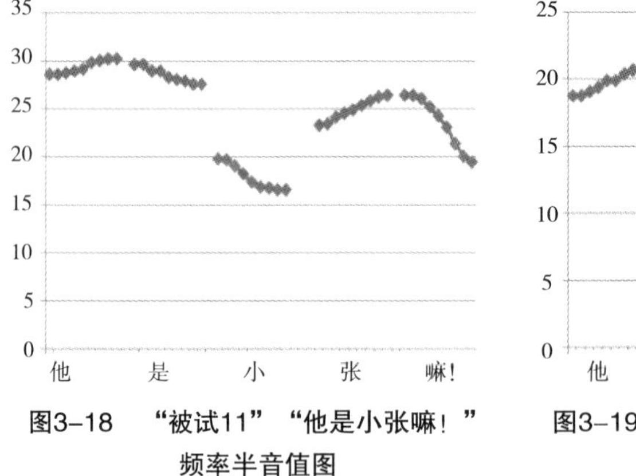

图3-18 “被试11”“他是小张嘛！”频率半音值图

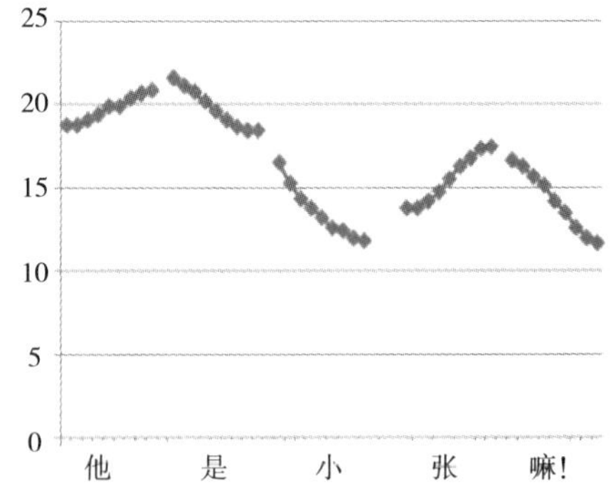

图3-19 “被试7”“他是小张嘛！”频率半音值图

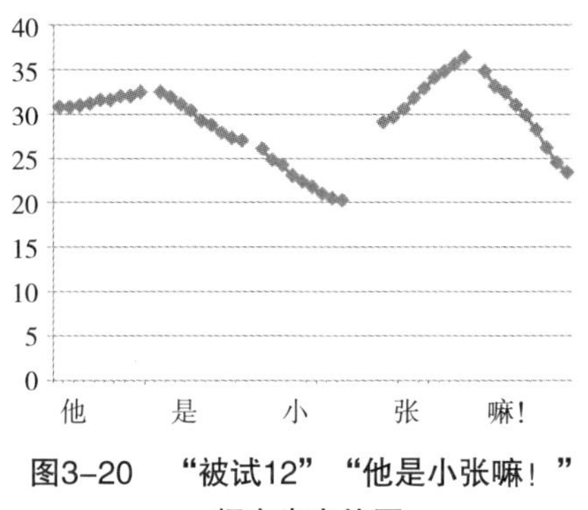

图3-20　“被试12”“他是小张嘛！”频率半音值图

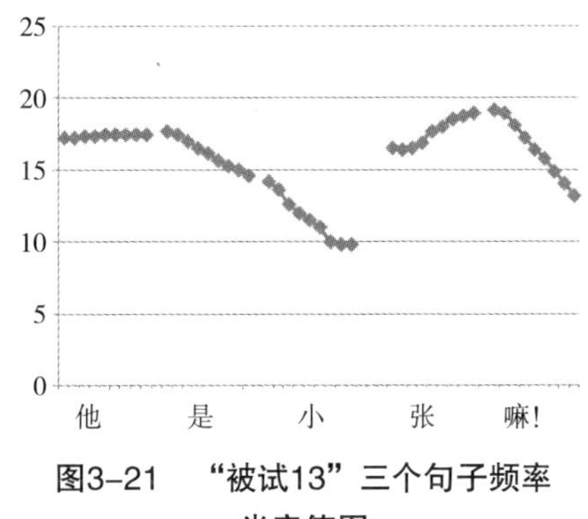

图3-21　“被试13”三个句子频率半音值图

4. 小结

从以上分析可以看到，三个句子前一个韵律词“他是”作焦点的概率略低于后面的韵律词“是（小张），”“是小张”或者“小张（吗/嘛）”具有更强的焦点倾向，是自然焦点。熊子瑜、林茂灿（2003）通过实验证实疑问句和陈述句的韵律特征不同，疑问句的焦点是“是”或者“是+宾语”，而陈述句的焦点是宾语，从我们的研究结论来看，陈述句“小张嘛”作焦点的有7例，带“吗”疑问句“小张吗”作焦点的情况有4例，无标记疑问句“小张”作焦点的情况有3例；陈述句宾语作焦点的倾向略高于疑问句，但宾语作焦点的情况低于动宾短语“是小张”和主谓短语“他是”。然而，有标记是非问句“他是小张吗？”和无标记是非问句“他是小张？”中焦点为“是”或者“是小张”的情况有16例；陈述句“他是小张嘛”中焦点为“是”或者“是小张嘛”的情况有14例，因此两类句子都倾向于整个谓语或主要谓语动词作焦点，也就是说倾向于常规焦点。

曹文、彭金美等（2012）指出，疑问程度的韵律特征主要体现在焦点的音高上，无标记反问句的焦点音高最高，陈述句最低，询问句和有标记的反问句居中。从我们的研究来看询问句“他是小张？”“他是小张吗？”与陈述句“他是小张嘛”里的“他”“是”“小”“张”的音高并无差异，因此疑问程度的韵律特征主要体现在焦点音高的结论不成立。从我们的研究结论来看，疑问语调的形成主要是靠句末音节或者句末韵律词内部音节之间的音高的差值来实现的，三个句子“张”与“小”的音高差值从大到小依次是无标记疑问句、带“吗”问句与带“嘛”陈述句。

（二）三个句子各音节的音长分析

为了能够排除个性，使得音节的音长具有数据有效性，我们用石锋（2013：191）计算时长停延率的公式Dx=（Sx+Gx）/S#（其中Dx代表某个音节x的停延率，Sx代表句中音节x的自然时长，S#代表每个发音人该句子中的音节平均时长，Gx代表每个音节后出现的停顿，因句内音节后无停顿，因此这里Gx等于0）对三个句子各字的发音时长进行了归一化处理，计算出34位发音人三个句子各音节的发音时长停延率，制成表3-8。

表3-8　　34位被试三个句子发音时长停延率表

无标记是非问句				带“吗”是非问句					陈述句				
他$_1$	是$_1$	小$_1$	张$_1$	他$_2$	是$_2$	小$_2$	张$_2$	吗	他$_3$	是$_3$	小$_3$	张$_3$	嘛
0.9	0.52	0.94	1.63	0.73	0.42	0.93	1.35	1.6	0.83	0.61	0.8	1.82	0.94
1.13	0.75	0.75	1.37	0.75	0.72	0.66	1.63	1.23	0.99	0.9	0.9	1.32	0.87
0.92	0.92	0.81	1.35	0.83	0.78	0.78	1.21	1.4	0.97	1.03	0.82	1.21	0.97
0.83	0.52	0.93	1.72	0.87	0.58	0.9	1.31	1.34	0.67	0.53	1.08	1.34	1.39
0.82	0.71	0.79	1.68	0.7	0.61	0.68	1.51	1.51	0.83	0.79	0.71	1.5	1.17
0.74	0.6	0.63	2.03	1.11	0.49	0.94	1.4	1.06	0.81	0.81	0.92	1.15	1.3
1	0.97	0.78	1.25	0.84	1.05	0.93	1.14	1.03	0.84	0.84	1.11	1.38	0.84
0.91	0.65	1.06	1.38	0.88	0.82	0.94	1.2	1.16	1	0.81	1.1	1.14	0.95
0.76	0.55	0.95	1.74	0.93	0.56	0.93	1.47	1.1	0.92	0.8	0.99	1.37	0.92
1.24	0.62	0.94	1.2	1.54	0.58	0.8	1.09	0.98	1.14	0.74	0.66	1.27	1.2
0.86	0.83	0.6	1.72	0.81	0.53	0.81	1.47	1.38	1.12	0.71	0.82	1.38	0.97
1.48	0.98	0.55	0.98	0.92	0.86	0.49	1.16	1.57	1.07	0.75	0.75	1.34	1.1
1.05	0.66	0.91	1.38	0.8	0.55	0.94	1.36	1.36	0.64	0.57	0.88	1.63	1.28
1.11	0.74	0.99	1.15	1.49	0.74	0.74	0.79	1.24	1.08	1.05	0.63	1.43	0.8
1.12	0.56	0.8	1.51	1.04	0.82	0.69	1.08	1.38	0.85	0.9	0.68	1.41	1.16
1.22	1.24	0.43	1.11	1.13	1.13	0.6	1	1.13	0.98	0.75	0.98	1.31	0.98
0.89	0.76	1.15	1.2	0.81	0.78	0.75	1.22	1.44	0.7	0.96	0.89	1.27	1.18
0.89	0.95	0.62	1.54	1.08	0.65	1.01	1.01	1.24	0.95	0.7	1.12	1.22	1.01
1.32	0.71	0.97	1	0.98	0.82	0.76	1.2	1.24	1.11	0.62	0.66	1.34	1.2
1.31	0.6	0.67	1.43	1.01	0.64	0.76	1.32	1.27	1	0.69	0.73	1.57	1

续表

无标记是非问句				带“吗”是非问句					陈述句				
他$_1$	是$_1$	小$_1$	张$_1$	他$_2$	是$_2$	小$_2$	张$_2$	吗	他$_3$	是$_3$	小$_3$	张$_3$	嘛
0.84	0.59	0.77	1.8	0.92	0.56	0.8	1.36	1.36	1.11	0.82	0.62	1.54	0.92
0.71	0.52	0.95	1.82	0.7	0.39	0.76	1.82	1.33	0.84	0.66	0.66	1.9	0.94
0.92	0.52	0.85	1.71	0.91	0.62	0.85	1.2	1.43	1.18	0.73	1.11	1.14	0.84
0.59	0.9	0.93	1.59	0.66	0.73	0.85	1.28	1.47	0.79	0.7	0.99	1.28	1.25
0.82	0.74	1.31	1.13	0.93	0.97	1.16	1.12	0.83	1.24	1.11	0.64	0.85	1.16
0.9	0.62	0.62	1.85	1.12	0.59	0.96	1.36	0.99	1.08	0.74	0.91	1.26	1.01
0.82	0.67	0.86	1.65	0.68	0.64	0.74	1.58	1.36	0.94	0.55	0.51	1.58	1.41
1.65	0.59	0.87	0.89	1.27	0.46	0.65	1.24	1.38	1.09	0.93	0.83	1.25	0.9
0.71	1.32	0.68	1.29	0.71	1.28	0.81	0.95	1.25	0.71	1.14	0.71	1.5	0.93
1.24	0.95	0.73	1.09	1	0.83	0.63	1.55	0.98	0.88	0.83	0.55	1.55	1.19
0.88	0.5	0.78	1.84	0.98	0.44	0.67	1.27	1.65	0.7	0.64	0.88	1.59	1.2
1.15	0.57	0.96	1.31	1.18	0.66	0.72	1.08	1.36	1.62	0.4	0.65	0.99	1.34
1.1	0.72	0.72	1.48	1.13	0.75	0.62	1.15	1.35	0.77	0.66	0.84	1.53	1.2
0.82	0.61	0.7	1.86	0.84	0.57	0.63	1.38	1.59	1.1	0.5	0.55	1.58	1.3

1. “他是小张？”各音节停延率分析

我们对“他是小张？”各字的音节停延率进行了单因素方差分析，因方差不具有同质性，我们采用了Tamhane检验的结果，同时参看非参数检验的结果，所有检验结果见表3-9—表3-12。

表3-9　　“他是小张？”各音节停延率均值表

停延率								
	N	均值	标准差	标准误	均值的95%置信区间		极小值	极大值
					下限	上限		
他$_1$	34	.9897	.23578	.04044	.9074	1.0720	.59	1.65
是$_1$	34	.7253	.20184	.03462	.6549	.7957	.50	1.32
小$_1$	34	.8235	.17865	.03064	.7612	.8859	.43	1.31
张$_1$	34	1.4612	.29839	.05117	1.3571	1.5653	.89	2.03
总数	136	.9999	.36545	.03134	.9380	1.0619	.43	2.03

表3-10 “他是小张？”各音节停延率均值方差齐性检验表

停延率			
Levene统计量	df1	df2	显著性
5.243	3	132	.002

表3-11 “他是小张？”各音节停延率均值多重比较

多重比较							
因变量：停延率							
Tamhane	他₁	是₁	.26441*	.05323	.000	.1199	.4089
		小₁	.16618*	.05073	.010	.0283	.3041
		张₁	-.47147*	.06522	.000	-.6487	-.2943
	是₁	小₁	-.09824	.04623	.204	-.2237	.0272
		张₁	-.73588*	.06178	.000	-.9042	-.5676
	小₁	张₁	-.63765*	.05964	.000	-.8005	-.4748
	张₁	他₁	.47147*	.06522	.000	.2943	.6487
		是₁	.73588*	.06178	.000	.5676	.9042
		小₁	.63765*	.05964	.000	.4748	.8005

注：* 均值差的显著性水平为0.05。

表3-12 “他是小张？”各音节停延率非参数检验

单样本Kolmogorov-Smirnov检验		
		停延率
N		136
正态参数[a, b]	均值	.9999
	标准差	.36545
最极端差别	绝对值	.140
	正	.140
	负	-.080
Kolmogorov-SmirnovZ		1.628
渐近显著性（双侧）		.010

注：a. 检验分布为正态分布。

b. 根据数据计算得到。

从表3-9到表3-12可以看到在“他是小张？”这个句子里，“张”的发音时长最长，“他”位居第二，它们和句子里其他音节的差异具有显著性，“是”和“小”的差异没有显著性。实验显示“他是小张？”的句尾音节长于句首音节，与前面“是（小张）”更倾向于作焦点的结论一致，焦点韵律词的音长应长一些。

2. “他是小张吗？”各音节停延率分析

我们对“他是小张吗？”各字的音节停延率进行了单因素方差分析，因方差具有同质性，我们采用了LSD检验的结果，所有检验结果见表3-13—表3-16。

表3-13　“他是小张吗？”各音节停延率均值表

停延率								
	N	均值	标准差	标准误	均值的95%置信区间		极小值	极大值
					下限	上限		
他$_2$	34	.9494	.21256	.03645	.8752	1.0236	.66	1.54
是$_2$	34	.6947	.20133	.03453	.6245	.7650	.39	1.28
小$_2$	34	.7909	.14081	.02415	.7418	.8400	.49	1.16
张$_2$	34	1.2724	.21130	.03624	1.1986	1.3461	.79	1.82
吗	34	1.2938	.19742	.03386	1.2249	1.3627	.83	1.65
总数	170	1.0002	.31192	.02392	.9530	1.0475	.39	1.82

表3-14　“他是小张吗？”各音节停延率方差齐性检验

停延率			
Levene统计量	df1	df2	显著性
1.148	4	165	.336

表3-15　“他是小张吗？”各音节停延率单因素方差分析

ANOVA					
停延率					
	平方和	df	均方	F	显著性
组间	10.200	4	2.550	67.401	.000
组内	6.243	165	.038		
总数	16.443	169			

表3-16　　“他是小张？”各音节停延率均值多重比较

多重比较							
因变量：停延率							
	（I）字	（J）字	均值差（I-J）	标准误	显著性	95%置信区间	
						下限	上限
LSD	$他_2$	$是_2$	.25471*	.04718	.000	.1616	.3479
	$是_2$	$小_2$	−.09618*	.04718	.043	−.1893	−.0030
	$小_2$	$他_2$	−.15853*	.04718	.001	−.2517	−.0654
	$张_2$	$他_2$	.32294*	.04718	.000	.2298	.4161
		$是_2$	.57765*	.04718	.000	.4845	.6708
		$小_2$	.48147*	.04718	.000	.3883	.5746
		吗	−.02147	.04718	.650	−.1146	.0717
	吗	$他_2$	.34441*	.04718	.000	.2513	.4376
		$是_2$	.59912*	.04718	.000	.5060	.6923
		$小_2$	.50294*	.04718	.000	.4098	.5961
		$张_2$	.02147	.04718	.650	−.0717	.1146

注：* 均值差的显著性水平为0.05。

从表3-14可以看到p=0.336>0.05，方差具有同质性；从表3-15可以看到$F_{(4,\ 165)}$=67.401，p=0.000<0.05，“他是小张吗？”各字的停延率差异具有显著性；表3-16显示了“他是小张吗？”各字两两比较的结果，除了“吗”和“张”的停延率的差异不具有显著性（p=0.65>0.05）外，其他字之间的停延率的差异都具有显著性；从表3-13可以看到“张”和“吗”的停延率是全句最长的，大于均值1；其次是“他”，再次是“小”，最短的是“是”。实验显示“他是小张嘛？”的句尾音节同样长于句首音节。

3. “他是小张嘛！”各音节停延率分析

我们对“他是小张吗？”各字的音节停延率进行了单因素方差分析，因方差具有同质性，我们采用了LSD检验的结果，所有检验结果见表3-17—表3-20。

表3–17　　“他是小张嘛！”各音节停延率均值表

停延率

	N	均值	标准差	标准误	均值的95%置信区间		极小值	极大值
					下限	上限		
他$_3$	34	.9574	.19864	.03407	.8880	1.0267	.64	1.62
是$_3$	34	.7638	.17208	.02951	.7038	.8239	.40	1.14
小$_3$	34	.8141	.17725	.03040	.7523	.8760	.51	1.12
张$_3$	34	1.3806	.21535	.03693	1.3054	1.4557	.85	1.90
嘛	34	1.0829	.17314	.02969	1.0225	1.1434	.80	1.41
总数	170	.9998	.28913	.02218	.9560	1.0435	.40	1.90

表3–18　　“他是小张嘛！”各音节停延率方差齐性检验

停延率

Levene统计量	df1	df2	显著性
.383	4	165	.821

表3–19　　“他是小张嘛！”各音节停延率单因素方差分析

停延率

	平方和	df	均方	F	显著性
组间	8.292	4	2.073	58.610	.000
组内	5.836	165	.035		
总数	14.128	169			

表3–20　　“他是小张嘛！”各音节停延率均值多重比较

停延率

LSD

（I）字	（J）字	均值差（I-J）	标准误	显著性	95%置信区间	
					下限	上限
是$_3$	他$_3$	−.19353*	.04561	.000	−.2836	−.1035
小$_3$	他$_3$	−.14324*	.04561	.002	−.2333	−.0532
	是$_3$	.05029	.04561	.272	−.0398	.1404

续表

停延率 LSD						
（I）字	（J）字	均值差（I-J）	标准误	显著性	95%置信区间	
					下限	上限
张₃	他₃	.42324*	.04561	.000	.3332	.5133
	是₃	.61676*	.04561	.000	.5267	.7068
	小₃	.56647*	.04561	.000	.4764	.6565
	嘛	.29765*	.04561	.000	.2076	.3877
嘛	他₃	.12559*	.04561	.007	.0355	.2156
	是₃	.31912*	.04561	.000	.2291	.4092
	小₃	.26882*	.04561	.000	.1788	.3589
	张₃	−.29765*	.04561	.000	−.3877	−.2076

注：* 均值差的显著性水平为0.05。

从表3-18可以看到p=0.821>0.05，方差具有同质性；从表3-19可以看到$F_{(4,\ 165)}$=58.61，p=0.000<0.05，“他是小张吗？”各字的停延率差异具有显著性；表3-20显示了“他是小张嘛！”各字两两比较的结果，除了“小”和“是”的停延率的差异不具有显著性（p=0.272>0.05）外，其他字之间的停延率的差异都具有显著性；从表3-17可以看到“张”的停延率是全句最长的，其次是“嘛”，它们的均值都大于1，其次是“他”，再次是“小”和“是”。实验同样显示“他是小张嘛！”的句尾音节长于句首音节。

（三）34位被试三个句子焦点和疑问度的表达情况分析

江海燕（2010：177）的研究表明句尾音节时长倾向于长于句首音节，我们的研究结论与其一致。然而江海燕（2010：178）指出，无标记疑问句尾音节音高在7类句子（其他6类是陈述句、语气词疑问句、副词疑问句、代词疑问句、X不X疑问句、选择疑问句）里是最高的，我们的研究“张”与其他两个句子的音高没有差异，无标记疑问句里的“小”的音高比“他是小张吗？”中“小”的音高更低一些，因此不能说明“无标记疑问句”语调负载的信息就比“吗”问句高，“吗”问句的“小”的音高高一些，并附加了语气词“吗”，从这个角度来看，“吗”问句的疑问度比“无标记疑问句”高。言者说“他是小张？”的时候，心里应该有所猜测（信与疑各占50%），而“他是小张吗？”的疑问度则为51%≦疑≦99%[①]，因此带“吗”的疑问句的疑问度比不带“吗”的要高。江海燕（2010：178）指出，无标记疑问句尾音节的音长在7类句子里也是最长的，我们把“张$_1$”的音长停延率与“张$_2$”“张$_3$”“吗”和“嘛”的进行了比较，结果见表3-21—表3-23。

表3-21　　“张$_1$”“张$_2$”“张$_3$”“吗”和“嘛”停延率均值表

描述								
停延率								
	N	均值	标准差	标准误	均值的95%置信区间		极小值	极大值
					下限	上限		
张$_1$	34	1.4612	.29839	.05117	1.3571	1.5653	.89	2.03
张$_2$	34	1.2724	.21130	.03624	1.1986	1.3461	.79	1.82
张$_3$	34	1.3806	.21535	.03693	1.3054	1.4557	.85	1.90
吗	34	1.2938	.19742	.03386	1.2249	1.3627	.83	1.65
嘛	34	1.0829	.17314	.02969	1.0225	1.1434	.80	1.41
总数	170	1.2982	.25455	.01952	1.2596	1.3367	.79	2.03

① 邵敬敏（2014：28）：《现代汉语疑问句研究》，商务印书馆2014年版，第28—29页。他指出语调是非问句倾向于不可思议、不理解，具有明显的否定倾向，而“吗”字是非问的怀疑是真的不知道，因此“吗”问句比语调句的疑问度高。关于“吗”问句的疑问度，学界有很多研究，但争议比较大。黄国营（1986）把“吗”字问句的疑问度分为五度，指出“吗”问句的疑问度结余大于等于0和小于等于1之间。袁毓林（1993：162—163）认为一般肯定式“吗”问句的疑问程度较高，倾向于疑问，否定式“吗”问句和带有强调标记的肯定式“吗”问句的疑问程度较低，信大于疑。陈妹金（1995）指出“吗”问句用于假性问句的频率高于真性问。郭锐（2000：15—17）指出可以根据焦点的位置来判断“吗”问句的疑问度，如果焦点是整个谓语或主要动词，“吗”问句一般是中确信度的，否则“吗”问句则是高确信度的，他（2000：20）还指出“吗”问句的疑问度还与谓语的标记性（如否定性词语；有标记词语，如“小”等），语境等语用因素有关。杨永龙（2003）通过对“吗”的语义虚化过程的追踪，也指明“吗”问句有无倾向性与有一定倾向性的有疑而问，有较大倾向性的猜度问和倾向性很强的反诘问四种类型。正如杨永龙（2003：33）指出的那样，判断虚词的虚化程度的时候，形式和功能互相印证是最好的，但是哪些形式可以作为判断的标准，很难得到学界一致的认可；另外有一些语法形式已经很虚化，但却没有形式标准，有可能被排除在外。虽然关于“吗”的信疑度的问题争议很大，但本文研究的“吗”问句的信疑度符合邵敬敏先生得出的规律。

表3-22　“张$_1$”“张$_2$”“张$_3$”“吗”和“嘛”停延率均值方差齐性检验表

方差齐性检验			
停延率			
Levene统计量	df1	df2	显著性
4.025	4	165	.004

表3-23　“张$_1$”“张$_2$”“张$_3$”“吗”和“嘛”停延率均值的多重比较

停延率 Tamhane						
（I）字	（J）字	均值差（I-J）	标准误	显著性	95%置信区间	
					下限	上限
张$_1$	张$_2$	.18882*	.06270	.038	.0065	.3711
	张$_3$	.08059	.06311	.901	-.1028	.2640
	吗	.16735	.06136	.081	-.0113	.3460
	嘛	.37824*	.05916	.000	.2054	.5511

注：* 均值差的显著性水平为0.05。

从表3-22可以看到“张$_1$”“张$_2$”“张$_3$”“吗”和“嘛”的方差不具有同质性（$p=0.004<.05$），我们采用单因素方差分析里假定方差不等时的Tamhane检验进行多重比较。从表3-23可以看到“张$_1$”与“张$_2$”及“嘛”的差异显著，p值分别为0.038、0.000，小于0.05；“张$_1$”与“吗”和“张$_3$”的差异不显著，p值分别为0.081、0.901，都大于0.05。从表3-21可以看到“张$_1$”的停延率均值为1.4612，比“张$_2$”（1.2724）和“嘛”（1.0829）的均值都长，符合江海燕（2010：178）无标记疑问句尾音节在各类句子中最长的结论，也符合疑问句中非句末音节的长度被压缩，句末音节的长度被延长的结论。

四　结论

从我们前面关于“吗”的语音实验研究可以看到“他是小张吗？”与“他是小张嘛！”的疑问语调与陈述语调的差别主要在于“吗”和“嘛”的区别，而二者的区别又在于音高、音长、音阶落差的区别。“吗”的音高比“嘛”高，音长比“嘛”长，“吗”的音阶整个上扬或者末尾上扬，而“嘛”音节音阶下降，这与林茂灿（2012：252）的结论“区分疑问与陈述的征兆在末音节，末音节对区分疑问和陈述具有主要的决定性的作用”相吻合，但不能说明“吗（嘛）”作为句末音节有特殊的语气表达作用。

在三个句子“他是小张？”“他是小张吗？”与“他是小张嘛！”中，“他是小张？”里的“小”与“张”的音高差值最大，句尾音节“张”的音长最长，二者共同形成了疑问语调。“他是小张？”里的“张”比“小”高出4.47676个半音值；“他是小张吗”里的“张”比“小”高出3.68059个半音值；“他是小张嘛！”里的“张”比“小”高出3.675个半音值，三组对比中p值都等于0.000<0.05，差异具有显著性，无标记疑问句“他是小张？”句末的音高差值最大。这符合王韫佳（2008）的研究结论，她指出，在有疑问句法标记的情况下，疑问句同样可以使用音高手段来表达疑问语气，只不过是无标记问句的句末音高范围大于“吗”问句。

无标记疑问句“他是小张”中“小”与“张”的音高差值最大，句尾音节“张”的音长最长，二者共同形成疑问语调。没有证据证明句末语气词“吗”专门负载疑问疑问语气。但是“他是小张吗？”与“他是小张？”相比，“他是小张吗？”中的“小”的音高被抬高，造成“小”与“张”之间的音高起伏度变小，并且附加了语气词“吗”以后的整个句子的疑问度得到加强，这证明“吗”有可能部分负载疑问语气。“他是小张？”的疑问语气是惊讶的，因此用“小”和“张”的较大的音高差值来表示这种语调；“他是小张吗？”没有惊讶的语气，因此“小”和“张”的差值就没有那么大了，这样就要抬高“小”的声调，这就是语调在“吗”字是非问句中的作用；然而如果没有语气词“吗”，没有惊讶语气的一般是非问句就无法达成，“吗”是必需的，这个“吗”和陈述句里的“嘛”语音一致，但是“吗”仍旧需要借助提高声调来表达疑问语气。由此可见，现代汉语中的“吗”并不是一个专职疑问语气词，它的疑问语气仍旧要借助声调来表示，所以它也就不是传统研究认为的疑问标记，在表达疑问功能上，其特征与“呢”和“吧”一样，都是部分负载疑问语气，只是“吗”自身表达的疑问度比“呢”和“吧”高。

就我们研究的实验句而言，由于没有定状补成分，三个句子的焦点都倾向于常规焦点，即谓语或者主要动词充当焦点，有常规焦点的“吗”疑问句的疑问度是比较高的，而这个高疑问度是由“吗”和语调共同表达的，不存在“吗”是羡余信息的问题，但“吗”也绝不是汉语里的专职疑问标记。专职的疑问标记用在疑问句里，这个句子如果没有这个疑问词就不能表达疑问语气，如缅甸语里的“လဲ[le^{55}]”用在特指问句里，虽然特指问句里有疑问代词，但是没有语气词“လဲ[le^{55}]”就不能形成疑问句，举例如下：

အခု	ထိ	မ	ပြီး	သေးဘူး	၊ဘယ်လိုလုပ်မှာ	လဲ။
ə khu^{53}	thi^{53}	mə	pi^{55}	tθe^{55}bu^{55}	bɜ^{22}lo^{22}lou^{ʔ4}hma^{22}	lɛ^{55}
现在	到	不	好	还	，怎么办	呢

（到现在还不好，怎么办呢？）

上面这个缅甸语的例子中，如果没有语气词လဲ就不是一句完整的句子，加了လ[le^{55}]不仅有完句的功能而且还能表示疑问的语气。这样的疑问语气词才是专职疑问语气词。缅甸语、越南语和泰语里疑问语气词在疑问句里语调保持不变，这也是它们成为专职语气词的原因之一。

第二节 用于句中和句尾的“嘛”的语用功能探究

吕叔湘（1980：337—338）指出，语气词“嘛”的用法有三种：（1）用在陈述句或小句末尾表示事情本该如此或理由显而易见。（2）用在祈使句末尾表示期望、劝阻。（3）用在句中停顿处，唤起听话人对上下文的注意。这里的问题是第二个意义和第三个意义很难把“嘛”和其他语气词区别开来。“嘛”用在陈述句末尾多为对上文或者目前所谈论事情的判断或者陈述，陈述的语气为“显而易见”，所以常常与“是”“就是”共现。易查方（2007），屈承熹（2008），徐晶凝（2008），杜建鑫、张卫国（2011），沈威（2013）等都从多个角度予以补充论证，但关于“嘛”的核心的原型功能以及在句中不同位置的功能的结论还不尽一致。我们把“嘛”的用法放在现代汉语语气词的系统里，结合自然语料进行全面定量考察，以期能得出更符合汉语实际的结论。

我们对国家语委现代汉语语料库2000万字语料里“嘛”的用法进行了统计，共998例，其中句中语气词258例，句尾语气词740例，见表3-24。

表3–24　　　语气词“嘛”的使用情况统计

句中语气词①（136）（13.6%）			句尾语气词（862）（86.4%）				
主语后	副词、连词后	应对语后	反问句	陈述句	祈使句	疑问句	用在假设小句后
121（12.12%）	6（0.6%）	9（0.9%）	59（5.9%）	654（65.53%）	139（13.9%）	3（0.3%）	7（0.7%）

我们把句中用在陈述句后的“嘛”和句尾用在陈述句后的“嘛”的例子加起来共计663例，占“嘛”所有用法的66.4%；再把作为小句祈使句里的“嘛”和独用的祈使句里的“嘛”的用例加起来，共计139例，占13.9%；句中和句尾用在反问句里的“嘛”的用例是59例，占“嘛”字句所有用例的5.9%；“嘛”用在主语后121例，占12.12%，各项合计97.42%，我们来分析一下这些主要用法的语法功能。

一　陈述句②中“嘛”的语用功能分析

杜建鑫、张卫国（2011）在吕叔湘先生释义的基础上，把陈述句尾的

① 齐沪扬（2002：207—208）把语气词的停顿处分为句内停顿和句间停顿，我们这里的句中语气词主要指的是句内停顿，即在话题、关联词语、应对语之后的停顿；我们这里的句尾语气词即为齐沪扬（2002：209—210）界定的句间停顿，常常位于一个较长的动词性结构之后。

② Halliday（1985：74—95）认为感叹句是陈述句的一个特殊次类，因为英语里感叹句在主语和限定动词的语序与陈述句一致，他认为感叹句和陈述句一样表达命题，用于信息交换。Lyons（1995：194）则指出，感叹句作为言语行为上发出宣言的次范畴已经被语法化了，有其独特的不同于陈述句、疑问句和祈使句的韵律特征，英语陈述句“He is very tall.”和“How tall he is!”有着明显的句法区别，他认为所有类型的句子都可以用特殊的表达方式来表达，在口语中通过重音和语调表达出来，在书面语言中通过感叹号的方式表达出来，因此我们认为把感叹句作为独立的句类，把感叹语气与陈述、疑问和祈使并列是有形式上的依据的。确定汉语句类最主要的区别是语调而不是其他语言形式，林茂灿（2012：276）指出：“强重音和宽调域是汉语无标记感叹语调构成与感知的两个最重要的因素”，“重音的加强与调域的加宽可以使陈述语调向感叹语调转化”，如“不能群龙无首啊，还需要个主编，把着点关……”“然而他们都不是相信基督教，而大半是相信回教的啊。”这两个句子中有语气词“啊”，但“不能群龙无首啊”和“大半是相信回教的啊”在实际交流中如果都读降调，没有强重音，它们就都是陈述句而不是感叹句。我们查阅的“嘛”的用例里，虽然有句末用感叹号的，但语调都是降调，没有特别的强重音，我们把这些句子都归为陈述句。

“嘛”的语用功能分为提醒、明示和求证三种。我们认为这是“嘛”字句在具体语境中的意义，不是“嘛”字本身的意义。我们统计的陈述句中的“嘛”的用法有654例，反问句里的有59例，反问句里的“嘛”的用法可以归到陈述句里“嘛”的用法里，在这713例里，跟“是”共用表示判断的就有313例，占43.9%，因此用“嘛”表达的主要的语气就是对事情或者事理的判断，当然这个判断多数表达的是要告诉听者“事物性质或者道理的显而易见”，还有一些表达的是“明白了，这个道理‘显而易见’，应该认同”。下面我们举例予以分析。

[1] 再一方面，在没有强大、直接的物质利益的制约下，由群众选举人才，就难免由那些老好人获得满票，人缘好嘛！

[2] 群众眼睛是雪亮的嘛！

[3] 因为这究竟是艺术嘛！

[4] “小马呀，苹果罐头比新鲜苹果更好吃嘛！”

[5] “没丢就是没丢嘛。”

[6] “5天功夫就要收5000块钱学费，简直是宰人嘛！”

[7] 这样子，就是对咱们双方的任何人，都有好处嘛！

[8] 琼英见我说不出是哪一个，就指着陆伯妈对我说：“就是我家妈啰嘛！”

[9] 鼓掌不就是支持我嘛。

[10] 白老汉噙住烟嘴不吱声，葱儿却出来解劝娘：“妈，爸是为我好嘛！”

[11] “年轻，有文化，脑子灵活，有干劲，这都是好的嘛，搞那些歪门邪道干啥？放宽农村经济政策是好的，但也应该有个原则，有个限度嘛，啊？”

[12] “不都是为工人们能有个窝嘛……来，抽支烟。”

[13] 满仓从背后递上话来：“好干大哩，山唤实心实意地选个大碾子让我们奔踏，还不都是瞅着你那个妻侄女嘛！”

[14] 这么个日子老起些不着边际的古怪念头，不是多少事都过来了嘛。

[15] 广英顺从着说：“可不是嘛！”

[16] “就是嘛，省着深更半夜地闹，多叫人操心！”

[17] (不动声色地拧回钢笔套)是啊是啊，实践是检验真理的标准嘛。

［18］就是嘛，俺河南……

［19］“你就是这样，我不是说嘛！”

［20］是嘛，多年来，大伙眼巴巴看着这个上台，那个下台，都是给自己和他们那个宗族的人捞上一把。

例［1］到例［9］表达的是对事物或事件性质的判断，有“显而易见”的含义。例［10］到例［14］里除了“显而易见”的意思外，还有“劝说”的含义，这个“劝说”含义是由具体语境带来的。例［15］到例［20］则有“明白了，这个道理‘显而易见’，应该认同”的意思，是对言谈者话语的回应。徐晶凝（2008：184）指出，“嘛”的原型意义是论理劝求，并暗示听话人应该认同。从我们的分析来看，“嘛”的自己认同别人的观点或者言者觉得别人应该认同自己的观点都是由语境派生的，“嘛”的本义表达的就是说话人主观上认为事理“显而易见”这样的主观态度，表达的是高度的主观确信，是主观大量，且非常口语化。因此，屈承熹（2008）认为“嘛”的语用功能就是表示句子所陈述内容的“显而易见”，如果用在句中，还有标示停顿的作用。沈威（2013）指出，“X嘛”是论据推断性结构，具有完句的功能，他认为“X嘛”独立使用时，意义具有多样性，如他提到的“贬义色彩”，这是由语境造成的，比如“学霸嘛！”在具体的语境里可以是贬义的（只知道学习），也可以是褒义的（学习成绩优秀），这不是“嘛”自身的意义，不过他的观点值得认同的就是：“X嘛”确实提供的是论据，要么是说服别人，要么是告诉听者自己明白了，道理“显而易见”。因此“嘛”的语气里含有明显的说理性，而不是抒情性。疑问句里的“嘛”用例很少，国家语委现代汉语语料库里只有3例，如“上哪了嘛？”“至于说，发到什么地步嘛？”比“吗”多了口语化的色彩以及或者不耐烦或者亲切的色彩。

二　祈使句中“嘛”的语用功能分析

杜建鑫、张卫国（2011）认为祈使句里的“嘛”淡化命令，舒缓语气，具有劝请功能。我们认为用在祈使句里的“吧”“啊”也有这些功能，关键是在现代汉语语气词系统里，“嘛”的语用功能是什么呢？国家语委语料库里用在祈使句（包括作为小句的祈使句）里的“嘛”共139

例，现举例予以分析。

[21] 不上梁山，就上二龙山嘛！

[22] 玉梅弓下腰，“来嘛，只试一下！”

[23] “哥哥，来，也陪我玩一会儿嘛，等会儿再陪秀花姐。”

[24] 陆大夫，你先坐，坐嘛，不要急。

[25] 不过，华良玉早已领教过，深知她的性格，忙赔笑道：“看你嘛，刚才还讲生命科学，可就忘了人也是物质！”

[26] 背后响起尖细的嗓门：“让她讲嘛，让她跳出来表演嘛！”

[27] 恰好何士波打完电话，一步抢进屋说：“呃，具体点嘛！”

[28] “明天……明天嘛……”

[29] 要死死得漂亮点嘛，要不这辈子不就捞不着啦！”

从例[27]到例[29]可以看到，祈使句里的“嘛”没有显而易见的意思，表示的是强烈的建议，即劝请。如果把这些句子里的“嘛”换成“吧”就有商量的口气，如果换成“啊（哪）”，表示的是催促的意思。那用“嘛”与用“啊”“吧”的区别是什么呢？很显然，“嘛”比“啊”多了“请求”（关系较为亲近）或“不耐烦”的语义，比“吧”的语气更坚决。即“嘛”在祈使句里表达情绪强烈的劝请，非常口语化，与语调一起表达语气，语调柔和时，表示交谈双方关系亲密，请求恳切；语调生硬时表示言谈者对交际的另一方的命令、建议，常有“不耐烦”“不满意”的情感表达。

三　主语或话题后的“嘛”的语用功能分析

方梅（2014：61—62）指出，“嘛”作为主位标记，基本不带语气意义；“嘛”作为话题标记的时候，用于转换一个新话题。方梅（2014：25—46）认为根据功能语法理论，“主位”是表述的出发点，包括意念成分、篇章成分和人际成分三个部分，其涵盖的范围包括主语、话题、篇章连接词等，在形式上用句中语气词作标记。方梅（2014：61）认为“嘛”可以作为主位标记，基本没有语气意义。例子如下：

这药嘛，有效多吃，没效少吃，有效没效您都别来了。再来二趟，可就当面抽我的嘴巴了。

方梅认为这个句子里的“嘛”的功能跟“啊”没有区别，只是主位标记，我们认为二者是有区别的，“嘛”更口语化，有确认的意义，如果用“啊”会显得更正式一些。徐晶凝（2008：184）指出“嘛”用在话题停顿处，表示其后的论述是有根据的，这一论断概括了句中使用的语气词“嘛”的主要用法，这一主要用法跟陈述句里的“嘛”的功能相同。

（一）主语或话题后的“嘛”的语用功能分析

我们统计的国家语委语料库里的用于主语或话题标记之后的“嘛”有121例，我们认为主语后的“嘛”的事理显而易见的口气仍旧存在，具体举例如下：

［30］周恩来看了一眼这位记者，回答说：“中国人民银行的货币资金嘛……有18元8角8分。”

［31］冬天嘛，就再加上一件灰色大衣。

［32］刘鹏又说：“课堂讨论嘛，就是要展开讨论，各抒己见。”

［33］“人嘛，就这点儿想不开。”

［34］硬骨头嘛，第一得硬！

［35］孟春来说：“我嘛，是没用！”

［36］是呵，过年嘛也该回来团圆团圆。

从例［30］到例［36］可以看到“嘛”用于话题后，只是陈述说明话题的时候，具有较强的口语性。“嘛”用在句中也可以显示出思考或者舒缓语气的功能，例如下面例［37］到［39］里的“嘛”既显示出交谈者的思索停顿[①]，又显示出“嘛”使用的高度口语化的特点。

［37］“这个，这个嘛……”

［38］这事嘛，叫我再想！

［39］他说：“现在接你回去，飞机嘛，就让其他同志开回去。”

用在句中的语气词有“呢”“嘛”“吧”“啊”，它们用在句中都有提醒说话人注意的意思[②]，四个词的区别是什么呢？徐晶凝（2008：193）认为“吧”用在句中表示对说话人对即将讲的话心存犹疑，我们认为话题后的“吧”，言者不是对所说的话“心存犹疑”，而是通过一种不太确定

---

① 见齐沪扬（2002：147）的研究。

② 方梅：《北京话句中语气词的功能研究》，《中国语文》1994年第2期。

的语气，表达礼貌，言谈比较含蓄委婉，例如：

[40] 你比如说，过去吧，北京这个，不是最近演这个《茶馆》啊，过去，北京呢，大街小巷有许多的茶馆。

[41] 而另外那个穿黑上衣的妇女却指着她，面孔阴冷地说："分就分吧，我们谁也别想要。"

[42] 这些个劳动人民吧，欸，他们，经常是到茶馆去。

[43] 总的说吧，我想尽我最大的力量帮你一下！

[44] 今天吧，他瞪着眼给我扣帽子，说我闹温情！

例[40]到例[44]显示，"吧"用在话题后并非表达言者对交谈内容的不确定，它表达的是一种礼貌。国家语委语料库里的语气词"吧"的用例为4837例，用于主语或话题标记之后的"吧"只有47例，表示举例的"吧"有131例，表示假设的"吧"有52例，由此可见"吧"作为话题或主位标记的功能并不强。国家语委2000万字的现代汉语语料库里检索到语气"啊"的用例为2809例，"啊"在句中的使用情况如下：

用在呼语后（176次）>用在话题停顿处（147次）>用于列举（85次）

"啊"用在话题和呼语后，都表达了强烈的感情，举例如下：

[45] 耶稣基督啊，你真是我们少不得的救主！（呼语后）

[46] 懿嫔说："小珠儿啊，她是我的心。"（用在话题停顿处）

[47] 郑黑眼啊，郑黑眼，他那心是怎么长的？（用在话题停顿处）

[48] "人啊，为什么这么难当啊！"

徐晶凝（2008：156）认为句中话题停顿处的"啊"表示说话人对所说的话有把握，其实这时的"啊"仍旧是重在抒情，因其表达时长的延长而增加了信息量，这里应是语言与其表达内容的相似性的一种体现。句中"嘛"，"嘛"重在说理，既然说理，道理又显而易见，当然"嘛"也有很高的确信度；"啊"重在抒情（这从"啊"可以做叹词这一点也可以得到证实），"嘛"重在说理，二者都表达了言者所述信息的高确信度，但是功能互补。

国家语委语料库2000万字的现代汉语语料库里，"呢"用在主语或者话题以及关联词语后的有331例（"呢"的总用例为10400例），用在话题或者关联词语后的用例仅占总用例的3.18%，但与"啊"的147例、"吧"

的47例、“嘛”的127例相比，依旧是语气词里作为主位标记而言使用频率最高的。徐晶凝（2008：175）认为“呢”用在话题停顿处点明某话题，引起听话人注意后文的兴趣，我们认为在句中的“呢”申明的意味还很强，它引进的话题常常与前一话题进行对比，在关联词语搭配时常常与“其实”搭配就说明了这一点。具体举例如下：

[49]“我，今年七十岁，已从影五十年，她呢，今年六十二岁，搞摄影也有四十年了。一般劳动人民呢，他们也往往看不起自己，认为自己一辈子命定受苦，只好忍气吞声的苦挨下去，希望子孙们别再当工人和农民”。

[50]北京的土语很多，而现在呢，有些个，欸，也都渐渐地被淘汰了。

[51]而表情和节奏呢，要和构图密切地联系起来，才能表现出中国自己民族的英雄形象来。

[52]张培呢，比卫毅低一头，身体单薄，脸膛清瘦。

[53]贪呢，净拣不正当的；怕呢，怕死、怕枪、怕人家有钱、怕人家有势。

[54]其实呢，唯心的东西是不是完全不好啊？

例[49]到例[53]中，“呢”前的话题都有明显的对比意味，强调话题所陈述的内容与一般常识或对比有所不同；例[54]则用“其实”表明实际情况与人们的常识有所不同，“呢”申明的意味很强。我们在2000万字的国家语委语料库里检索到的“至于……呢，……”有9例，“至于……嘛，……”有10例，“嘛”和“呢”都可以用于转换新话题，但还是意义不同，比如：

[55]长官沉吟了半晌，接着说：“要放回你们的工友是很快的，只要问厂里愿意这样办不愿意；至于工作呢，那在后再说！”

[56]信上说她的问题属于复查与落实政策的范围，问她档案何在；至于工作嘛，须“由现在所在地安排”。

[57]至于尤小钢呢，还是那么严严谨谨，清清洁洁，也还当着班里的卫生委员，只是有那么一点点不显眼的变化，每当有人管他叫卫生健将时，他不像过去那么兴高采烈，而是实心实意地说：“不敢当，不敢当。”

作为转换话题的句中语气词，“呢”更正式一些，“嘛”比较口语化。如例［32］“至于尤小刚呢”就不能把“呢”换成“嘛”，如果换了，就有对尤小刚的讽刺意味。国家语委2000万字语料库里没有“至于……啊/吧，……”的用例，这说明“啊”和“吧”一般不用于转换新话题。这一规律说明“嘛/呢”作为转换话题的标志是从其真性疑问功能转换而来的，确实是要提醒听话人注意。

我们对语料库里“其实”与语气词“呢”“嘛”“吧”“啊”的共现用例进行检索，没有检索到“其实吧”这样的用例，检索到“其实嘛”2例，“其实呢”14例，“其实啊（呀）”1例，具体举例如下：

［58］其实嘛，在一块儿共事可不敢伤了和气啊，事情往好里想想也就过去了。（语料库里“其实嘛”只有2例）

［59］（笑）其实呢，您要早不把我当外人看，事情也不会弄得这么糟，现在这事儿就算不好办了，四爷气成这个样子。（语料库里“其实呢”14例）

［60］徐伯贤笑着说：“其实呀，到现在为止，老辈儿之间的疙瘩已经冰消雪化了。”（语料库里未检索到“其实啊”，只检索到1例“其实呀”）

从例［58］可以看出“嘛”增强了口语色彩，也有显而易见，意欲说理的语气；而“其实呢”重在申明，“其实呀”则重在抒情。由于“其实”表达的语气比较确定，因此较少与语气比较犹疑的“吧”共现。但口语中表示礼貌的时候，仍有这样的用法，如：

［61］“其实吧，当HR压力也没那么大。”（用例来自百度搜索）

“嘛”与关联词语搭配更倾向于与“本来”共现。国家语委2000万字的语料库里，未检索到“本来”与“吧”“呢”“啊（呀）”共现的用例，检索到“本来嘛”3例，举例如下：

［62］李荣生：“本来嘛，我读了几年书，还要我去种地。”（有3例）

从例［62］可以看到，“嘛”的口语化，说理性都很强，而且“事理显而易见”的口气也很明显。杨德峰（2018：74）根据对中国传媒大学开发的媒体语言语料库和北京大学中国语言学研究中心开发的CCL现代汉语语料库的检索发现，能带“嘛”的连词有14个，其中“所以”带“嘛”的使用频率最高，有31例，他（2018：70—78）同时发现连词“所以”与“呢”“啊”搭配的比例也是所有连词中最高的，分别为1040例、

103例，而与“吧”共现的频率仅有4例，与“吧”搭配使用频率最高的连词是“总之”，他认为连词与语气词的搭配与习惯有关系。而据姚双云（2018：6）的研究，连词与后附成分的组合与搭配受到连词自身的语义特征等因素的制约[①]，我们认为连词与语气词的组配，与连词的意义和语气词本身的意义都有关系，“所以”表示的是典型的因果逻辑关系，是确信的语气，因此能与“呢”“啊”“嘛”共现，而很少与“吧”共现，“吧”可以表示抉择语气，故能与“总之”共现。根据姚双云（2016：160）[②]的研究，汉语里连词用在话轮之首时，它们的功用是“开启话轮”或者“抢占话轮”，这时使用频率最高的连词是“所以”，用语气词附在连词“所以”后，有提醒注意、舒缓语气的作用，我们认为需要补充的是由于“呢”的申明语气的意味最强，“啊”是抒发感情的，“嘛”更口语化，因此“所以”与“呢”的共现频率最高，与“啊”的共现次之，与“嘛”的共现居于第三，与“吧”共现频率很低。杨德峰（2018：76）指出，“呢”“吧”“啊”在句中的作用有占据话轮与缓和语气的作用，只是三者的作用不同，这一点与我们的研究结论一致；不过他认为“呢”带有“肯定”“确信”的语气，“啊”带有提醒的语气，“吧”带有“不能完全确定”的意思，他所指出的三者语气的不同点与我们的研究结论不同。此外，他认为这跟三者的发音特点有直接的关系，我们认为这与这些语气词本身的意义有关，与发音特点无关，以“呢”为例，“呢”并非杨德峰（2018）指出的发音“低沉”，“啊”在句末读轻声时也未必有多响亮，“吧”也未必有多低轻，杨德峰（2018）指出的这些语音特点的判断依据都没有量化标准，[③]句中使用的所有语气词都带有提醒的语气，并不只是“啊”才有，因此杨德峰（2018：76）没能指出“呢”和“啊”这两个词的本质区别。

（二）用在假设小句后的“嘛”的语用功能分析

国家语委语料库2000万字的现代汉语语料库里，用在假设小句的末尾

---

① 姚双云：《口语中的连词居尾与非完整复句》，《汉语学报》2018年第2期。

② 姚双云：《连词与口语语篇的互动性》，方梅主编《互动语言学与汉语研究》（第一辑），世界图书出版公司2016年版。

③ 杨德峰：《连词带语气词情况及语气词的作用》，《华文教学与研究》2018年第1期。

的“嘛”有7例，举例如下：

[63] “要说体会嘛，”他嗽嗽嗓子，略带矜持地说，“这些年来，一直在这儿摸、爬、滚、打，钉子碰了不少，跤也摔了不少，经验谈不上，教训倒真是有一堆。”

[64] 刘长水忙夺过来说：班长和大家说的我一个赞成，我并不爱使心眼，当然，要给敌人使嘛，我有的是；给自己同志使可不能，我老想法团结，可是……当然啦，我也有不对的地方……班长，你放心，你走到那里，我们跟到那里，非把旗子夺回来不成，为咱班争光嘛。

例［63］和例［64］显示“嘛”用在假设小句的末尾非常口语化，引领出一个新的话题；相比较而言，同样是用在一个新话题的后面，“呢”就显得比较正式（用在假设小句后的“呢”有7例），举例如下：

[65] 如果乘三轮车去呢，亦必得到比汽车晚到的结果。

[66] 从言语内容上看呢，换汤不换药。

[67] 如果把我名列在后呢，也不行，因为我替的是角儿。

[68] 愿意打的呢，领线接活儿，不愿打的呢，我也不能勉强。

[69] 要是你俩团结着干呢，两个人的劲就会变成三个人的劲。

例［65］到［69］例显示“呢”即使在假设小句的末尾，“申明”的口气仍旧很强。

汉语语气词“啊”没有用在假设小句末尾的用例，用在句中表示列举的例子有85例，其他语气词不具备列举的功能，而“吧”在假设小句末尾的用例却很高，有52例，具体举例如下：

[70] 在旧社会，艺人自己办科班吧，没有那么大的力量；依靠资本家吧，就要随人俯仰，受他们的腌臜气；不干吧，怎忍得眼看先辈留下的艺术遗产，被湮没而断后呢。

[71] 退让吧，太显眼了，况且临赛前陈鹤栖暗示过：“有理有利有节。”

上例中“吧”的叙述性较强，不如“呢”“嘛”的希望别人认同、回应的交互主观性强。“吧”在句中的主要用法则是举例，常用的格式有“拿……来说吧”“就说……吧”等，共有表示举例的用例131例，而其他语气词没有表示举例的用法。“吧”“呢”“嘛”三者用在假设小句的末尾，各自本身的语气仍旧存在，“吧”本身“犹疑不定”的口气更明显，“呢”和“嘛”的语气比较强烈，“嘛”更口语化，“呢”重在申明。

（三）用在应对语后的“嘛”的语用功能

易查方（2007：41）指出，“嘛”用在应对语后表达出“轻微喜悦的感情色彩”，并引用吕叔湘《现代汉语八百词》中的例子“好嘛，那就快找他去吧！”予以说明，我们通过对语料库的查阅，发现应对语后的“嘛”也可以表示冷淡、不满的语气，如：

［72］陈二兴晓得她是来调查和解决问题的，便不冷不热地答道：“对嘛，她们就在沟那边。”

例［72］里，“嘛”增强了言者冷淡的语气。国家语委语料库里“嘛”用在应对语后的情况有9例，除了增加冷淡、不满、惊喜的口语的用例外，也有用于对听话人的所说内容的回应的，如：

［73］“是嘛，就是嘛。”（显而易见，口语化）

这里用“嘛”比“啊”的确认口气更强烈，还是有一些道理显而易见的意味，也更口语化。

高增霞（2016：110—111）对应答语里的“吧”进行了总结，主要是像“好了吧”“算了吧”“就这样吧”这样的退让语气与“随他吧”“还是……吧”这样的抉择语气。“呢”在应答语中的申明语气还是很强烈，如例［74］到［76］。

［74］“不呢，老大。”师爷想告诉老大，说自己是只想做五年的，但是，顿了一顿，却不说了。

［75］“可多呢，”先前那个学生又回答她：“现在世界上的帝国主义可不少，最大的是英国，日本，美国……”

［76］“哪呢，场子的人，病号队的……”（哪啊？）

例［74］到例［76］里言者都是强调申明自己的观点，即使是应答同意别人的观点时，也带有较强的“我明白这个道理”的申明意味，如例［77］。

［77］赵才生随声附和：“说的是呢，木匠要巧，郎中要老！”

这个例子里“呢”的“我明白的”申明意味非常强，并用“木匠要巧，郎中要老”对说话人的观点进行补充。关于用在句中的“啊”，吕叔湘（1980：43）认为可以表示说话人的犹豫或者引起对方注意，他没有对应答语后的“啊”予以说明，我们认为应答语后的“啊”除了表达很强的确认语气之外，还是有很强的抒情感叹成分的，如：

[78] 是啊，他说得有道理呀！

[79] 汉武帝顿时领悟：“好啊！”

[80] “是啊”，白老敬又装了一锅烟，一边打着火镰儿一边说，“这也是黑眼狐狸造罪作孽的事儿啊。”

[81] “是，是啊，两个小时。”

[82] “没有啊，我是来开会的。”

[83] 豌豆姐姐摇了摇头：“不行啊，卷心菜姑娘跟我不一样。”

例[78]到例[83]可以看到应对语后的“啊”的抒情、感叹的口气很强，如汉武帝说“好啊”的时候似乎有所顿悟。例[82]和例[83]是两个否定的应答，既表达了言者的观点或者态度，还可以感受到言者吃惊、遗憾的情感。国家语委语料库里的作为应答语的“没有啊”使用频率是5次，“（还）没有呢”“没有吧”“（是）没有嘛”都各只有一次；“不行啊”的使用频次有13次，“（那还）不行呢”1次，作为应答语的“不行吧”“不行嘛”没有用例，因此作为应答语的“啊”的分布范围更广，与其他语气词比，语气词“啊”的用法是最常见的，无标记的。[①]

四 结语

通过上面的研究，我们认为“嘛”的原型意义应该是屈承熹（2008）所得出的表示句子所陈述内容的“显而易见”的功能。但是我们认为这种用储诚志（1994）提出的“最大共性法”得出的结论，有利于对“嘛”的类型学语义特征的掌握，但对于语言使用者而言却过于宽泛，不能有效地指导对语气词的语言应用实践，我们结合语料库里的统计用例及与其他语气词的对比，把“嘛”的用法归结到表3-25。

① 沈家煊（1999：23—34）指出无标记项的分布范围要比有标记项大，无标记项的使用频率要比有标记项高。

表3-25　　语气“嘛”的句类、语义分布及所占比例

“嘛”的原型意义：表示所述事情道理的“显而易见”，重在说理，有较强的口语性。						
用在句中，舒缓语气（13.6%）			用在句尾（86.4%）			
主语后（12.12%）	副词、连词后（0.6%）	应对语后（0.9%）	陈述句、反问句后（71.43%）	祈使句后（13.9%）	疑问句后（0.3%）	假设小句后（0.7%）
表达原型意义，引入新话题，舒缓语气	表达原型意义，舒缓语气	可以表达原型意义，同时还表达了轻微的惊喜或冷淡、不耐烦的情态或者表达对交谈者所述内容高度认同的回应	表达原型意义，说理	表达关系亲密的请求，或者带有不耐烦、不高兴态度的建议	口语化，比“吗”多了一些或亲密或不耐烦的色彩	引入新话题，比较口语化，语气强烈

从表3-25可以看到，“嘛”的原型意义使用频率最高，主要用在陈述句、反问句和主语后；“嘛”的第二个作为现代汉语语气系统语气词的特殊性在于它用在祈使句和应答语之后表达出了其他语气词表达不出的喜欢、不满的口气。

依据使用频率，我们把“嘛”的语用功能归纳如下：“嘛”的原型意义（核心功能）是表示所述事情道理的“显而易见”，重在说理，有较强的口语性，主要用在陈述句和反问句里，占总用法的71.4%，扩展功能是用在祈使句里表达关系亲密的请求，或者带有不耐烦、不高兴态度的建议；边缘功能是国家语委语料库里“嘛”用在应对语后增加冷淡、不满、惊喜或者确认的口气，用在假设小句的末尾，非常口语化，引领出一个新的话题。

第四章　现代汉语语气词“吧”的语用功能研究

第一节　现代汉语语气词“吧”是否为疑问语气词的实验研究

关于现代汉语语气词“吧”的语义功能，语法学界有三种观点：第一种认为有两个“吧”，一个“吧”表示疑问语气，另一个“吧”表示非疑问语气（祈使语气和测度语气），以吕叔湘（1982：260）、赵元任（1980：399—400）、朱德熙（1982：210）为代表。第二种认为只有一个语气词“吧”，范方莲（1982）指出，陈述句和疑问句里的这个“吧”表示委婉或不肯定语气，但不是疑问语气词[①]，像疑问句“有五里地吧？”是由疑问语调决定的，与“吧”无关。陆俭明（1984：335）认为这种观点缺乏事实依据；陈妹金（1995：18）通过对语料的统计指出，约30万字的语料里“吧”问句共得35句，在整个是非问句中只占8%；“吧”问句与“吗”问句之比为1：6，低疑问程度的“吧”问句数量较少，从而归纳“吧”主要用于非疑问句、不表疑问语气的语气词。第三种认为“吧”处于疑问语气词和非疑问语气词之间，是处于“中间状态”的半个疑问语气词，以陆俭明（1984：336）的研究为代表。冉永平

---

① 1982年6月在北京香山举行的语法学术讨论会上范方莲的论文《论语气词“吧”》，参见陆俭明《关于现代汉语里的疑问语气词》，《中国语文》1984年第5期，第337页。胡明扬（1993：32）也是这个观点。胡明扬《陈述语调和疑问语调的“吧”字句》，《语文建设》1993年第5期。

（2004：340）则对“吧”的在所有句类中的语用功能共性进行了归纳，指出“吧”在有语境条件下的语用功能，包括语用推进功能、语用缓和与商榷功能。

现代汉语疑问句里的“吧”到底是不是一个疑问语气词呢？我们用实验语音学的方法对在是非问句中的“吧”和陈述句中的“吧”进行比较，看疑问语气是由什么表达的。此外，我们还要研究到底是句末的最后一个字承担疑问语气，还是疑问语气可以有不同的表达方式。江海燕（2010：33）指出，如果同一个音节在陈述句中和在疑问句中的基频相差不多，就说明这个音节对区别这两类语调起的作用不大，如果基频对比的结果差别比较大，说明这个音节负载了较多的语调信息。她（2010：33—36）还指出，在音节比较多的句子里，句末音节所承载的语调信息对语气意义的表达起决定性作用；在音节比较少的句子里，很多都从句首开始已经有了明显的音高差别，她的这些结论都是定性分析，缺乏有统计学意义的定量分析，我们尝试扩大被试的数量，从统计学意义上对疑问句中起疑问语气作用的音节予以限定，并分析在陈述句和疑问句中的“吧”是否有所不同、“吧”到底是不是一个疑问语气词。

一　实验说明

我们选择了云南师范大学大学一年级、二年级和研究生一年级、二年级的29位年龄在18岁到25岁之间的同学进行了录音，其中女同学15位，男同学14位，他们的普通话水平为二甲及以上；由于缺少男性发音人，我们找了一位年龄在40岁的男性汉语教师，其普通话水平为二甲；这样保证了被试中男性和女性各为15人，便于统计分析时进行性别检验，看性别是否影响语调和声调的分析结果。

录音情况为如下：

①录音软件：Praat5.2.33；②切分软件：Cool Edit2.1；③采样率：11025赫兹，16位，单声道；④要求学生每句读3遍，句与句间隔4秒，自然状态、平稳语速发音。

实验时，请他们用普通话朗读“1.你这件衣服真好看，新买的？”“2.你这件衣服真好看，新买的吧？”和“3.你这件衣服真好看，新买的吧。”这三个句子。朗读前并未告诉他们朗读的目的。我们用南开大学开发的Minispeechlab软件对这些30位被试的语音样本进行了分析，制作语图时仅呈现“新买的？”“新买的吧？”和“新买的吧。”这3个句子的语图，“你这件衣服真好看”只是给被试提供一个比较容易理解的语境，我们在分析时先用Minispeechlab软件按韵律词（把3个句子中的“新买的？”“新买的吧？”和“新买的吧”都作为一个韵律词）分析出每个字的频率值，为了减少个体发音的差异，强调发音的共性，我们用公式：St=12*lg（f/fr）/lg2（“f”表示需要转换的赫兹数值，“fr”表示参考频率，男性设为55赫兹，女性设为64赫兹。）将频率值转换为对数域中的半音值，然后制作语图，对不同被试三个句子的不同情况进行直观展示和分析，最后再用统计学的方法分析30个被试“新”“买”“的”和“吧”在不同句子中频率半音值是否有显著差异，来分析“新买的？”和“新买的吧？”的疑问语气是由“吧”承担的，还是由多个词同时承担的，同时分析“新买的吧？”与“新买的吧。”的差异及“新买的？”与“新买的吧”的差异。

二　实验语图情况分析

通过分析，我们归纳出语图的形状大致有六种，如下：

（1）“新买的吧？”与“新买的吧。”中“吧”的频率值差异明显，调型一致。

三个实验句中，“新买的？”里“的”的调值最高，在“新买的吧？”和“新买的吧。”中，“的”的调型有的发生了变化，在疑问句中是上升的趋势，在陈述句中则为下降的趋势，也有“的”的调型重叠在一起的情况，还有“的”的调型一致，调值高低不同的情况；“吧”在陈述句和疑问句中的调值高低不同，但调型都保持下降的趋势，语图如下：

这样的语图情况在30位被试中，有12位。石锋（2013：58）指出，“轻声在阴平、阳平、去声后的音高为低降调，在上声后为中升调，而其终点音高明显表现为上声后轻声最高。”“吧”在轻声的“的”字后面都表现为低降调，符合石锋（2013：58）的结论；然而“的”字的调型和音高则不符合这个规律，“的”在上声字“买”字后面，调值有时表现为中升调，有时则表现为低降调。石锋（2013：116）指出：“无疑问词的疑问句的语气，明显提高了最后一个词调域音高，改变了最后一个音节平调和降调的音高和调型。”江海燕（2010：124）也指出：“不同语调的句子，语调之间的差别在句首音节表现得最不明显，或者说句首音节承担的语调信息很小，而句尾音节承担的语调信息最大，是语气意义的主要承担者。”两位专家的研究都没有进行统计学意义上的数据分析。“的”在“新买的？”这一句中30人的语图都表现为中升调，符合两位专家的结论，但在有疑问词的“新买的吧？”和陈述句“新买的吧。”中“的”不在句末，调值和调型也会发生改变，有时为升调，有时为降调。在我们的被试的语图中有不少“新买的吧？”和“新买的吧。”中“的”的调值在疑问句中和陈述句中的调值和调型是不同的，这说明疑问句里倒数第二个字也有可能承担疑问信息，即疑问句也有可能改变倒数第二个字的调值和调型。

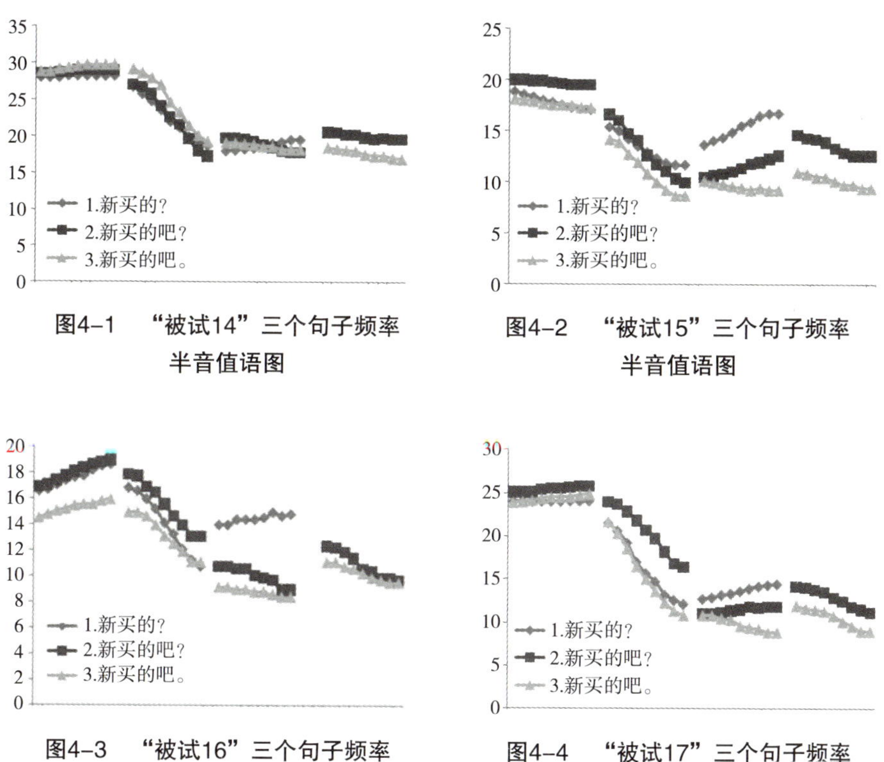

图4-1　“被试14”三个句子频率半音值语图

图4-2　“被试15”三个句子频率半音值语图

图4-3　“被试16”三个句子频率半音值语图

图4-4　“被试17”三个句子频率半音值语图

（2）疑问句“新买的吧？”和陈述句“新买的吧。”中“新”和“买”的差异明显。

句子1“新买的？”调值最高，“的”的调型保持上扬的趋势；“新买的吧？”和“新买的吧”中“的”和“吧”的调值几乎相同，在语图上表现为重叠在一起调型都保持下降的趋势。语图如下：

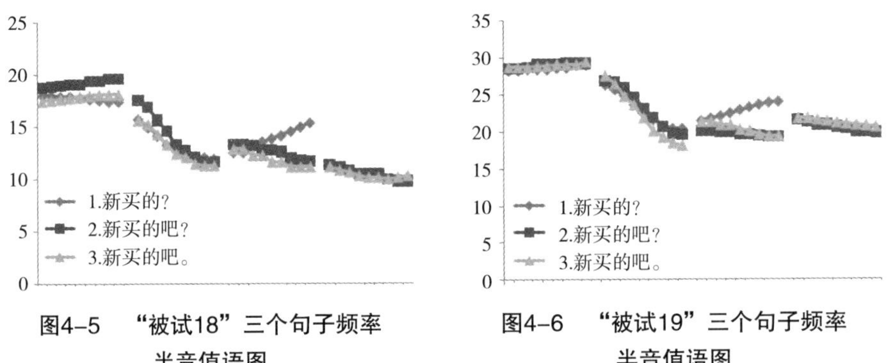

图4-5 “被试18”三个句子频率半音值语图

图4-6 “被试19”三个句子频率半音值语图

这样的语图情况在30位被试中有2位，这说明疑问句的语调可以通过改变句首和句中词的调值来实现，这和江海燕（2010：124）指出的句首、句中承担的疑问信息不大的结论不一致。

（3）“新买的吧？”与“新买的吧。”句中“的”和“吧”的频率值差异都明显，调型有时一致，有时不一致。

“新买的？”句中的“的”的调型保持上扬的趋势；“新买的吧？”句中“的”也为上扬的趋势，“新买的吧。”句中“的”则为下降的趋势，也有“新买的吧？”与“新买的吧”句中“的”调值不同，调型相同的；“吧”在疑问句中的调值高，在陈述句调值低，但在两个句子中调型有的相同见图4-8，有的不同见图4-7。

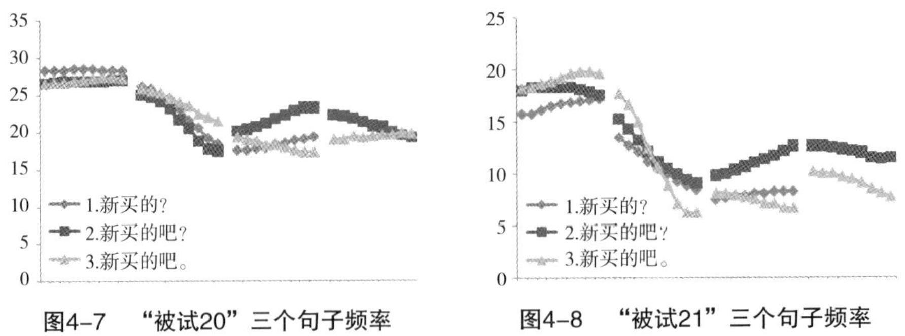

图4-7 “被试20”三个句子频率半音值语图

图4-8 “被试21”三个句子频率半音值语图

三　小结

储诚志（1994：49）认为“吧”在“你请吧！”里面表示请求的语气，在“你滚吧！”里面表示命令的语气，在“你走吧！”里面表催促的语气都是由语境造成的，不能认为是“吧”的语气意义。张小峰（2003：49）也认为“吧”的语气意义是单一的，表示不确定的疑信态度。我们认为，无论从“吧”的语义的历时演变，还是从“吧”在现代汉语里的实际使用情况来看，“吧”有多个义项是客观事实，承认“吧”的多个义项既符合语言的事实，又便于学习汉语的人对“吧”的语义的掌握和运用。“吧”的核心语义特征应该是表示祈使语气。为了更好地发现现代汉语语气词“吧”的类型学特征，我们把汉语里的“吧”的用法与泰语和越南语里相应词语的用法予以比较，以期印证我们的研究结论。

第二节　汉语与缅甸语里的表示祈使语气的语气词的对比

缅甸语中与汉语相对应的祈使句有：“နော်[nɔ^{22}]”“လေ[le^{22}]”“အုံး[oũ^{55}]”“တော့[tɔ^{53}]”等。与汉语的祈使语气词“啊”相对应的是：“နော်[nɔ^{22}]”“လေ[le^{22}]”；与祈使语气词“吧”相对应的是：“လေ[le^{22}]”“တော့[tɔ^{53}]”；与祈使语气词“了”相对应的也是：“လေ[le^{22}]”“တော့[tɔ^{53}]。”

缅甸语中的祈使语气“နော်[nɔ^{22}]”“လေ[le^{22}]”与汉语的“啊”相对应。例如：

［6］နင်　ပါကို　ပါရမှာ　နော်။
nĩ^{22}　pa^{22}go^{22}　pa^{22}ja^{53}hma^{22}　nɔ^{22}
你　一定要　参加　啊
（你一定要参加啊！）

［7］စာ　ကောင်းကောင်း　ကြိုးစား　လေ။
sa^{22}　kaũ^{55}kaũ^{55}　tɕo^{55}za^{55}　le^{22}
学习　好好　努力　啊
（你要好好努力学习啊！）

［8］ငါ့ကို　ကူညီ　ပါအုံး　လေ။

ŋa^{53}go^{22}　ku^{22}ɲi^{22}　pa^{22}oũ^{55}　le^{22}

我　帮忙　一定要　啊

（请一定要帮我啊！）

例［6］表示命令和警告的语气，缅甸语中用“နော်[nɔ^{22}]”，在例［7］和例［8］中表示劝告、请求、催促的语气，缅甸语中用“လေ[le^{22}]”。“啊”在上述祈使句中表示不同的祈使语气时都用“啊”，但是缅甸语却用了两个词。

缅甸语中“လေ[le^{22}]”“အုံ[oũ^{55}]”“တော့[tɔ^{53}]”与汉语的“吧”的祈使语气相同，有请求、商量、劝告、允许的语气。举例如下：

［9］နင်　သူ့ကို　လုပ်　ပေးလိုက်　လေ။

nĩ^{22}　tθu^{53}go^{22}　lou^{ʔ4}　pe^{55}lai^{ʔ4}　le^{22}

你　他　做　帮　吧！（你就帮他做吧！）

［10］သူ့ကို　ခဏ　စောင့်လိုက်　အုံး

tθu^{53}go^{22}　khə na^{53}　saũ^{53}laĩ^{ʔ4}　oũ^{55}

他　一下　等　吧！（等他一下吧！）

［11］နင်တို့　လာ　ခဲ့　တော့။

ni^{22}do^{53}　la^{22}　khɛ^{53}　dɔ^{53}

你们　来　过　吧。（你们过来吧。）

［12］ဒီလိုဘဲ　လုပ်လိုက်　တော့။

di^{22}lo^{22}bɛ^{55}　lou^{ʔ4}lai^{ʔ4}　dɔ^{53}

这么　就做　吧。（就这么做吧。）

在例［9］和例［10］中“လေ[le^{22}]”“အုံး[oũ^{55}]”表示请求、商量和劝告的语气，这两个语气词可以替换使用。例［11］中的“တော့[tɔ^{53}]”表示允许的语气。但是在上述情况下，汉语里的祈使语气的表达都用“吧”。

值得一提的是汉语祈使句里用“啦”或者“了”，而缅甸语里仍旧用“လေ[le^{22}]”“တော့[tɔ^{53}]”表示劝告、提醒、允许的语气。举例如下：

［13］ကျောင်းတက်တာ　မ　နောက်ကျနဲ့　တော့။

tɕaũ^{55}ta^{ʔ4}ta^{22}　mə　nau^{ʔ4}tɕa^{53}nɛ^{53}　tɔ^{53}

上课　不用　迟到　了

（上课不要迟到了！）

［14］နင်တို့ လာခဲ့လို့ ရပြီ လေ။

nĩ^{22}do^{53} la^{22}khɛ^{53}lo^{53} ja^{53}pji^{22} le^{22}

你们 过来 可以 了

（你们可以过来了！）

［15］စကား မပြောနဲ့ လေ။

zə ga^{55} mə pjɔ^{55}nɛ^{53} le^{22}

话 不要讲 了

（不要讲话了！）

［16］ပြန် သင့်ပြီ လေ။

pjã^{22} tθĩ^{53}pji^{22} le^{22}

回去 快要 了

（该回去了！）

例［14］、例［15］和例［16］中表示允许、劝告、催促的语气，缅甸语都用လေ[le^{22}]。例［13］中表示提醒的语气，缅甸语用တော့[tɔ^{53}]。缅甸语里的祈使语气词也可以用在句中，见例［17］到例［19］。

［17］ဆရာ လေ၊ အကုန် သိတာ ပေါ့။

shə ja^{22} le^{22} ə koũ^{22} tθi^{53}da^{22} pɔ^{53}

老师 嘛 全部 当然知道 啦

（老师嘛，当然知道啦！）

［18］ငါ့ကို ပြောမယ်ဆိုရင် တော့ ၊ငယ်ငယ်တုံးက အရမ်း စိုးတယ်။

ŋa^{53}go^{22} pjɔ^{55}me^{22}sho^{22}jĩ^{22} dɔ^{53} ɲe^{22}ɲe^{22}doũ^{55}ga^{53} ə jã^{55} so^{55}dɛ^{22}

我 就说 吧 小时候 非常 顽皮

（就说我吧，小时候非常顽皮。）

［19］ဒီ ကိစ္စကို ပြောမိ တော့၊ စိတ်တို ရတယ်။

di^{22} kei^{ʔ4}sa^{53}go^{22} pjɔ^{22}mi^{53} dɔ^{53} sei^{ʔ4}to^{22} ja^{53}dɛ^{22}

这 件事情 说到 呢 来气 就会

（说到这件事情呢，就来气。）

综上所述，汉语与缅甸语祈使语气词表达的共同点是：（1）汉语和缅甸语的祈使句表达的语气都相同，都是表达请求、劝告、催促、警告、命令的语气。（2）汉语和缅甸语的祈使语气词，都能表示语气的强弱。

在表达命令、警告、催促等带有主观强制性的语气时，语气都比较强。缅甸语也是一样。（3）汉语和缅甸语的祈使语气词，都可以用在句中。

汉语与缅甸语祈使语气词表达的不同点是：（1）在汉语里不用祈使语气词的句子，缅甸语里都要用祈使语气词。（2）语气词“啊”“吧”在表达祈使语气时，语气可强可弱，要与语调、语境结合起来判断。缅甸语的语气直接由语气词来承担，缅甸语中用“နော်[nɔ²²]”“တော့[tɔ⁵³]”来表示强势的祈使语气，用လေ[le²²]来表示较弱的祈使语气。

第三节　汉语与越南语里的表示祈使语气的语气词的对比

Diệp Quang Ban（叶光班，2008）的《越南语法》指出语气词（包括叹词和语气助词）是一种特殊的词，它们是可以出现在句首和句尾的虚词。很少有学者对越南语的每一个语气词进行深入的研究。因此，我们要对越南语的每一个相应于汉语语气词“吧”的词进行深入的对比研究。在汉语里只有一个语气词“吧”，而在越南语中相应汉语的语气词“吧”却有5个，这5个词与汉语的对应情况见表4-1。

表4-1　　越南语里相应于语气词“吧”的语气词的语用功能

疑问句		祈使句		
Chứ[cɯ³³⁵]	Nhỉ[ɲi²¹²]	Đi[di⁴⁴]	Nhé[ɲɛ³³⁵]	Thôi[t’oi⁴⁴]
有猜测的意思，想知道对方的答案是否和自己的想法一样	也有猜测，估计的意思，但更强烈的希望对方和自己的想法一样	可以表示多种语气。可表示建议语气，祈使语气，劝阻语气，请求语气和催促语气	表示建议语气	可表示催促和建议语气

我们下文分别对疑问句和祈使句里的相应于“吧”的语气词予以分析。

（一）越南语疑问语气词“nhỉ[ɲi²¹²]；chứ[cɯ³³⁵]”的特点

越南语疑问语气词“nhỉ”和“chứ”同汉语里的“吧”一样也可以负

载疑问信息，一般也只用在是非问句句末。“nhỉ”和“chứ”之间还可以互相替换，比如：

［20］Anh[a:ɲ^{44}] vẫn[vɐn^{212}] yêu[ieu^{44}] cô[ko^{44}] ấy[ɐi^{335}] nhỉ[ɲi^{212}]?

你　　还　　爱　　她　　吧？

语气词“nhỉ”既有“呢”的意思，又有“吧”的意思，例［20］里的“nhỉ”相当于用在是非问句里的汉语语气词“吧”的意思，不同的是用“nhỉ”时，句子的语气显得非常亲切。在这个句子中，说话人可能已经知道答案或已经猜测出来了，但是还是想进一步地证实、确认一下自己的猜想，语气里“信大于疑”。

如果把“nhỉ”换成“chứ”，语气就没有“nhỉ”那么亲切，疑问度也高一些，如：

［21］Anh[a:ɲ^{44}]vẫn[vɐn^{212}]yêu[ieu^{44}]cô[ko^{44}]ấy[ɐi^{335}]chứ[cɯ^{335}]?

你　　还　　爱　　她　　吧？

例［21］中，语气词“chứ”是“应该……吧”的意思。说话人向听话人询问情况，语气没有“nhỉ”那么亲切。

［22］Cơm[kɤ:m^{44}]hôm[hom^{44}]nay[na:i^{44}] ngon [ŋɔn^{44}] nhỉ[ɲi^{212}]?

饭　　今天　　好吃　　吧？

Cơm[kɤ:m^{44}]hôm[hom^{44}]nay[na:i^{44}] ngon [ŋɔn^{44}] chứ[cɯ^{335}]?

饭　　今天　　好吃　　吧？

用“nhỉ”的句子，是说话人向听话人提问时希望对方可以支持自己的看法。例［22］中用“nhỉ”的疑问句一定是说话人和听话人“一起吃了饭”，所以说话人才向听话人提问，并希望对方也觉得“好吃”。例［22］中用用“chứ”的句子就不一样了，在这个句子中说话人和听话人有可能是一起吃饭，也有可能是不在一起吃饭。如果是一起吃饭，“chứ”的意思就和用“nhỉ”的一样；如果没在一起吃饭的话，“chứ”的意思就是说话人只是想问听话人“这个饭好不好吃”，并没有希望听话人赞同自己观点的意思。

（二）越南语里相应于祈使语气词“吧”的词的特点

根据语气词在句子中的位置，可以把越南语里的三个祈使语气词“đi[di^{44}]，thôi[t’oi^{44}]，nhé[ɲɛ^{335}]”分成三组。

第一组：Đi [di^{44}]最靠近句子的中心。

第二组：Thôi[t’oi^{44}]在第一组后面。

第三组：Nhé[ɲε^{335}]在第二组后面。

根据越南语里的三个祈使语气词的语用功能，可以把它们分成两组。

第一组：Đi[di^{44}]专门表示“祈使语气”。

第二组：Thôi[t’oi^{44}]，nhé [ɲε^{335}]除了表示“祈使语气”外，还可以用在陈述句和疑问句里。下文分别对这三个语气词进行研究。

1. 越南语语气词“đi”的语用功能

越南语语气词“đi”的使用频率最高，也就是说在交际过程中越南人经常使用“đi”来表示“祈使语气”。但是在不同语境中，语气词“đi”的语义还是有所不同，大致有5种意思。

（1）“đi[di^{44}]”表示“建议语气”

“đi”表示建议语气的使用频率是最高的。例如：

［23］Hỏi ổng đi.

[hɔi^{212}] [oŋ^{212}][di^{44}].（问他吧。）

例［23］中说话者建议听话者“去问他”。

（2）“đi[di^{44}]”表示“催促语气”

“đi”表示催促语气的使用频率仅次于表示“建议语气”。“đi”表示“催促”行动（动作）的开始，它是一个变化过程。例如：

［24］Bác trả lời đi，sao bác lại kể chuyện này cho Triệu Vỹ nghe ?

[bak^{335}][ʈa^{212}] [lɤi^{22}] [di^{44}]，[ʂaɔ^{44}] [bak^{335}][lai^{221}][ke^{212}][cuien^{221}] [nai^{22}] [cɔ^{44}] [ʈieu^{221}][vi^{325}] [ŋ ε^{44}]?

（你回答吧，为什么把这件事情告诉他？）

例［24］中用“đi”表示说话者“催促”听话者快点“回答”，因为他（她）很想知道答案。

（3）“đi[di^{44}]”表示“命令语气”

“đi[di^{44}]”表示要求听话者按照说话者的话去做，表示“命令语气”。例如：

［25］Được rồi, ra ngoài đi!

[dɯɤk^{221}] [ʐoi^{22}]，[ʐa^{44}][ŋɔai^{22}] [di^{44}]!（好了，出去吧！）

例［25］中“đi”表示命令语气，命令对方出去。

（4）“đi[di44]”表示“劝阻语气”

说话者通过使用“đi”来“劝阻”听话者，要求其停止或不要做某种行为。例如：

［26］Thôi，cho xin lỗi... nín đi rồi.. đi ăn hủ tiếu.

[t’oi44]，[cɔ44] [sin44] [loi325]...[nin335] [di44][ʐoi22]...[di44] [ăn44] [hu212] [tieu335].

（对不起....不哭了...带你去吃东西。）

例［26］中“đi”表示劝阻，希望听话者不要哭了。

（5）“đi[di44] ”表示“请求语气”

“đi”用来“请求”别人帮助或恳切别人不做某事。例如：

［27］Về với ba đi con!

[ve22] [vɤi335] [ba44] [di44] [k ɔˇn44]!（儿子跟我回去吧！）

例［27］中说话者“请求”听话者回去。在越南语语料中“đi”表示“请求语气”用得比较少。

2. 越南语语气词“thôi[t’oi44]”的语用功能

“thôi”表示两种祈使语气，一种是“建议语气”，另一种是“催促语气”。表示“建议语气”的用法的使用频率要比表示“催促语气”的频率要高得多。

（1）“thôi[t’oi44]”表示“建议语气”

“thôi[t’oi44]”表示说话者提出一种建议，让听话者按照自己所说的话去做，语气跟“đi”有一点区别；使用“đi”的时候，说话者只是单纯地提出建议，而使用“thôi”的时候，一般情况下，说话者要求听话者要按照说话者的话去做，只是没有“đi”的“命令”语气那么强烈，例如：

［28］Ở nhà ăn cơm thôi.

[ɤ212] [ɲa22] [ăn44] [kɤm44] [t’oi44].（在家吃饭吧。）

例［28］句中，说话者提出建议让听话者“在家里吃饭”，不要“出去吃饭”。

（2）“thôi[t’oi44]”表示“催促语气”

“đi”和“thôi”都表示“催促”语气。但是这两个语气词表示的“催促”语气有一些差别。“đi”表示“催促”开始某种动作行为；

“thôi”表示“催促”工作的进度以及工作的方式，例如：

［29］Linh chan，ra ăn sáng rùi đi học thôi.

[liŋ44] [can44]，[ʐa44] [ăn44] [ʂaŋ335] [ʐui22] [di44] [hɔˇk221][t'oi44].

（小玲，来吃饭再去上课吧。）

例［29］中说话者“催促”听话者“快点吃完饭，然后去上课”。

3. 越南语语气词“nhé[ɲε335]”

“nhé”表示语气比较“亲切”的“建议”“劝阻”，例如，

［30］A! Để Đinh Đang kể cho ông nghe nhé.

[a]![de212][diŋ44][daŋ44][ke212][cɔ44] [oŋ44][ŋε44][ɲε335].

（啊！让Đinh Đang给你讲吧。）

例［30］句中说话者表示对Đinh Đang的“建议”。

从语气的强弱来看，“đi”可以依据语境和语调的协助表示强硬的祈使语气，也可以表示柔和的祈使语气，“thôi”和“nhé”表示缓和的祈使语气，“thôi”的语气比“nhé”强。①

（三）越南语里相应于汉语语气词“吧”的词语的句法分布

1. 单句句末

与汉语一样，越南语里相应汉语“吧”的语气词，大部分出现在句子末尾。在日常生活交际中，我们都可以毫无困难地找到位于句子末尾的语气词。越南语里与汉语语气词“吧”相应的五个语气词都能放在句子末尾。例如：

［31］Chị năm nay học đại học nhỉ?（你今年上大学吧？）

[ci221] [năm44] [năi44] [hɔk221] [dai221] [hɔk221] [ɲi212]?

［32］Anh yêu cô ấy chứ?（你爱她吧？）

[aɲ44] [ieu44][ko44][ɤˇi335][cɯ335]?

［33］Ăn đi!（吃饭吧！）

[ăn44] [di44]!

［34］Đi học thôi!（上课吧！）

[di44] [hɔk221] [t'oi44]!

① 武氏明河：《汉越语气词对比研究》，博士学位论文，华东师范大学，2012年。

［35］Để anh đưa em đi nhé!（我来送你吧！）

[de^{212}] [aɲ^{44}] [dɯɤ^{44}] [ɛm^{44}] [di^{44}] [ɲɛ^{335}]!

2. 插入语后

越南语语气词出现在插入语之后，整个“插入语+语气词”结构通常出现在句首。例如：

［36］Thế này nhé，anh cứ nộp trước giúp em rồi mai em trả cho anh sau.

[t’e^{335}] [năi^{22}] [ɲɛ^{335}]，[aɲ^{44}] [kɯ^{335}] [nop^{221}] [ʈɯɤk^{335}][zup^{335}] [ɛm^{44}] [ʐoi^{22}] [mai^{44}] [ɛm^{44}] [ʈa^{212}] [aɲ^{44}] [ʂau^{44}].

（这样吧，你先帮我交钱，明天我再还给你。）

［37］Vậy đi，ngày mai ai đi cũng được.

[vɤˇi^{221}] [di^{44}] ，[ŋai^{22}] [mai^{44}] [ai^{44}] [di^{44}] [kuŋ^{325}] [dɯɤk^{221}].

（好吧，明天谁去都可以。）

3. 复句中的分句末

在越南语里语气词同样也可以出现在分句末。例如：

［38］Anh ăn cơm đi cho nóng!（目的复句）

[aɲ^{44}] [ăn^{44}] [kɤm^{44}] [di^{44}] [cɔ^{44}] [nɔŋ^{335}]!

（你趁着饭还热，吃点吧！）

4. 句首

越南语有一些语气词可以出现在句首，表示祈使语气。例如：

［39］Đi，đi，đi đi mà!

[di^{44}]，[di^{44}]，[di^{44}] [di^{44}][ma^{22}]!（去吧！）

“đi”放在句首，表示请求听话者，希望听话者“一起去”。

5. 独立成句

［40］Anh cho em cái này nhé!（你给我这个吧！）

[aɲ^{44}] [cɔ^{44}] [ɛm^{44}] [kai^{335}] [năi^{22}] [ɲɛ^{335}]!

Nhé!（给我吧！）

[ɲɛ^{335}]!

从例［40］的上下文我们可以看到，越南语叹词“nhé”独立成句，表示说话者很诚恳地请求对方“给他”某个东西，说话者还可以不断地重复“nhé”来请求听话者，一直到他给为止。

［41］A：Anh cho em đi chơi nhé?

[aɲ44] [cɔ44] [ɛm44] [di44] [cɤi44] [ɲɛ335]!（哥，让我出去一下吧？）

B：Ở nhà không đi đâu hết.（你给我好好在家待着。）

[ɤ212] [ɲa22] [χoŋ44] [di44] [dɤˇu44] [het335].

A：Đi mà!（让我去嘛！）

[di44] [ma22]!

B：Không.

[χoŋ44]（不行）

A：Đi !（吧！）

[di44]

我们再看例［41］是“哥哥”和“妹妹”的对话。妹妹想出去玩，可哥哥不让她去。这时候妹妹使用了一个语气词“đi”来请求哥哥。例［40］和例［41］都是说话者使用了一种省略形式。例［40］中的“nhé”实际上是“cho em đi !/给我吧！”；例［41］中的“đi！（吧）”实际上是“Cho em đi đi!/让我去吧！”的省略。

越南语里的相应于语气词“吧”的词均能分布在句末（包括复句中的分句末）和句中其他位置上。除此之外，有些相应于汉语里“吧”的语气词还可以出现在句首或者独立成句，这说明越南语里的句末语气词和叹词的关系非常密切，这与汉语里的语气词“吧”的用法有很大的不同。

（四）越南语里的相应于汉语语气词“吧”的语气词的使用频率

我们对于自建的与国家语委现代汉语语料库语体比例一致的121.7186万字越南语语料库里的相应于汉语语气词“吧”的语气词的使用频率进行了统计，制成表4-2。

表4-2　越南语料库相应于汉语语气词“吧”的语气词的使用频率统计表

句型	越南语语气词“吧”	句末共计（405）（使用频率为3.33）	使用所占比例（100%）
疑问句	Chứ[cɯ335]	28	6.91%
	Nhỉ[ɲi212]	1	0.25%

续表

句型	越南语语气词“吧”	句末共计（405）（使用频率为3.33）		使用所占比例（100%）
祈使句	Đi[di44]	建议语气	127	31.36%
		催促语气	68	16.79%
		命令语气	60	14.81%
		劝阻语气	28	6.91%
		请求语气	25	6.17%
	Thôi[t’oi44]	建议语气	20	4.94%
		催促语气	1	0.25%
	Nhé[ɲɛ335]	建议语气	47	11.60%

注：所占比例=泰语里相应于“吧”的语气词的使用频次/这些词使用的总频次。
使用频率=使用频次/1217186（语料库总字数）（表中所列频次都是万分位的）。

从表4-2可以看到越南语里表示半信半疑的疑问语气词语的使用频率比表示祈使语气的词语的使用频率低很多，只占7.16%。这与汉语里“吧”的表疑问语气与祈使语气的分布比例大致相似，都是祈使语气的使用频率更高，占绝对优势；越南语里的祈使语气的使用频率为万分之3.33，比汉语里的表祈使语气的“吧”的使用频率万分之2.49要高一些。汉语祈使语气的表达所用的语气词“吧”既可以用在疑问句里，又可以用在祈使句里，而越南语里的“Đi[di44]”是专用的表示祈使语气的语气词；“thôi”和“nhé”表示缓和的祈使语气，还可以表示其他语气，并且它们之间还有强弱之分，“thôi”的语气比“nhé”强，这样的词语本身就有语气的细微差别的用法，汉语里是没有的。

第四节　汉语与泰语里的表示祈使语气的语气词的对比

泰语里与汉语语气词“吧”相应的语气词有“มั้ง[maŋ453]”“เถอะ[thə22]”“สิ[si22]”（吧）和“นะ[na453]（呢）”这四个词。泰语语气词的“นะ[na453]（呢）”可以用在陈述句、疑问句和祈使句里，有时候“นะ[na453]”用在祈使句里，它的用法和用在祈使句里的“吧”“啊”有交叉；“สิ[si22]”和“นะ[na453]”可以连用组成“สินะ（吧）”，两者共同表示命令、请求劝慰、号召、邀约、提醒和指点。我们把这四个词的用法制成表4-3，然后再从句法分布与使用频率两个方面进行对比。

表4-3　泰语里与汉语语气词“吧”相应或者用法有交叉的语气词功能表

疑问句	祈使句				
มั้ง [maŋ453]	สิ [si22]	เถอะ [thə22]	ซี [si:33]	นะ [na453]	เถิด [thə:t22]
主要用在疑问句里，表示猜测语气；也可以用在陈述句尾表示猜测语气。	1.表示命令语气，重读的时候，有很强的命令和不满的语气；轻读的时候，命令的语气较弱，带有恳请的色彩。2.表示事理的显而易见，带有不满的语气。	主要用在祈使句里，表示商榷与缓和的语气。	等同于ซี[si453]，语气比较亲切，祈使语气相对弱一些。	可以用在陈述句、疑问句和祈使句里；用在陈述句里，表示强调，带有提醒对方的色彩，用在疑问句里有深究的意味；当它用在祈使句里则含有恳请、央求的色彩。	“吧”，位于句末，表示商量、请求、命令或者建议。

（一）泰语里相应于汉语语气词“吧”的词语与汉语语气词“吧”的句法分布对比

นะ [na453]表示祈使语气时，只用在句末这里不再分析。我们分析一下其他三个相应于“吧”的疑问语气词：“มั้ง [maŋ453] ”和祈使语气词“เถอะ”[thə22]”“สิ[si22]”的句法分布。

1. 单句的句末

汉语语气词的“吧”和泰语语气词的“มั้ง [maŋ453]”“เถอะ [thə22]”“สิ[si22]”在句末的情况是最常见的。比如：

［42］เขาออกไป แล้วมั้ง?

[khaw24ʔɔ:k22paj33læ:w453maŋ453?]（他出去了吧？）

［43］พวกเราไปกันเถอะ!

[phuak41raw33paj33kan33thə22!]（我们去吧！）

［44］คุณกินเยอะหน่อยสิ!

[khun33kin33jə453nɔ:j22si22!]（你吃多点吧！）

从例［42］到例［44］可以看出汉语语气词的“吧”和泰语语气词的“มั้ง [maŋ^{453}]”“เถอะ[thə^{22}]”“สิ[si^{22}]”（吧）四者都可以放在单句的句末。

2. 名词性成分后

汉语语气词的“吧”和泰语语气词的“เถอะ”[thə^{22}]”“สิ [si^{22}]”都可以放在称呼对方的人名、称谓语、人称代词和名词性短语之后，缓和语气。比如：

［45］แบบนี้เถอะ，ฉันพาคุณไปเอง.

[bæ:p^{22}ni:^{453}thə^{33}，chan^{24}pha:^{33}khun^{33}paj^{33}ʔe:ŋ^{33}]（这样吧，我带你过去。）

［46］แบบนี้**สิ**，สัปดาห์นี้พวกเราไปปีนเขากัน.

[bæ:p^{22}ni:^{453}si^{22}，sap^{22}da:^{33}ni:^{453}phua:k^{41}raw^{33}paj^{33}pi:n^{33}khaw^{24}kan^{33}]（这样吧，这个周末我们一起去爬山。）

从例［45］到例［46］可以看出泰语语气词的“เถอะ[thə^{22}]”和“สิ[si^{22}]”（吧）与汉语语气词“吧”一样都可以放在名词性成分后。

3. 关联成分或者应答语后

与汉语语气词的“吧”一样，泰语语气词的“มั้ง [maŋ^{453}]”和“เถอะ[thə^{22}]”可以出现在一些关联词语后，这种分布可以出现在单句中，也可以出现在复句中，不过出现在复句中的情况多一些，比如：

［47］ถึงอย่างไงก็แล้วแต่**เถอะ**，ไม่ใช่ฉันไปคนเดียว.

[thɯŋ^{24}jaŋ^{33}ŋai^{33}kɔ:^{41}læ:w^{453}tæ:^{22} **thə**^{22}，maj^{41} chaj^{41}chan^{24} paj^{33} kon^{33}dia:w^{33}]（反正吧，不是我一个人去。）

［48］เอา**เถอะ**，ฉันฟังเข้าใจแล้ว.

[ʔaw^{33}**thə**^{22}，chan^{24}faŋ^{33}khaw^{41}caj^{33}læ:w^{453}.]（好吧，我听懂了。）

［49］พอแล้ว**มั้ง**，วันนี้พูดถึงนี้รึกัน.

[phɔ:^{33}læ:w^{453}**maŋ**^{453}，wan^{33}ni:^{453}phu:t^{41}thɯŋ^{24}ni:^{453}rɯ^{453}kan^{33}.]（行了吧，今天就说到这。）

从例［47］到例［49］可以看出泰语语气词的“มั้ง [maŋ^{453}]”和“เถอะ [thə^{22}]”都可以放在关联成分或者应答语后。

4. 复句中的分句末

泰语语气词的“เถอะ [thə^{22}]”与汉语语气词“吧”一样，可以分布在复句中的分句末，比如：

［50］ฉันว่าพูดทางด้านกฎหมาย**เถอะ**，ข้อบังคับทางกฎหมายไม่อนุญาตให้เลี้ยง.

[chan^{24}wa:^{41}phu:t^{41}tha:ŋ^{33}da:n^{41}kot^{22}ma:j^{24}**thə**^{22}，khɔ:^{41}baŋ^{33}khap^{453}tha:ŋ^{33}kot^{22}ma:j^{24}maj^{41}ʔa^{33}nu^{453}ja:t^{41}haj^{41}lia:ŋ^{453}]

（我要是说法规吧，法规规定不准养！）

［51］พวกเราก็แบบนี้**เถอะ**，ฉันกับคุณไม่มีอะไรต้องพูดแล้ว

[phua:k^{41}raw^{33}kɔ:^{41}bæ:p^{22}ni:^{453}**thə**^{22}，chan^{24}kap^{22}khun^{33}maj^{41}mi:^{33}ʔa^{22}raj^{33}tɔ:ŋ^{41}phu:t^{41}læ:w^{453}.]

（我们就这样吧，我和你没什么好说了。）

（二）泰语里相应于汉语语气词“吧”的词语的使用频率比较

我们按照与国家语委语料库现代汉语语料库一致的语体比例建立了100.4769万字的泰语语料库，对其中与汉语语气词“吧”的相应词语的使用频率进行了统计，制成了表4-4。

表4-4　泰语里相应于汉语语气词“吧”的词语的使用频率统计表

句法分布及位置	使用频次						共计	使用频率
	เถอะ [thɤ^{22}]	ซิ [si^{45}]	ซี [si:^{33}]	สินะ [si^{22}na^{453}]	เถิด [thə:t^{22}]	มั้ง [ma:ŋ^{453}]		
陈述句句末	35	10	18	5	—	11	79	0.79
陈述句句中	12	1	—	2	—	2	17	0.64
祈使句句末	99	3	16	—	63	—	181	1.81
疑问句句末	—	1	1	—	—	—	2	0.02
感叹句句末	2	1	5	1	—	3	12	0.12
话题停顿处	20	7	3	2	—	2	34	0.34
表示举例	—	—	—	—	—	—	—	0%
表示假设	—	—	2	—	—	—	2	0.02
共计	168	23	45	10		17	264	2.64
所占比例	51.38%	7.03%	13.8%	3.06%		5.2%	327	

注：所占比例=泰语里相应于“吧”的语气词的使用频次/这些词使用的总频次。
使用频率=使用频次/1004769（语料库总字数）（表中所列频次都是万分位的）。

从表4-4可以看到泰语里使用频率最高的祈使语气词是เถอะ[thɤ^{22}]，祈使语气词在句末的使用频率也是最高的，泰语里没有“拿……来说吧”这样的语用构式，泰语里也有“A吧……；B吧……”这样的构式，但是使用频率很低，这与汉语“吧”的语用特点功能相似，泰语里这些表示祈使语气的语气词的使用频率为万分之1.81，比汉语里“吧”表祈使语气的使用频率万分之2.49低一些，可见汉语里的“吧”虽然不是专职的祈使语气词，但其表达功能是强大的，可以相当于泰语、越南语和缅甸语多个语气词的用法。从应用语言学的角度来看，不能对“吧”的用法进行归一化处理。

泰语里的“นะ [na^{453}]”在特指问句里相应于汉语的“呢”，在祈使句里却相当于汉语的“啊”，而汉语里的“呢”是不能用在祈使句里的，这也会造成泰语母语者对汉语“呢”的习得，以至于出现“我希望大家去什么地方的时候一定要小心呢。”这样的偏误。①

泰语里的“เถอะ [thə^{22}]”表示商榷和缓和的语气，用在祈使句里，表示所述内容仅供听话者考虑，不必完全按照说话者的意见去做。如果这样的祈使句去掉“เถอะ”[thə^{22}]（吧），句子就会有点指令听话者应该按照说话者提出的意见去做的意思。因此沈笑寒（2015:26）通过调查指出，泰国学生会出现“他在心里想，没办法了，只好等到天亮再找人来救了吧。”与“我妈说该跟同学们一起吃吧，这样比较好吃。”这样的偏误，这都是由于泰语里的语气词与汉语用法的不同造成的。这两个句子用泰语来表达就一定要加“เถอะ”[thɔ^{22}]（吧）”，表示说话者只是建议，听话者不一定完全按照建议去做。例［49］和例［50］是这两个句子的泰语表达。

［52］<u>เขาในใจคิดว่า, ไม่มีวิธีแล้ว</u>,

<u>[khaw^{24}naj^{33}caj^{33} khit^{453}wa:^{41}, maj^{41}mi:^{33}wi^{453}thi:^{33}liæ:w^{453},</u>

（他在心里想，没办法了）

<u>ได้แค่รอจนสว่างค่อยหาคนมา</u>

<u>daj^{41}khæ:^{41}rɔ:^{33}con^{33}sa^{22}wa:ŋ^{22}khɔ:j^{41}ha:^{24}khon^{33}ma:^{33}</u>

（只好等到天亮再找人来）

---

① 沈笑寒：《泰国留学生汉语语气词习得研究》，硕士学位论文，云南师范大学，2015年。

ช่วยเถอะ

chua:j^{41}thə^{22}]（救了吧。）

［53］แม่ฉันบอกว่าให้กินข้าวกับเพื่อนๆเถอะ,

[mæ:^{41}chan^{24}bɔ:k^{22}wa:^{41}haj^{41}kin^{33}kha:w^{41}ka:p^{22}phɯ:n^{41} thə^{22}

（我妈说该跟同学们一起吃吧，）

แบบนี้ถึงจะอร่อย

bæ:p^{22}ni:^{453}thɯŋ^{24}ca^{22}ʔa^{22}rɔ:j^{22}]（这样比较好吃。）

通过上面的对比可以看到汉语里的一个语气词“吧”与泰语的多个语气词相对应，因此在语气的表达上，汉语不如泰语丰富，汉语要通过语调、句法构式来弥补。在这种情况下，我们就更不能把汉语语气词“吧”的语用功能作归一化处理了①。

第五节　本章小结

汉语与缅甸语、越南语和泰语祈使语气词表达的共同点是：（1）祈使句表达的语气都相同，都是表达请求、劝告、催促、警告、命令的语气。（2）汉语和这三种语言的祈使语气词，都能表示语气的强弱。在表达命令、警告、催促等带有主观强制性的语气时，语气都比较强。

汉语与这三种语言祈使语气词表达的不同点是：（1）在汉语里不用祈使语气词，使用报告新事态的语气词“了”的句子，其他语言没有与“了”完全对应的语气词，在这些语言里都要用祈使语气词。（2）语气词“啊”“吧”在表达祈使语气时，语气可强可弱，要与语调、语境结合起来判断。缅甸语、越南语和泰语的语气强弱直接由语气词来承担。（3）其他三种语言的祈使语气词同汉语一样都可以用在话题或者关联成分之后，舒缓语气，表达某些语气词特有的语气，如商量语气，并且起到篇章衔接的作用。

---

① 比如冉永平（2004：340）归纳的“吧”在所有句类里的功能共性，即在有语境条件下的语用功能，包括语用推进功能、语用缓和与商榷功能；我们认为“吧”的核心功能是表祈使语气，其祈使语气的表达还应和“啦”“了”和“啊”进行区分，这样才符合有语气词语言表达祈使语气的共性。

汉语与其他三种语言相比，语气词“吧”不是专用的祈使语气词，而其他语言都有专用的祈使语气词，并且表达祈使语气的语气词比汉语多得多，因此，我们在研究时不能一味强调“吧”的语用功能共性，应强调“吧”的多个语用功能的并存，强调“吧”的特殊构式，如表示举例的“拿……来说吧”，这样才能符合汉语的语言实际，便于对汉语的学习和运用。

总之，我们认为“吧”的核心功能是表示请求、命令、催促、建议、商量、退让、无奈等祈使语气，占总用法71.95%；扩展功能是在是非问句中表示猜测、不确定的语气，占总用法的14.4%；边缘功能是用作话题标记，表达犹豫的语气，有时也可以表示举例。

第五章 语气词“啊”的语义特点、语用功能特征研究

关于语气词“啊”的研究，在三个问题上存在争议，即：第一，“啊”是否是一个疑问语气词；第二，“啊”的语义分合问题；第三，“啊”的叹词用法的来源。本章将就这三个问题进行探讨。陈振宁、王梦颖（2018）[①]对学界对于语气词“啊”的研究现状进行了很好地分析归纳，然后他们运用聚类和关联法研究了语气词“啊”的多种功能，指出“啊”起源于典型叹词，主要是强意外到强语力的感叹语气词，然后在正面中性环境下，反预期逐渐消失，演化出中性语力，最终由于过于常用而语力磨损，只发挥人际功能，最后语力磨损为可有可无的成分。我们认同他们的“啊”重在表达情绪和情感的特点，过去不少学者认为“啊”表示强传信，如徐晶凝（2008：140）的研究。也有不少学者认为“啊”的语用功能在于表达强烈的感叹，如太田辰夫（2003）的研究。太田辰夫著，蒋绍愚、徐昌华合译的《中国语历史文法》初版于1958年，后于2003年再版。该书从历时的角度来研究现代汉语语法是如何形成的，是非常有影响的近代汉语语法著作。他（2003：327）把现代汉语句末助词分为甲乙两类，甲类是“吗”“呢”“吧”“啵”“罢了”“啊”“呀”“哇”“哪”“了（啦）”，乙类是“呢”“了（啦）”和“来着”。他指出，甲类词“位于句子的最后，是给整个句子加上疑问、推测及其他各种非叙实的语气的”，乙类词除了有和甲类词一样的用法外，还有一种“表示叙实的语气的，不限于句子的最后面（即它

① 陈振宁、王梦颖：《基于多维特征聚类和关联的语气研究——以北京话语气成分“啊”为例》，《语言研究集刊》2018年第20集。

的后面常常有其他非叙实的句末助词），不是给全句，而是给述语添加存在、已然、曾然等叙实的语气”。也就是说他认为在表达非叙实的主观语气上“啊”及其变体“吗”“呢”“吧”是一致的。他（2003：327）认为“啊”“呀”“哇”“哪”全是表感叹的。

现代汉语界一般认为“啊”在句末位置，或者在前一小句的末尾时是一个表示“缓和”语气或增加感情色彩的语气词，如陆俭明（1984：332）、储诚志（1994）、胡裕树（1995：376）、张斌（2002：337）、孙汝建（2006）和邢福义、汪国胜（2011：212）。张谊生（2000：267—268）指出，“啊”用在陈述句里具有加强解释、提醒和申明的作用，同时还可以延缓语气，他举的陈述句的例子“你可别介意啊”“你千万要通知我们一声啊”不是陈述句，而是祈使句。他指出“啊”用在祈使句末加强感叹语气，用在感叹句末加强命令、请求和劝告等祈使语气，他对“啊”的功能注意到了“啊”在不同句类和句法位置上功能的不同，但又忽略了“啊”在所有语境中的共同特征——抒情功能，也未能注意到“啊”的不同语用功能的细微区别，比如“啊”在祈使句中的“感叹”语气，其实是通过“催促”和“提醒”功能实现的；它在感叹句重在抒发情感，有时候有要求回应的功能，但重点仍旧是抒情，它在陈述句里的功能与在感叹句中的功能大体一致的，有时候有申明、解释或者提醒功能。

我们认为“啊”的原型意义确实在于抒发强烈的感情，这种强烈的感情就是感叹，感叹的情感可以与预期有关，也可以是对人生的领悟[①]。陈振宁、王梦颖（2018）对“啊”的语用功能的演化轨迹缺乏有力的语料支撑。我们认为“啊”的叹词用法是从语气词用法演化而来的，本章在分析“啊”的语用功能和叹词来源时还力图通过对越南语和广东方言语气词的特征的分析，寻找“啊”的语言类型学特征。

第一节　“啊”在疑问句里的语用功能探究

现代汉语界一般认为“啊”在句末位置，或者在前一小句的末尾时

① 杨柳（2016：35）指出语气词“啊”的前身“阿”表示慨叹、惊奇和嫌恶三类，现代汉语语气词“啊”同样也表达这些情绪。参见杨柳《古汉语情绪范畴“啊”的系列演化》，华中师范大学，硕士学位论文，2016年。

是一个表示“缓和”语气或增加感情色彩的语气词，即使在疑问句里也不是一个疑问语气词[①]，如陆俭明（1984：332）、胡裕树（1995：376）、张斌（2002：337）和邢福义、汪国胜（2011：212）。然而“啊”确实用在疑问句里，且有其特殊功能，如赵元任（1979：359）指出，“啊”在问句里的两种用法，一种用法是开始问话，如“谁啊？”，“这种问话都可以不带助词，口气比较直率，带上个‘啊’软和些”；另一种用法是用在“要求证实的问话”中，如“你不去啊？”朱德熙（1982：212）对“啊”的用法的分析和赵元任类似。吕叔湘（1982：282）也指出“啊”表示疑问语气。吕叔湘（1982：267）指出，“啊”有些时候有提醒或警告的意思，仿佛是“是不是？”“你知道不知道？”，并举了一些例句，如：“听不听在你，也不值的这么着呀。”他（1982：282）指出“啊”是“呢”“吗”“吧”一样用在句末的疑问语气词。黄伯荣、廖序东（2011：32）认为“啊”可以表示“感叹语气”“疑问语气”“祈使语气”和“感叹语气”。邵敬敏（2012：596—603；2014：66—69）则指通过语音实验指出，“语气词‘啊’承担了疑问信息”，“啊”应当属于汉语里的疑问语气词。王力（1985：167）的观点则居中，他在《中国现代语法》（1985：167）中指出，“现代北京疑问语气，该用‘呢’字的地方也可以用‘啊’字。‘啊’字常受上字的影响而变音，所以又写成‘呀’‘哇’‘哪’”等；该用“吗”字的地方，普通是不用“啊”的，但若由推想转成疑问，也可用“啊”，如句子“不甚厉害呀？”；其指出没有谓语的“吗”和“呢”，则不可由“啊”字替代，“啊”字不是纯粹的疑问语气词，必须上下文有了疑问成分，它才能帮助表达疑问语气。因此，“啊”到底是不是一个疑问语气词，一直存在争议，本章将结合越南语疑问句中相当于“啊”的词语的实验语音学研究，从类型学的角度来观察现代汉语疑问句中的“啊”的语义和语用特征。

一　越南语疑问句里相当于“啊”的语气词的语义、语用功能分析

我们选取了三个说越南语标准语的被试，用南开大学开发的

---

① 张伯江：《疑问句功能琐议》，《中国语文》1997年第2期。

Minispeechlab软件对越南语言里用在疑问句里的相当于“啊”的词语的语音特征进行分析。录音情况为如下：

①录音和切分软件：Praat；②采样率：11025赫兹，16位，单声道；③要求被试每句读3遍，句与句间隔4秒，自然状态、平稳语速发音。三名被试均读母语的标准音。三名被试的情况如下：被试35，女，云南师范大学华文学院华文教育专业大二学生，22岁，越南和平人；被试36，女，云南师范大学华文学院华文教育专业大四学生，22岁，越南河内人；被试37，女，云南师范大学国际汉语教育学院汉语国际教育专业一年级研究生，26岁，越南北江省人。

越南语里用在疑问句里的基本疑问语气词有：à[a:^{22}]、á[a:^{335}]、chưa[cɯa:^{44}]、ư[ɯ^{44}]、sao [ʂa:o^{44}]、hả[ha:^{212}]、hử[hɯ^{212}]、hở[hɤ:^{212}]、vậy[vɤ̆i^{21}]、cơ[kɤ:^{44}]、đấy[dɤ̆i^{335}]、thế[tʰe^{335}]、nhỉ[ɲi^{212}]、chứ[cɯ^{335}]等。[1]这是Diệp Quang Ban（叶光班，2008年）的《越南语语法》中提出的。除此之外还有Nguyễn Kim Thản（阮金坦）也认为越南语疑问语气词里有这几个基本的疑问语气词。越南语里另外一个语气词**ạ**[ɑ^{221}]可以用在陈述句、疑问句、祈使句和感叹句中，而且其和现代汉语里的“啊”一样在陈述句里出现的频率最高①，用在疑问句中时，句调必须是升调，如果用降调或者平调，句子就变成了一般的陈述句了，所以越南语的一些语法书里不把**ạ**[ɑ^{221}]作为疑问语气词。②这里我们要从实验语音学的角度予以分析其是否负载疑问信息。

越南语疑问句里有语气词“啊”的用法，并且又各有不同的语用功能的语气词有“à[a:^{22}]”“**ạ**[ɑ^{221}]”“hả[ha:^{212}]”**ư**[ɯ^{44}]和chứ[cɯ^{335}]等。à[a:^{22}]用于是非问句末尾相当于“啊”的时候，一般问者是长辈或平辈，表示要对已经知道的事情进行确认而提问，ạ[ɑ^{221}]用在是非问句末尾，问者是晚辈，表示晚辈对长辈的礼貌态度。③“hả[ha:^{212}]”相当于“啊”时，语气比较委婉一点，其疑问度比“à[a:^{22}]”弱一些，提问者可能是已经预料到的或者是已看见的结果，只是再就疑问点进行提问。使用ư[ɯ^{44}]时，句子的意义没有发生太大的变化，只是说话人觉得出乎意外

① 陈氏辉：《现代汉越语气词对比分析》，博士学位论文，福建师范大学，2015年。

② 武氏明河：《汉越语气词对比研究》，博士学位论文，华东师范大学，2012年。

③ 武氏明河：《汉越语气词对比研究》，博士学位论文，华东师范大学，2012年。

或怀疑，有时还带有不满的语气。使用“chứ[cɯ³³⁵]”时有猜测的意思，想知道对方的答案是否和自己的想法一样。我们首先用发音人被试35的发音语料对越南语里相当于“啊”的语气词的实际语音情况进行分析，并做成语图。我们设计了越南语“[kɤ⁴⁴][ɤ̆i³³⁵][lɑ²²][bɑn²²¹][ɣɑi³³⁵][kuɑ²¹²][ɑŋ⁴⁴]（她是你的女朋友）”，分别为陈述句、疑问句和加上疑问语气词“à[a:²²]”“ư[ɯ⁴⁴]”“hả[ha:²¹²]”，先用Minispeechlab软件分析这五个句子里各个音节的频率值；为了减少个体发音的差异，强调发音的共性，通过公式St=12*lg（f/f64）/lg2，将频率值转换为半音值，然后制成下面的语图5-1。

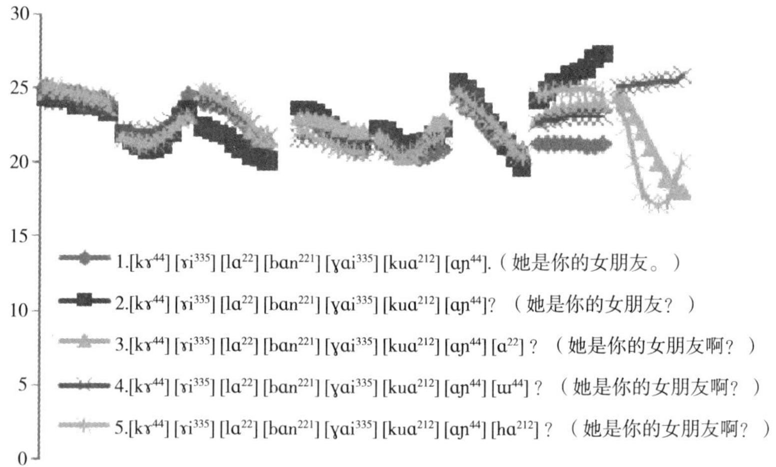

图5-1　陈述句、不带疑问语气词疑问句和加疑问语气词疑问句对比语图

从图5-1可以看到陈述句1和不带疑问语气词的疑问句2相比，2比1的语调升高了很多，而且末字anh[ɑŋ⁴⁴]的字调调型也发生了改变，用语气词“à[a:²²]”“ư[ɯ⁴⁴]”“hả[ha:²¹²]”的句调则保持各个语气词的调型，这些语气词对其前的音节anh[ɑŋ⁴⁴]的音高和调型略有影响。Chunhong Qi（2016：522）分析了缅甸语、越南语和泰语里相当于疑问语气词“呢”的语音特征，发现这些有声调的语言里疑问词在句末保持各自的调型，不受前一音节的影响，这里又得出了相同的结论。为了进一步考察越南语里有争议的“à[a:²²]”“ạ[ɑ²²¹]”是不是疑问语气词，我们按照做图5-1的方法做了“[ɑŋ⁴⁴] [nɔi³³⁵][lɑ²²] [t‘ɤ̆t²²¹]?（你说的是真的？）”及其加上三个语气词“chứ[cɯ³³⁵]”“à[a:²²]”和“ạ[ɑ²²¹]”的句子，做成图5-2。

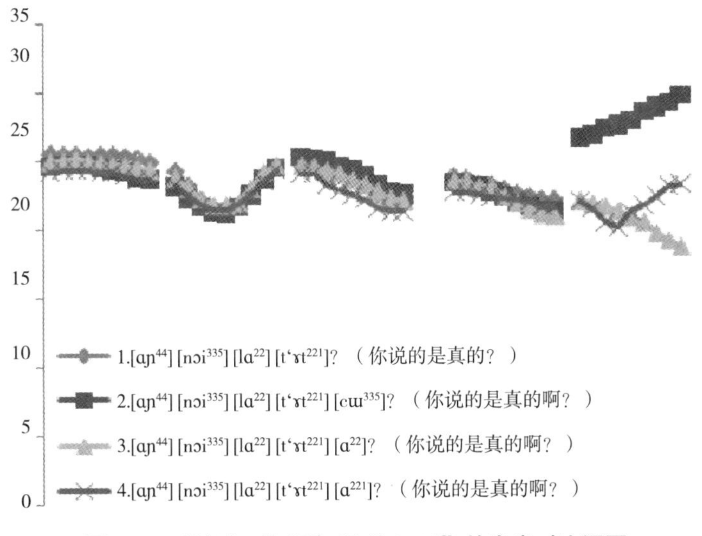

图5-2　“被试35”语气词“ạ[ɑ221]”的发音对比语图

从图5-2可以看到语气词“chứ[cɯ335]”“à[a:22]”的调型保持不变，而用了“ạ[ɑ221]”的疑问句中，“ạ[ɑ221]”的调型变了，整个上扬。为了考察“à[a:22]”的调型是否有普遍性，我们用另外两个发音人的语料对句子“ɑɲ44nɔi335lɑ22t‘ɤ̆t221ɑ22?”和“ɑɲ44nɔi335lɑ22t‘ɤ̆t221ɑ221?”的半音值进行分析，做成图5-3和图5-4。

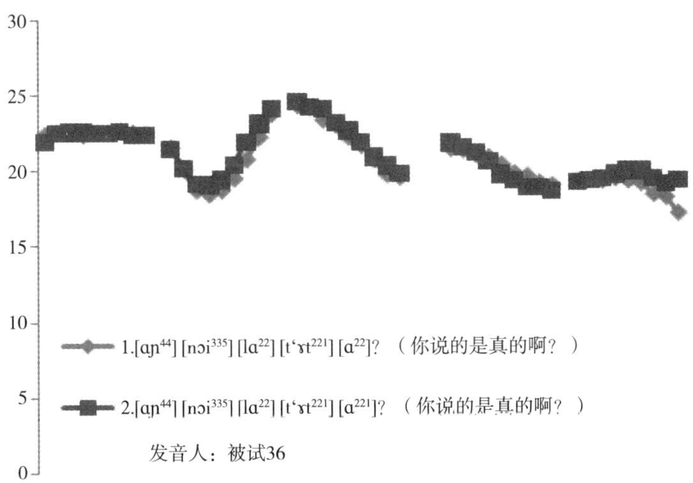

图5-3　“被试36”语气词“ạ[ɑ221]”的发音对比语图

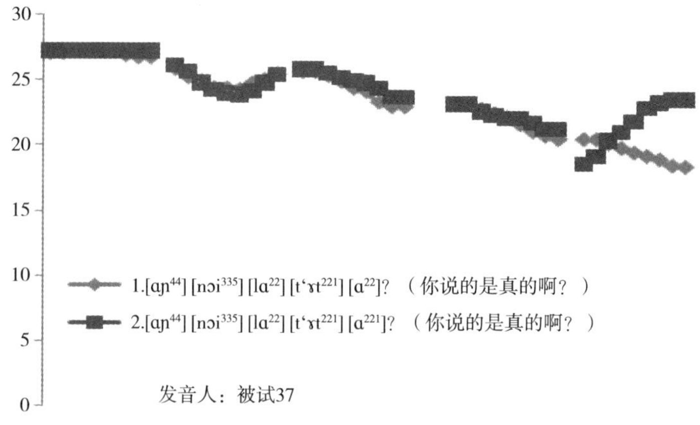

图5-4　“被试37”语气词“ạ[ɑ^{221}]”的发音对比语图

从图5-3和图5-4可以看到发音人“被试36”和“被试37”的疑问句里“ạ[ɑ^{221}]”的调型都发生了变化，升高了。为了检验三位发音人数据的有效性，我们对图中“ɑɲ^{44} nɔi^{335}lɑ^{22}tɤ̆t^{221}ɑ^{221}?”五个音节半音值的均值进行了相关分析，制成来了表5-1。

表5-1　　三位发音人发音相关度分析表

Correlations

		被试35	被试36	被试37
被试35	Pearson Correlation	1	.775	.921*
	Sig.（2-tailed）	.	.124	.026
	N	5	5	5
被试36	Pearson Correlation	.775	1	.889*
	Sig.（2-tailed）	.124	.	.044
	N	5	5	5
被试37	Pearson Correlation	.921*	.889*	1
	Sig.（2-tailed）	.026	.044	.
	N	5	5	5

注：* Correlation is significant at the 0.05 level（2-tailed）。

从表5-1可以看到三个发音人的数据高度相关，数据是有效的。因此语气词“ạ[ɑ^{221}]”本身应该不表示疑问语气，必须靠语调升高来表达疑问语气，语气词“ạ[ɑ^{221}]”不是一个疑问语气词。也就是说越南语里的语气词可以不用借助升高语调单独表示疑问，而语气词“ạ[ɑ^{221}]”用在疑问句里，其疑问句必须升高语调，如果语调没有升高，其后加了“ạ[ɑ^{221}]”就变成陈述句了，疑问语气完全是通过升调来实现的。语气词“ạ”在越南语是一个特别的词类，专门用来表示礼貌的语气以及态度。例如：

（1）Chị ấymấy giờvềđến đây ạ?

[ci^{221} ɤˇi^{335} mɤˇi^{335} zɤ^{22} ve^{22} den^{335} dɤˇi^{44} a^{221}?]

（她　几点　回　到这里　啊？）

（2）đi đâu vậy ạ?

[di^{44} dɤˇu^{44} vɤˇi^{221} a^{221}?]

（去　哪　啊？）

例（1）和例（2）是直接问对方，在这样的问句里加上语气词“ạ”，使问句的疑问更有礼貌。“ạ”在陈述句和疑问句里，仍旧表达的是对听话人的尊重和礼貌，例如：

（3）cháu chào ông ạ!

[cau^{335} cao^{22} oɳ^{44} a^{221}]

（我　你好　爷爷　啊）

（4）ngày mai　cháu　với　mẹ　mới　về　bà　ạ.

[ɲai^{22}mai^{44}] [caɯ^{335}] [vɤi^{335}] [mɛ^{221}] [mɤi^{335}] [ve^{22}] [ba^{22}] [a^{221}]

（明天　我　跟　妈妈　才　回去　奶奶　啊）

这句话有两种意思，第一个意思听话人可能就是奶奶，说话者在回答奶奶的话，“明天我跟妈妈才回去啊，奶奶”。第二个意思是想表达明天才回奶奶家去。

（5）Có lẽ tôi bán con chóđấy，ông giáo ạ!

[kɔ^{335} lɛ^{325}] [toi^{44}] [ban^{335}] [kɔn^{335} cɔ^{335}] [dɤˇi^{335}] [oɳ^{44} ziaɔ^{335}] [a^{221}]

（也许　我　卖　狗　那　老师　啊！）

（也许我要买那个狗老师啊！）

例句（1）到例（2）里，越语语气词“ạ”是表示礼貌的态度，表达的是晚辈对长辈说的礼貌语气，在例（3）里说话人与对方不是晚辈与长辈说的话，但使用了语气词“ạ”是表示对对方尊重的态度，在汉语中语气词“啊”没有这样的使用限制，因此从语用功能上来看，越南语语气词的语用功能更复杂。

二　已有研究中对现代汉语疑问句中“啊”的语音特征分析

熊子瑜（2004：122）通过实验语音学手段发现“啊”处于有标记疑

问句（标记主要包括“疑问语气词”“疑问代词”“选择格式”“正反格式”“非疑问形式+呢”等）及无标记疑问句句尾时，与其处在陈述句句尾的调型差别不大，大多数也是呈降调式，它们的区别主要在音长上，处在有标记疑问句句尾的“啊”的音长通常会较长。他（2004：123）指出，“啊”用在无标记疑问句中时，无标记疑问句要用升调，“啊”的调型依旧是降调，其调型不受其是在陈述句还是在疑问句中的影响，这一语音特征说明“啊”是一个游离于句调之外的抒情语气词。

学界多因为“啊”在无标记是非问句中句调必须是上升的，而“啊”的调型是降的，认为其不表疑问语气，如陆俭明（1984：332）等。邵敬敏（2012：596—603）则通过语料分析指出，在这两种疑问句里的“啊”都负载了疑问语气，只不过在前一种句子里起减弱疑问信息的作用，在是非问句里“啊”本身就负载了疑问信息。就用在非是非问句里的“啊”是否负载疑问信息，邵敬敏（2012：598）则作了语音实验，以“今天星期一”为例，带“啊”的疑问句比不带“啊”的疑问句语调低很多，图示如下：

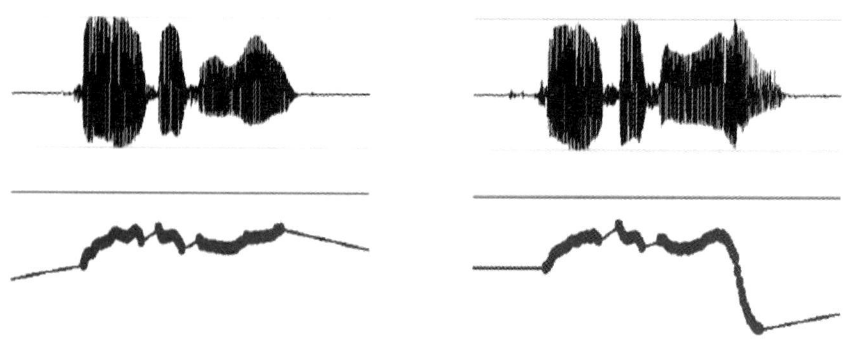

图5-5　（19）今天星期一?　　**图5-6　（20）今天星期一啊?**

图5-5中语图都是陈述句“今天星期一”，图5-6中的语图是疑问句“今天星期一啊？”。从两个语图的比较可以看出带“啊”的疑问句比不带的句末语调下降很多，据此，邵敬敏（2012：598）指出，“语气词‘啊’承担了疑问信息，不过是减弱疑问信息，所以影响了语调的上扬，“啊”应当属于汉语里的疑问语气词。我们则认为因为“今天星期一？”的疑问语气比“今天星期一啊？”强，所以语调高一些。我们看到图5-6

里的句末语调依旧是上升的，只是没有“今天星期一？”高；“今天星期一？”的疑问语气更强，所以声调更高，“今天星期一啊？”的疑问语气没有那么强，只是想证实自己的疑问，因此疑问语调没有那么高。这里的“啊”只是舒缓语气，在人际关系上希望得到对方的回应，具有很强的交互主观性，它不是一个疑问语气词。

三　余论

关于语气词功能的研究方法，储诚志（1994：39—51）提出了考察语气词使用句子语境特征的“最小差异法”和“最大共性法”：“最小差异法”考察的是出现语气词“啊”和不出现语气词“啊”的句子的最小差异点，“最大共性法”要考察语气词“啊”出现的各种类型句子的普遍意义。我们这里认为需要补充两点，首先分析最小差异时，要考虑是不是真的是由于“语气词”造成的，比如“今天星期一？”和“今天星期一啊？”乍一看来，仅仅是语气词“啊”的不同，其实语调本身也不同，这样就不能分析为“啊”减弱了疑问语气；其次，使用最大共性法时最好能从语言类型上多考察相应语气词的用法，寻找类型共性，才能真正得出语气词的类型学特征。

第二节　现代汉语语气词“啊”的语义、语用功能探究

语气词“啊”是典型的现代汉语语气词，然而它的语法功能如何至今说法不一。吕叔湘（1982：267—268）指出，“啊”字的作用是在普通的直陈语气上加上一层感情色彩，使语气更加精辟，更加敏锐，有些时候是一种申明的口气；有些时候有提醒、警告的意思，仿佛“是不是”；问话的“啊”和劝说的“啊”都带有紧张、兴奋的情调。储诚志（1994：48）指出，“啊”的语义特征就是使句子语气“缓和”。现在不少现代汉语教科书都把“啊”的意义归为使语气舒缓，增加感情色彩，如黄伯荣、廖序东（2011：32），这样的解释未免过于宽泛和宏观。徐晶凝（2008：149）指出，“啊”用于和缓语气的说法没有抓住问题的实质，她（2008：

140）指出，“啊”的原型意义在于“强传信式告知求应”，即说话人对所说的信息是确信的，要求听话人作出回应。事实上我们用“啊”的时候，常常可以回应对方，比如“是啊！”，关于“啊”的强传信功能，得不到形式上的验证。齐春红（2008：130—139）统计了北京大学现代汉语语料库里，语气副词与句末语气词的共现情况，语气副词从表深究的“到底”“毕竟”类到表示猜测的“大约”“也许”类，再到更加确信的“似乎”“好像”类，最后到表示高度确信的“当然”“的确”类语气副词都可以与句末语气词“啊”共现，但是共现频率都不高，她（2008）得出的无标记组配模式如下[①]：

无标记组配无标记组配无标记组配

主观感量类主观估量类、表相对主观大量类主观大量类

————————————————————————→

“呢”“吧”“的”“了”“的”“了”

我们统计了国家语委2000万字的现代汉语语料库里语气词“啊”的用法共3217例，其在感叹句里的用法有1015次，它与“多”“多么”在一个感叹小句里的共现频率为446次，占了感叹句用法的43.9%，可见“啊”的表达重点不在于“信”和“疑”，而在于个人主观感情的抒发。我们意图考察在不同的语言系统里，语气词“啊”的语用功能，从而在类型学特征上解释“啊”的语用功能。

一　现代汉语里“啊”出现的句类及其使用频率

我们在国家语委2000万字的现代汉语语料库里检索到“啊”的用法，把其在句末的分布情况进行使用频次统计，结果如下：

陈述句末（1105次）>感叹句末（1015次）>祈使句末（317次）>反问句末（162次）>特指问句末（158次）>是非问句末（34次）>正反文和选择问句末（18次）

① 齐春红：《现代汉语语气副词研究》，云南人民出版社2008年版。

“啊”在句中的使用情况如下：

呼语后（176次）>话题停顿处（147次）>列举（85次）

从上面的统计数据来看，“啊”在陈述句的使用频次略高于感叹句，因此有必要对二者在这两种句类里的语用功能进行探究，再探讨它在疑问句和祈使句里的语用功能。

二 陈述句和感叹句里的“啊”功能一致

从“啊”在陈述句里的分布来看，它的主要语用功是传达信息的高确信度呢，还是抒发作者强烈的感情呢？我们试就下面的例句[①]进行分析。

[1] 是啊，他说得有道理呀！

[2] 咳，这年头美国人进来的东西还有什么走不走私的，几乎都是免税啊！

[3] 你不交出来，将来没有了，我们可不负责啊。

[4] 你再不压下这种有害的感情，就是在出卖自己的丈夫，你就是一个叛徒啊！

上面的例[1]和例[2]表达了说话人对话语“有道理”，东西“免税”的强烈的感慨，由于这种感慨加强了言语表达信息的确信度。例[3]和例[4]不在于传达了高度确认的信息，而在于提醒、警告，这几个句子“啊”的告知意图非常明显，并没有要求说话人作出“回应”。

“啊”在感叹句句末的用法举例如下：

[5] 水真是金子啊！

[6] 从邓大姐的“遗嘱”，更能看出邓大姐真是一个大公无私的人啊！

[7] 这时候，我是多么需要您的理解和帮助啊！

[8] 好人啊。

[9] 这多么来之不易啊！

[10] 陛下，臣是一片忠心，一片忠心啊！

[11] 我是你的学生啊！

---

① 下文所有的汉语例句都来自国家语委现代汉语语料库。

从例［5］到例［11］可以看出感叹句的语气比较强烈，它们在语气上比相应陈述句“水是金子”“需要你的理解和帮助”“好人”“这来之不易”“臣是臣是一片忠心”“我是你的学生”更加强烈，有申明宣告的意思，因此客观上就增加了所传达信息的确认度，也要求听话人作出回应。这些句子既有确认所传达信息的功能，更有抒情的功能，也有提醒的功能，例［10］和例［11］的这种提醒功能更加明显。

通过上面的分析，我们可以看到“啊”在陈述句和感叹句的功能是一致的，确实像吕叔湘（1982：267—268）指出的那样：“啊”字的作用是在普通的直陈语气上加上一层感情色彩，使语气更加精辟，更加敏锐，有些时候是一种申明的口气；有些时候有提醒、警告的意思，其并没有要求听话人一定要作出“回应”，由于它的感情色彩，在陈述句和感叹句里确实加强了句子信息的确信度。

三　祈使句句末的语气词“啊”的语用功能

语气词“啊”用在祈使句句末，它表达言者的强烈的情感态度及其对所传达信息的确认度没有变，在祈使句的语境里，它的“提醒”语用功能得到凸显，这种凸显是通过延长“啊”的语音，使其前面的祈使句成为焦点得到实现的，如：

［12］二哥在呻吟：“弟弟，你要给咱家报仇啊！”

［13］再见，什么时候为你饯行，别忘了通知我啊！

［14］可别惊了胎，掉了犊啊！

［15］小灰兔吓得浑身直哆嗦：“救命啊，我要出去啊—”

［16］赵永生上了西岸，向后一挥手，喊道：“同志们，冲啊！”

［17］子弹不要浪费啊！

［18］嗳，救救我啊！

［19］你听我说啊！

［20］你不能去啊！

［21］青年们自己也说：“毛主席都关心我们的身体健康，我们自己要更加注意啊！”

［22］您可要多保重啊！

例［12］到例［22］如果去掉句末的“啊”，句子的祈使语气没有变，加上“啊”延缓了一些，没有那么短促了，这应是由于音节的原因，加了“啊”之后，“提醒”并要求回应的情感更为强烈，如例［14］、例［15］和例［16］，要求大家做出回应。徐晶凝（2008：144）认为用“啊”礼貌程度不高，因此，使用频率比较低；我们认为表达强烈感情的祈使本身在祈使范畴里不多，所以用“啊”的祈使句，比用“吧”的少；“啊”的情感强烈，有时还增添了亲密的情感色彩，并不具有威胁听话人面子的特点，如CCTV8的广告“便秘啦，试试布洛芬缓释胶囊啊！”里，用了“啊”具有亲密的提醒色彩，听话人还是很容易接受的。在祈使句里“啊”本身的语用功能与在陈述句和感叹句里相同，由于在祈使句的语境里，“啊”的提醒并要求回应的语用功能得到凸显。

在特定的语境里，“啊”附在自主动词的后面，还产生了强烈的催促语气，如：

［23］“你也学会捉迷藏啦，讲啊！”

［24］又转身朝他的妹妹喊，“二妮，别光坐着，给客人倒水啊！”

［25］看呀，看吧，看啊！

［26］快跑啊！

［27］对，大伙吃完，赶紧干活啊！

［28］（推云卿）快去啊！

［29］快来人啊！

［30］快来这儿看啊！

［31］小明举起被铐的双手，捅掉了头上的面罩，开了灯，“救命啊，救命啊！”

例［23］里，如果单独用“讲！”就是命令，加上了“啊”，催促的语气就比较明显；例［24］至例［31］又加用了形容词状语“快”以及其他的句式来强调这种催例促语气，既然是催促，当然要求听话人做出回应。

四　疑问句里的“啊”语用功能

疑问句里的语气词“啊”并不表示疑问，首先说话人抒发的还是强烈的感情，希望听话人赞同和回应的口气比陈述句更强，例句如下：

[32] 怎能忘啊，多少次，我们手捧鲜花将您迎；又怎能忘啊，在那个寒冷的日子里，我们最后送走了您，手里捧着素白的花……

[33] 有人抗议："是看你们演戏，还是看电视啊？"（选择问）

[34] 你倒松心，打伤了人你不管啊！

[35] 为什么这样燥热啊！人啊，为什么这么难当啊！

[36] 知道无理数心里还不服，他摸了一下自己的圆脑袋说："选我当国王你们不同意，那么就选你们的和当国王，你们看好不好啊？"

[37] 妈妈奇怪了："这是怎么回事啊？"（特指问）

[38] 林坚随口应道："嗳，你们都好啊？"

[39] "阿爸"，岩火龙坐到火塘边，伸手拨弄着燃烧的松明枝，有意岔开父亲的话题，"这些日子，你身子骨可硬实啊？"

例[32]到例[35]在具体的语境里都可以看作是反问句，句末语气词"啊"的功能和其在陈述句末一致。在正反问句例[36]里以及特指问例[37]里，加上"啊"以后要求回应的语气更为强烈。是非问句例[38]和例[39]里，句子问的意图并不强，只是想证实"你们都好"和"你身子骨硬实"这两个信息，问句有明显的要求回应的功能。

五 句中语气词"啊"凸显抒情功能，舒缓语气，强调焦点

齐沪扬（2002：145）指出，处于句中的"啊"是句中语气词。句中语气词的用法主要包括用在呼语后、列举的多个例子后和话题后，下文予以举例。

"啊"用在呼语后：

[40] 三年来，我们多少回从梦中哭醒，呼唤着："总理啊，回来吧！"

[41] 雀啊，熟枇杷好吃，可总得留给我两枝啊！

[42] 祖国啊，我们自从被迫远离了您，就像一群失去了母亲的孤儿。

[43] "小于啊，你不记得我了？"

例[40]到例[42]中，"啊"用在呼语"总理""雀""祖国"后，表达了强烈的感情，这时说话者重在情感的抒发，"总理"已经不在了，也不能回应，"雀"和"祖国"也无法回应。例[43]呼叫"小于"，强烈希望得到小于的回应。

"啊"用在话题停顿处，如：

[44] 懿嫔说：“小珠儿啊，她是我的心。”（感叹）

[45] “人啊，为什么这么难当啊！”（感叹）

[46] 而那一双眼睛啊，此刻，竟变得多么凶狠啊！（感叹）

[47] 布鞋啊，一针针，一线线，那里面缝着多少柔情蜜意！（感叹）

[48] 他啊，那么个麻脸儿，我八辈子也看不上！（嫌恶）

[49] 庄寡妇笑了：“这个孩子啊，可真淘气，才穿上不到两天。”（喜悦）

[50] 大兴安岭啊，一副丰美的姿容：一丛丛火烧云般的达子香上，是无边的绿松、白桦、柞木和水曲柳，森林资源极为丰富。（喜悦）

[51] 法国鬼子啊，吓掉了魂，在这一带乱窜，打死的、跌死的、到处都有。（轻蔑）

[52] 第三件大事啊，元旦是我生日。（高兴）

[53] 人家老东山命好，亲家是指导员，往后啊，公粮也不用交啦！（羡慕）

[54] 可是我到坦桑尼亚去一看，椰子树啊，几丈高。（惊讶、赞叹）

[55] 那时啊，咱们村北的里外两道河堤都崩坏啦，该修啦。（感叹）

[56] 今天啊，俺区马科长表扬了我呢。（喜悦）

从例［44］到例［56］，“啊”附在名词性词语的后面，都在抒发作者强烈的感情，加了“啊”以后，使话题得到凸显，从而更能引起听话人注意。

“啊”用于列举，如：

[57] 春冬两闲，过年过节，饭铺里，牌啊，赌啊，烟啊，酒啊，……

[58] 听了大夫的话，我马上脱掉高跟鞋，剪掉那一圈圈的头发，还把那些戒指啊，项链啊，耳环啊什么的全给扔掉，把脸上的胭脂、口红也全都擦掉。

例［57］和例［58］里，“啊”附在名词性词语后，看似列举，但这列举中还是表达了说话者轻松、愉悦的情感，如果把“啊”去掉，句子的语气就比较急促，言者说话的语气也比较严肃，因此“啊”在客观上还表达了说话人的情感。“啊”用在并列的词语后，可以加强情感和言者所传达的信息量，如若这并列的词语完全相同，“啊”的这种情感和信息的凸显功能更明确，如例［59］到例［61］。

［59］有一次，她梦见自己把一个逃跑地主猛追到江边，眼看只差一步，就要抓到手了，但前面是立陡的悬崖，地主回身扑来，她也猛扑过去，不料脚一滑跌下崖去——于是滚啊，滚啊，不知滚了多久，还没滚到江里就给吓醒了。

［60］可是，大乌云飘啊飘啊，一点雨也没下，反而飘到远处去了。

［61］是啊，是啊，哎唷！

例［59］和例［60］中，动词“滚”和“飘”加上语气词“啊”后重叠，使得“滚”和“飘”的时间加长，并且表达了说话人对所述事情等待“飘”和“滚”这两个动作结束的急迫心情。例［61］“是啊”重复使用，表达了说话人高度赞同对方的观点，也希望对方能知道自己的这种认同的急迫心情。

［62］不行啊，雷锋这次出去作忆苦报告，那么多兄弟部队都在进行两忆三查教育，他每次讲到过去的苦，都非常痛心，军区首长怕他身体顶不住，特地留他在那儿休息几天。

［63］反正啊，我不许你招人家老郑生气！

［64］我看你啊，怎么无动于衷呢。

［65］我说老哥啊，你就别寒碜我啦！

［66］就是啊，陈桂琴说：“王德山整的那台发电机，根本就不是好道来的！”

［67］行啊，只要上前线，当什么兵都行啊。

［68］麦垛高啊，歌声响。

从例［62］到例［67］可以看到“啊”在关联词语、应答成分及插入语“我看你”“我说老哥”后的抒情功能很强烈，意在告诉听话人我下面所说的信息很重要。例［68］里，言者加上“啊”以后就成为歌唱的语调，正如《诗·大序》里所讲的那样：“诗者，志之所之也。在心为志，发言为诗，情动于中而形于言。言之不足，故嗟叹之。嗟叹之不足，故咏歌之。”例［68］句抒情的功能特别强。

总之，句中语气词“啊”的读音比较长，其附在相应的话题、关联词、应答语以及并列词语后，因此抒发了强烈的情感，凸显了其前成分的重要性。

六　小结

现代汉语里“啊”的原型功能是抒发感情，但其在不同的句类里又衍生出不同的口气，如陈述句里的申明语气、祈使句里的提醒和催促的语气，话题后的“啊”的凸显话题、抒发情感、强调焦点的作用。我们把“啊”的用法归结成表5-2。

表5-2　　国家语委现代汉语语料库中“啊”的句类、语义分布及所占比例

<table>
<tr><th colspan="2">“啊”作为语气词的用法（3217）</th><th>使用频次</th><th>语用功能：核心功能（抒情）</th></tr>
<tr><td rowspan="3">句中（408）</td><td>用于呼语后</td><td>176</td><td rowspan="3">凸显抒情功能，语气舒缓，强调焦点</td></tr>
<tr><td>用于话题停顿处</td><td>147</td></tr>
<tr><td>用于列举</td><td>85</td></tr>
<tr><td rowspan="8">句末（2809）</td><td>陈述句末</td><td>1105</td><td rowspan="2">抒情，有些时候有提醒、警告、申明的意思</td></tr>
<tr><td>感叹句末</td><td>1015</td></tr>
<tr><td>祈使句末</td><td>317</td><td>抒情，提醒或催促，要求听话人回应。</td></tr>
<tr><td>反问句末</td><td>162</td><td rowspan="5">抒情，希望听话人认同和回应</td></tr>
<tr><td>是非问句末</td><td>34</td></tr>
<tr><td>选择问末</td><td>3</td></tr>
<tr><td>正反问末</td><td>15</td></tr>
<tr><td>特指问末</td><td>158</td></tr>
<tr><td colspan="2">总计（使用频率）</td><td colspan="2">3217（0.017%）</td></tr>
</table>

注：使用频率=使用频次/国家语委现代汉语语料库的字数1945.5328万字。

第三节　缅甸语里相当于“啊”的语气词的语用功能分析

汉语和缅甸语同属汉藏语系，我们力图通过对缅甸语语气词语用功能的探究，印证汉语语气词“啊”的语用功能。我们自建了117.2925万字语体分布和国家语委语料库现代汉语语料库相当的缅甸语语料库，对其中

相当于汉语语气词“啊”的语气词用法作了统计，归纳了缅甸语里相当于“啊”的语气词的大致用法，制成表5-3和表5-4。

表5-3　　缅甸语里相当于“啊”的语气词的大致用法

汉语	缅甸语	用法以及表达感情色彩
啊	တာ [da^{22}]	语气词da^{22}用在陈述句末，带上一种感情色彩，表示肯定、辩解、嘱咐的语气。也有强调对事情或问题的否定的语气，用于陈述句句末，常跟否定副词结合。常用在口语。
	လေ /le^{22}/	语气词le^{22}表示惊讶、叹息的感情色彩。也可以用在话题停顿处，表示肯定、不喜欢的语气。常用于口语。
	ဒို့ /doe^{53}/	语气词doe^{53}用于列举表示事情或事物的举例。可以用在书面语，也可以用在口语。
	ပေ့ /pei^{53}/	语气词pei^{53}用在感叹句句末只能表示惊讶、感叹、赞许的语气。其他语气如：指责，批评感慨等语气词只能用叹词来表示。缅甸语中表示感叹的感叹词大部分在句首。
	နော် /naw^{22}/	语气词naw^{22}用在祈使句句末表示请求、商量、劝告。允许的语气。缅甸语语气词naw^{22}表达强势的祈使语气，而lei^{22}表示语气较弱的语气。
	လဲ/le^{55}/	语气词le^{55}用在反问句末，强调肯定语气，把说话人已确定的思想表现得更加鲜明、强烈。
	လေ /lei^{22}/	语气词lei^{22}用在陈述句末，表示说活人对听话人委婉的邀请或要求的语气。也表示礼貌和亲切的态度。
	လဲ/le^{55}/	语气词le^{55}用在特指问句表示平常问的语气，可以用于书面语，也可以用在口语。
	လား /la^{55}/	语气词la^{55}用在选择问句末表示某些交际常带着说话人质问之意；用在正反问里，表示希望对方从肯定和否定的内容中做出选择的疑问语气。

表5-4　　　　缅甸语里相当于“啊”的语气词的用法和使用频率统计

汉语	缅甸语	句子类型	使用次数
啊	da^{22}	陈述句末	196
	le^{22}	感叹句末	142
	le^{22}	呼语后	3
	lei^{22}	话题停顿处	21
	doe^{53}	列举	21
	pei^{53}	感叹句句末	3
	naw^{22}	祈使句句末	57
	le^{55}	反问句末	11
	le^{55}	特指问	29
	la^{55}	选择问	20
	la^{55}	正反问	14
总计（使用频率）			517（0.041%）

注：使用频率=相当于“啊”词语出现的频率/语料库总字数117.2925万字。

从表5-3和表5-4可以看到缅甸语里相当于“啊”的语气词主要用在陈述句和感叹句里，不同的语用功能，要用不同的语气词来表达，但它们和汉语语气词“啊”的使用规律的共同点是用在陈述句里的频率最高，陈述句里的语用功能是其典型的无标记的语用功能。

我们通过对汉语里的语气词“啊”和缅甸语里相当于“啊”的语气词的语用功能的分析，指出“啊”的原型功能是抒情，其在疑问句和祈使句里还兼有“提醒”，要求听话人回应的功能。“啊”在句中话题后、呼语后等位置上使其前成分得到加强，而且由于“啊”的使用增加了音节，因此使句子本身的祈使、疑问、呼喊、列举等语势得到延缓、舒展，“延缓”并不是“啊”自身的语义特征，相反，句中加了“啊”的句子语义信息得到强调。

缅甸语的感叹句中感叹词都在句首，在句末能与汉语的感叹语气词“啊”相对应的又能表达感叹语气的只有“တိုး[ton^{55}]”“ပါကော[ba^{22} law^{55}]”“ပါပေ့[ba^{22} pei^{53}]”“ကွာ[kwa^{22}]”。缅甸语的句末表感叹的语气词只能表示惊讶、感叹、赞许的语气。其他语气如：指责、批评、感慨等语气只能用叹词来表示，所以缅甸语在句末能表达感叹语气的语气词只能表达惊讶、感叹、赞许的语气。

值得注意的是，在汉语和缅甸语感叹语气词的对比中，共同点是：两种语言都有表达感叹语气的语气词；不同点是：（1）汉语中表达感叹的语气词大部分在句末，叹词“啊”在句首。但是缅甸语中表达感叹的感叹词大部分在句首。这里的“ကိုး”“ပါကော”“ပါပေ့”“ကွာ”是与汉语的感叹语气词“啊”和“了”相应的句末语气词。缅甸语的这几个句末语气词在表达感叹语气时只能表达惊讶、感叹、赞美等语气，不像汉语的“啊”能表示种种复杂的情感语气。从这一不同点可以看出汉语里的句末语气词“啊”兼有缅甸语里的叹词和语气词的功能。

缅甸语的语气词大多能表达感情的功能，如：

（68）ဒီ　ဟင်း　တွေ　က　သူ　လုပ်　တာ　ကိုး။
di^{22}　hĩ^{55}　dwe^{22}　ga^{53}　tθu^{22}　lou^{ʔ4}　ta^{22}　go^{55}
这　菜　些　是　他　做　的　啊
（这些菜是他做的啊！）

（69）မရယ်ပါနဲ့　ဗျ၊　ကျွန်တော်　အမှန်　ပြောတာပါ။
mə ji^{22}ba^{22}nɛ^{53}　bja^{53}　tɕə dɔ^{22}　ə hmã^{22}　pjɔ^{55}da^{22}ba^{22}
不要笑（助词）　啦！　我　真的　说的是
（不要笑啦！我说的是真的。）

（70）ယူခဲ့　ပေး　ပါ　ကွယ် / နော်။
ju^{22}khɛ^{53}　pe^{55}　pa^{22}　kwɛ^{22}　nɔ^{22}
拿来　帮　（助词）　吧
（帮我拿来吧！）

在以上三个例子中，例（68）中ကိုး[ko^{55}]表示惊讶、恍然大悟的语气，在这个句子中如果不加上ကိုး[ko^{55}]只是有普通陈述的语气。ကိုး[ko^{55}]含有“原来……呀！”的意思。所以能表达内心中感叹的语气。例（69）中ဗျ[bja^{53}]是男性在需要表明态度时所用的语气词。句子中有ဗျ[bja^{53}]更能表达态度明确的语气，希望别人尊重他的语气。如果没有ဗျ[bja^{53}]，就会变成命令的语气。例（70）句中的ကွယ်和နော်[nɔ^{22}]与汉语中的“嘛”有点相似，都是女性常用的语气，如果没有ကွယ်[kwɛ^{22}]和နော်[nɔ^{22}]也会变成命令的语气。

缅甸语中除了语气词能有表达感情的功能外，一些专门用来表达内心文雅尊敬的语气词也有表达感情的功能，这些词用于名词或句子的后面，分为女性用语ရှင်[ɕĩ^{22}]和男性用语ခင်ဗျာ[khə bja^{22}]。

（71）လေးစားအပ်သော　သမ္မတကြီး　ခင်ဗျာ။[1]

le^{55}sa^{55}a^{ʔ4}tθɔ^{55}　tθə mə da^{53}dʑi^{55}　khə bja^{22}

尊敬的　总统先生

（尊敬的总统先生。）

（72）နေကောင်း　ပါရဲ့လား　ရှင်။[2]

ne^{22} kaũ^{55}　pa^{22}jɛ^{53}la^{55}　ɕi^{22}

身体好

（您身体好吗？）

汉缅语气词都有能表达感情的功能，二者的不同点是：汉语的语气词在表达感情的功能时，多用一个语气词，但是在缅甸语中有时候要用到两个语气词，后一个语气词有表达感情的功能，前一个语气词有可能是陈述语气、疑问语气等。所以可以说缅甸的语气词在表达感情的语气时，大部分是通过语气词连用的方式来表达的。

第四节　基于汉语和越南语对比的“啊”的语用功能及其叹词用法来源探究

学界公认现代汉语“啊”是叹词和语气词的兼类。赵元任（1979：353）指出，“助词跟叹词一样都没有固定的声调，但是助词是轻声，而叹词不是轻声，有各种模式的语调。”助词和叹词的另一个区别是“助词是黏着的，语音上附着于前边一个音节，语法上附着于前边一个短语或句子，而叹词是自由的”，“助词跟叹词间或有跨类的情形”，书中列举了“啊”跨类的例子。胡明扬（1991：53）指出，“语气助词和叹词都表示语气，因此可以统称为语气词；但是一般根据句法功能的不同和重音的有无分成两类，一类称为语气助词，另一类称为叹词。在事实上，有

① 钟智翔、曲永恩：《缅甸语语法》，世界图书出版公司2014年版。

② 钟智翔、曲永恩：《缅甸语语法》，世界图书出版公司2014年版。

时候是很难分清的，如‘啊’，既是语气助词，又是叹词，语气意义基本相同。”

关于语气词“啊”的语用功能的研究，已有的研究多有论述。王力（1985：161—174）在《中国现代语法》里归纳的“啊”主要表示“催促语气”和“感叹语气”，而吕叔湘（1982：267）指出，“啊”则可以表示“在普通的直陈语气上加上一层感情色彩”“疑问”语气和“祈使”语气等。

关于叹词“啊”的语用功能的研究也较早涉及。黎锦熙（1998：291—293）指出，“叹词只是一种独立的‘表情’的声音”，“啊”表示惊讶或赞叹。王力（1985：326—329）指出，“啊”可以表示“情绪的呼声”和“意义的呼声”，表示“感叹”“惊讶”等。吕叔湘（1982：317）指出，“感叹词是独立的语气词”，他（1982：317—318）认为“啊”表示惊讶、赞叹、醒悟等。刘宁生（1987：55）指出，一部分独用的叹词可以后置，但是它的用法不同于一般的叹词。刘丹青（2011：156）指出，“叹词既有原生的，也有次生的，即由其他实词叹化而来。”那么“啊”是原生叹词还是次生叹词呢？徐晶凝（2008：152）指出，“‘啊’有进一步独立出来成为句末叹词的发展倾向”。本章试图结合汉语语料和越南语语料证明研究语气词“啊”和叹词“啊”具有衍生关系。

一　现代汉语中语气词“啊”和叹词“啊”的来源

关于现代汉语语气词“啊”的来源，孙锡信（1997）有过翔实的论述。孙锡信（1997：102）指出，“呀（哑/嘏）”是宋元时期新兴的来源于句末语气词“也”，又表达“夸张”“感叹”情绪的这种带有新兴用法的语气词。孙锡信（1997：116）论证了“呵”是宋元时期源于语气词“好”“後”的新兴语气词，他（1997：172）指出，“呵”是“啊”的前身，“阿”是“呵”的变体。孙锡信（1997：152）指出，现代汉语中由“啊、呀、吗、呢、吧、了、的”等构成的新语气词体系在元代时已基本形成，所不同的是有的语气词在书面上用不同的汉字形式，如“啊”在元代记作“呵、阿”，而现代记作“啊”。

我们对北京大学中国语言学研究中心的古代汉语语料库进行了检索，

发现“啊”的用例3927例，语气词“啊”的出现是从元代开始的，而叹词“啊”的用例则是从清代开始的，这说明现有语气词“啊”的产生早于叹词“啊”。在该语料库里，叹词“啊”的具体情况见表5-5。

表5-5　　北京大学古代汉语语料库中叹词“啊”的使用情况

“啊”的用法 使用频次	“啊”独用表感叹、疑问等	“啊呀”和“啊呀呀”	“啊哟”和“啊哟哟”	“啊唷”和“啊唷唷”	“啊哈”和“啊哈哈”	“啊也”	“啊啊”和“啊啊啊”	“啊吧吧”
	288例	211例	62例	52例	7例	3例	13例	1例

从表5-5可以看到作为叹词，“啊”的摹声用法比单纯独用表示感叹和疑问的用法要多一些，这说明产生了语气词“啊”以后，人们才利用摹声的原理把语气词“啊”的用法进行扩展，或者和别的词结合进行摹声表示感叹、惊讶等，或者在句首表示语气和在句末基本相同。在北京大学古代汉语语料库里作为“叹词”使用的“啊”，没有表示请求、征求意见或交代事情的用法，这种用法应该是在当代形成的。在我们的口语中，句末语气词“啊”既可以用作句末语气词，又可以单独用在句末作为具有提醒语气的叹词，例如：

（1）姜桂芳：“红萍，这不吃东西可不行，啊（读为第一声）！”《姥姥的饺子馆》

（2）姜桂芳：“红萍，这不吃东西可不行啊！”《姥姥的饺子馆》

上面这两句话是人物姜桂芳先后说的两句话，她劝慰、提醒流产后的红萍吃东西，第一句里的“啊”是叹词，有提醒的语气；第二句里的“啊”是句末语气词，同样是提醒的意思。在语音上，胡明扬（2003：105）指出，在祈使句末的“啊”保留了中平调和高平调，这与它作为叹词的声调相同。因此在现代汉语中“啊”的叹词用法和语气词用法是可以两解的，这正是语法化演变的重要阶段。从具有提醒语气的语气词“啊”演变出叹词“啊”，可以看到“啊”的叹词用法形成的一隅。胡明扬（2003：118）也举了“呀”作叹词的例子，如“呀，你溅了我一身水！”，“呀”的叹词用法也可能来自其语气词用法。

“阿”元代形成了语气词的用法，在元代也发现了一例，“阿”与

“也”连用作为叹词的用例，“阿也！是敢待较些去也！”（元杂剧《拜月亭·滚绣球》），至今“阿也”还作为叹词存在于云南方言里面，这是语气词和叹词有渊源关系的又一例证。

此外，从现代汉语里“啊”的使用分布也可以看到，“啊”的使用是以作为语气词为主的。我们在国家语委2000万字的现代汉语语料库里检索到“啊”的用法，制成表5-6。

表5-6 国家语委现代汉语语料库中虚词“啊”的用法统计

“啊”作为语气词的用法使用频率	“啊”作为叹词的用法使用频率
3217	731

从表5-6可以看出“啊”作为语气词的使用频率远远高于叹词，这一点也说明“啊”的语气词用法是无标记的，根据认知语言学的原理一个词语的无标记的用法的产生先于有标记的用法。[①]为了能和汉语里“啊”的兼类用法相印证，我们考察了越南语里相当于“啊”的词语的用法。

二 越南语里相当于“啊”的词语的用法

越南对语言的研究起步比较晚，Trần Trọng Kim（陈重金）《Văn Phạm Việt Nam》（越南范文）（1940）比较早地意识到语气词的重要性，他对语气助词的定义是，语气词是位于句尾，使句子的活力更强的词。Nguyễn thị lý kha（阮氏离珂）《Giáo trình Tiếng Việt》（越语教程）把语气词分为三类：助词表示强调句中表示某种意思比如：ngaycả、chính、đích thị等词语。叹词表示说话人的语气、举止、表情，比如：ôi、á、ối、chao等词语用来表示感情。小情态词表示句子的目的，比如：à、ư、nhé、nhỉ、đâu、mà、vậy。

Đinh Văn Đức（丁文德）《Ngữ pháp Tiếng Việt –từ loại》（越语语法—词类）（2001）把语气词分为临时语气词和专用语气词两类，专用语气词有传信的功能和表示态度的功能，临时语气词有兼具功能：有在句子

① 参见沈家煊《不对称和标记论》，江西教育出版社1999年版。无标记项是典型范畴，人们对事物的认识总是从无标记项推导出有标记项。

里面做对比和强调的功能，也有修饰动词的功能。Bùi Minh Toán（裴明算）《Giáo trình nhữ pháp Tiếng Việt》（越南语法教程）指出语气词是表示说话人的态度情感，把它分为四种：小词、强调助词、感叹词、小情态词。Diệp Quang Ban（叶光班）《Giáo trình ngữ pháp tiếng Việt》（越南语法教程）把情态词分为助词和小情态词，助词用来强调词或句子，助词不能单独运用。情态小词是根据说话目的建立句子的类型（疑问、祈使、感叹）或表示说话人和听话人之间的关系的作用。根据功能把情态小词分为三类：第一类表示说话的目的；第二类表示客观或主观的感情；第三类表示呼唤情态词。根据各家的研究我们把越南语中相当于“啊”的语气词的用法进行了归类，制成了表5-7。

表5-7　　　越南语中相当于“啊”的语气词的用法

句型	越语语气词	越语语气词意义	例句
表示疑问语气词“啊”	A[a^{44}]	表示高兴，突然想起来。	Thật thế a? [t’ ɤˇt^{221} t’e^{335} a^{22}？] （真的啊？）
	À[a^{22}]	“à”用于疑问句，被问者不知道情况，“à”的疑问经常有惊讶的态度，所以常跟别的疑问语气词连用，如：“vậy à，cơ à，thế à，đấy à”，它有疑问的意思但不一定要回答。	Giờ mới về à? [ziɤ^{22} mɤi^{335} ve^{22} a^{44}？] （现在才回啊？） Thếcậukhôngbiếtchuyện này à? [t’e^{335}kɤˇu^{221}χ，oɳ^{44}biet^{335} cuin^{221}nai^{22} a^{22}？] （那你不知道这件事啊？）
	Ư[ɯ^{44}]	“ư”本身有疑问的意思，但有时“ư”在句末只表示与对方说理，所以不一定要回答。 语气词“À，á，ư”表示疑问，它们之间都可以替换使用。ư的用法跟“à”相似，大部分用“à”的句子都可以用ư来替换。	Cậu nghĩ tôi là người như vậy ư? [Kɤˇu^{221}ŋi^{325}toi^{44}la^{22} ŋɯɤi^{22}ɲɯ^{44} vɤˇi^{221} ɯ^{44}?] （你认为我是这样的人啊？）
	Á[a^{335}]	表示惊讶，在句末表示追问的语气。	có thế này thôi á? [cð^{335} t’e^{335} nai^{22} t’oi^{44} a^{335}?] （只有这样吗？）

续表

句型	越语语气词	越语语气词意义	例句
表示疑问语气词"啊"	ạ[a^{221}]	多表示礼貌，尊敬，只对长辈，书面语和口语都可以用。特指问句末尾和是非问句末尾都可以用。	Chị hai ơi，anh cả về chưa ạ? [ci^{221} hai^{44}ɤi^{44} aɳ^{44} ka^{212} ve^{22} cɯa^{44} a^{212}?] （二姐，大哥还没回来啊？） Ai đấy ạ? [ai^{44} dɤ˘i^{335} a^{221}?] （谁呀）
	Hả[ha^{212}] （Hử[hɯ^{335}]，Hở[hɤ^{335}]）	语气词"hả"在句末根据说话人的语气，可以表示亲密、惊讶或生气的态度。虽然"hả"[ha^{212}]在疑问句末与语气词"啊"有对应的地方 语气词"Hử，Hở"是"Hả"的变变体，位于句尾，强化疑问的语气。	có đi hay không hả? [ko^{335} di^{44} hai^{44} coŋ^{44} ha^{212}?] （去还是不去啊？） ở đấy gió to lắm hả? [ɤ^{212} dɤ˘i^{335} zo^{335} to^{44} lăm^{335} ha^{212}?] （那里风很大吗？）
	Nhỉ1[ɲi^{212}]	表示疑问，带有缓和与亲密疑问的语气。	Hôm nay là thứ mấy nhỉ? [hom^{44}nai^{44}la^{22}t'ɯ^{335} mɤ˘i^{335}ɲi^{212}?] （今天是星期几啊？）
	Nhỉ2[ɲi^{212}]	表示讽刺的语气，有疑问的意思但不一定要回答。	Đẹp mặt nhỉ? [dɛp^{221} măt^{221}ɲi^{212}?] （漂亮　脸　　啊） （这句话具有引申义，表示对对方讽刺的语气，用来申明说话者的态度，所以不需要回答）
	Chứ[cɯ^{335}]	位于句末表示疑问，但是疑问的程度不高，有时也可以表示反问。	Bạn quen cậu ấy chứ? [ban^{221}kuɛn^{44}kɤ˘u^{221}ɤ˘i^{335} cɯ^{335}?] （你认识他啊？）
	Cơ[kɤ^{4}]	表示亲密的语气。	có việc gì cơ? [ko^{335}viek^{221}zi^{22} kɤ^{44}?] （有什么呀？）

续表

句型	越语语气词	越语语气词意义	例句
表示祈使语气词“啊”	Chứ[cɯ^{335}]	用在祈使句里，表示催促、缓和祈使的语气，强调说话人所提出的要求。	Học đi chứ [hɔ̆c^{325} di^{44} cɯ^{335}?] （快点学啊）
	Đi[di^{44}]	表示强硬地命令对方做某件事情，说话人表示明确要求某事情。有时也可以表示稍弱的命令或表示提议（应该这样做）。	Anh nói đi [aɳ^{44} noi^{335} di^{44}] （你说话啊） Em mau ăn đi [ɛm^{44} mau^{4}ăn^{44} di^{44}] （你快点吃啊）
	Nào[naɔ^{22}]	表示强调语气，带着命令语气，由禁止语气和提醒结合而成。	Nhanh lên nào [ɲaɲ^{44} len^{44} nao^{22}] （快点啊） Đi vào đây xem nào [di^{44} vao^{22} dɤ̆i^{44} sɛm^{44} nao^{44}] （过来我看看啊）
	Thôi[t'oi^{44}]	命令语气比较弱。 越南语语气词“thôi”大部分的情况与汉语语气词“吧”是相当的，但也有与语气词“啊”对应的，但比较少。	Chúng ta đi thôi. [cuɳ^{335} ta^{44} di^{44} t'oi^{44}] （我们走吧） Đi chậm thôi! [di^{44} cɤ̆m^{221} t'oi^{44}] （走慢点啊/吧）
	Với [vɤi^{335}]	用来请求别人做某件事。	Giúp mình với nào. [zup^{335} miɳ^{22} vɤi^{335} nao^{22}] （快帮我啊）
	nhé[ɲɛ^{335}]	表示提议或商量，嘱咐，带有亲密的语气。	Đừng làm ồn nhé. [dɯɳ^{22} lam^{22} on^{22} ɲɛ^{335}] （别吵啊）
陈述句“啊”	Đấy[dɤ̆i^{335}]	位于句末表示感叹。	Buồn quá! [buon^{22} qua^{335}] （无聊啊！）

续表

句型	越语语气词	越语语气词意义	例句
陈述句“啊”	Đâu[d ɤˇu^{44}]	表示加强对事实的否定。	Em không đi đâu. [εm^{44} coɳ^{44}di^{44} dɤˇu^{44}] （我不去啊） Con có nói gì đâu. [kon^{44} co^{335} noi^{335} zi^{22} dɤˇu^{44}] （我什么也没说啊）
	ấy[ɤˇi^{335}]	用于告知对方或解释某个问题。	Ngoài đình không biết người ta đang làm gì ấy. [ɲoai^{22}diɳ^{22}χ, oɳ^{44}biet^{335}ɳɯɤi^{22}ta^{44} lam^{22} zi^{22} ɤˇi^{335}] （不知道他们在亭子干什么啊）
	Này[nai^{22}]	“Này”本身是指示代词，在句末可以转换为语气词，在名词或动词后面表示列举。在句末强调说话的语气。	Đi đằng này này! [di^{44} dăŋ^{22} nai^{22}nai^{22}] （走这边啊！） cá này，thịt này，tôm này [ka^{335}nai^{22}t'it^{221}nai^{22}tom^{44}nai^{22}] （鱼啊，肉啊，虾啊）
感叹句	thế [t'e^{335}]	表示程度很高，让人惊讶或者个人的状态、情感。	Đi đâu mà lâu thế! [di^{44} dɤˇu^{44} ma^{22} lɤˇɯ^{44} t'e^{335}] （去那么久哪）
	Quá[kua^{335}]	常在句末表示感叹某种事情的很高，超越自己的想法。	Bức tranh đẹp quá! [bɯk^{335}ʈaŋ^{44} dεp^{221} kua^{335}] （这幅画好漂亮啊）
	thật[t'ɤˇt^{221}]	用于表示肯定的语气。	Cái áo này đẹp thật! [kai^{335}ao^{335}nai^{22}dεp^{221} t' ɤˇt^{221}] （这件衣服真好看哪）
	nhỉ[ɲi^{212}]	增强亲密的语气，表示别人与自己的看法是一样；也可以表示讽刺。	Thằng bé thông minh nhỉ! [t'ăŋ^{22} bε^{335} t'oɳ^{44} miɳ^{44}ɲi^{212}] （他好聪明啊！） （表示没想到这孩子那么聪明“nhỉ”在句末表示听话者也赞叹说话人的看法）

汉语语气词“啊”与越南语语气词“ạ、hả、nhỉ、chứ、cơ、vậy、thế、à、ư、đi、chứ、nhé、thôi、nào、với、đâu、đấy、quá、thật、mất”这20个语气词的用法有交叉，主要的异同点有以下四点：

（1）在疑问句里，越南语“hả”“nhỉ”“à”“ư”都用来表示亲密的语气，它们本身具有疑问的作用，是专职的疑问语气词；“chứ”“cơ”“vậy”使用的场合比较随便，“ạ”是越南语当中特别用来表示礼貌疑问的语气词。汉语语气词“啊”本身没有疑问的作用，也不特别用于表示礼貌或尊重的语气，“啊”在疑问句主要用来表示说话人的情感或态度，常常要求听话人回应。

（2）在祈使句汉语语气词“啊”与越南语语气词“đi”“Chứ”“nhé”“Thôi”“nào”“Với”有交叉，都可以有“催促”“提醒”“建议”和“商量”等语气。

（3）在陈述句中汉语语气词“啊”主要用来陈述说话者的观点或提醒的语气。越南语语气词“đâu”不管句子实体是肯定句还是否定句，只要出现语气词“đâu”，都变成否定句，“đấy”表示通知某件事情或用来陈述说话人的看法，“ạ”在陈述句句尾是晚辈对长辈礼貌的语气。所以在陈述句语气词“啊”只与越南语语气词“đấy”对应。

（4）在感叹句里，汉语语气词“啊”在句末用来表达说话人的喜悦、赞叹或愤怒等感情，与越南语语气词“thế”“quá”“thật”“nhỉ”“mất”“đi”等对应的，但是越南语里的这些表示感叹的语气词，除了在句末表示语气以外，还可以做动词、形容词，“quá”就可以做动词，表示超过一个界限或规定，与汉语“过”有些相似，如“quá tuổi đi học（过了学习年龄）”；“Thật”也可以充当形容词，表示与现实一模一样，有时也可以充当副词。汉语里的语气词“啊”专职充当表示语气的叹词和语气词。

一个汉语语气词可以与越南语很多语气词对应，汉语里语气词“啊”的语义就非常复杂，因此学界一直争议不休；与越南语语气词不同的是汉语的语气词“啊”都有较强的抒发情感的语义在里面，越南语里相应于汉语语气词“啊”的词的各种用法的使用频率如何呢？下文予以分析。

三　越南语里相应于“啊”的语气词的使用频率分析

我们自制了121.7186万字和国家语委现代汉语语料库中语体比例一致的越南语语料库，并对其中相当于“啊”词语的用法进行了统计得出了表5-8。

表5-8　　越南语里相当于“啊”的词语使用情况统计表

句型	语气意义	越南语语气词	使用次数
陈述句	“否定式+‘啊’” 加强对事实的否定，有着辩解的意图。	Đâu[dɤ̆u^{44}]	116次
	“应该+‘啊’” 偏于表达“理应如此”的意思。	chứ[cɯ^{335}]	35次
呼语后		“ơi”［ɤi^{44}］	47次
		“ạ”［ɑ^{221}］	1次
		“à”［ɑ^{22}］	0次
话题停顿处	含有延宕作势、舒缓随便，引起他人注意的语气。	“hả”［hɑ^{212}］	6次
		“á”［ɑ^{335}］	4次
		“ạ”［ɑ^{221}］	13次
“啊”作为用于举例		“nào”［nɑɔ^{22}］	1次
		“này”［nɑi^{22}］	0次
		“nhé”［ɲɛ^{335}］	0次
感叹句句末的“啊”	“啊”放在感叹句句末，一般会有彰显语气、使感叹的语气变得更明显、更细致的作用。	“thế”［t‘e^{335}］	9次
		“nhỉ”［ɲi^{212}］	3次
	感叹句中相当于叹词的“啊”。	“hả”［hɑ^{212}］	27次
		“hở”［hɤ^{212}］	4次
		“a”［ɑ^{221}］	1次
祈使句句末	命令语气。 —表示委婉的语气还可以转达说话人在催促时不耐烦的情绪。	“đi”［di^{44}］	52次
	建议的语气。 —委婉	“nào”［nɑɔ^{22}］	3次
		“nhé”［ɲɛ^{335}］	17次

续表

句型	语气意义	越南语语气词	使用次数
祈使句句末	劝阻句 —在句末对劝阻句起到暖和的作用，并且还表现出听话与说话两者之间密切的感情。	“nha”［ɲɑ^{44}］	4次
		“nhé”［ɲɛ^{335}］	6次
反问句句末	汉语中“啊”也经常在反问句句尾，加强主体的断定或者要求。	“thế”［t‘e^{335}］	19次
		“à（á）”［ɑ^{22}］（［ɑ^{335}］）	8次
		“đây”［dɑi^{44}］	10次
		“ư”［ɯ^{44}］	24次
		“chứ”［cɯ^{335}］	17次
		“hả”［hɑ^{212}］	13次
是非问句句末	加强疑问意思的作用，带着说话者的惊讶语气，着急想听到对方给予“是”或“否”的答案	“á（à）”［ɑ^{22}］（［ɑ^{335}］）	123次
		“hả”［hɑ^{212}］	74次
		“hở”［hɤ^{212}］	3次
		“ư”［ɯ^{44}］	26次
非是非问句句末	选择问句 “啊”放在选择问句句尾有强化疑问的语气的作用	“vậy”［vɤ̆i^{221}］	2次
		“hả”［hɑ^{212}］	0次
		“nhỉ”［ɲi^{212}］	0次
	正反问句	“nhỉ”［ɲi^{212}］	7次
		“hả”［hɑ^{212}］	10次
		“đấy”［dɤ̆i^{354}］	3次
		“chứ”［cɯ^{335}］	1次
		“ạ”［ɑ^{221}］	6次
		“vậy”［vɤ̆i^{221}］	2次
	特指问句	“hả”［hɑ^{212}］	38次
		“hở”［hɤ^{212}］	3次
		“nhỉ”［ɲi^{212}］	38次
		“đấy”［dɤ̆i^{354}］	9次
		“thế”［t‘e^{335}］	26次
		“vậy”［vɤ̆i^{221}］	178次

续表

句型	语气意义	越南语语气词	使用次数
非是非问句句末	特指问句	“chứ”［cɯ^{335}］	114次
		“ạ”［ɑ^{221}］	18次
		“cơ”［kɤ^{44}］	8次
总计（使用频率）		1167（0.959%）	

注：使用频率=使用频次/语料库总字数121.7186万字。

从表5-8可以看到越南语里的“hả”“hở”“á”“a”等几个词既可以作语气词，也可以作为叹词使用，它们作为叹词使用的频率只有32（27+4+1）次，而作为语气词的使用频率要高得多，越南语里作为叹词的语气词也可以后置，表示追问，例如：

Bạn cũng đến，hả?　　（你也来了，啊？）

[bɑ^{221}][kuŋ^{325}][den^{33}]，[hɑ^{212}]?

越南语语料说明越南语里相应于“啊”的词语作为句末语气词是无标记的用法，作为叹词是有标记的用法，并且也在句尾衍生出了叹词用在句末表示追问的用法。这进一步说明，越南语里的叹词用法也是在句末产生了语气词以后，通过摹声和实际语言运用演化而来。武氏明河（2012：60—61）也指明了这一点，越南语里的语气词“đấy [dɤ̆i^{354}]”“đi [di^{44}]”“hả”[hɑ^{212}]。“nào[nɑɔ^{22}]”“nhỉ[ɲi^{212}]”“thế[tʻe^{335}]”和“vậy[vɤ̆i^{221}]”等都是既有句末语气词的用法，又有叹词的用法。

刘丹青（2011：156）指出，“叹词既有原生的，也有次生的，即由其他实词叹化而来。”原生的叹词是由摹声而来，次生的叹词是由其他实词衍化而来；而我们本章的结论却是叹词是由其作为语气词的用法演化而来的。这说明在考察词类的演化规律时要结合大量汉语语料甚至其他民族语的语料予以论证，研究视角才会更全面。

四　结论

汉语里的语气词“啊”的最典型的特征是既可以做语气词，又可以做叹词，由虚而实传信、抒发感情，并常常带有提醒、催促等语气。从表5-7可以看到，越南语里20个与“啊”相应的语气使用频率也会因具体语气词与句类的不同而不同；不过越南语里的“đi[di44]”只用在祈使句末，而越南语里有3个专职语气词，“hả[ha212]”“à[a22]”“ư[ɯ44]”专用于疑问句表示疑问的语气词，它们与汉语“啊”的语用功能有交叉，又不完全对应；但从越南语语气词的使用我们就应该充分承认语气词“啊”的多功能性，而不应一味地强调“啊”的语用功能的共性。泰语里的相应于“啊”的词语有“อ่า”[ʔa:21]、“นะ”[na33]和“จัง”[caŋ33]三个，“อ่า”[ʔa:21]只能用在陈述句和疑问句中舒缓语气，不能用在感叹句里；“นะ”[na33]相应于汉语里的“啊”或者“呢”，可以用在陈述句、疑问句和祈使句里，带有申明的语气；在感叹句里的“啊”与泰语“จัง”[caŋ33]（呀）的意义很接近，该词只能用在感叹句里，“จัง”[caŋ33]（呀）的意义还带有惊讶的语气，略有夸张的意味，这与汉语语气词“啊”在感叹句里表示惊讶、感叹的情绪很类似。泰语里的叹词和语气词的表达是各司其职的，本章第三节的研究发现缅甸语里与“啊”相应的句末语气词有10个，它们的用法与叹词的用法也是分别选用不同的词语，各司其职的，因此汉语里的一个语气词“啊”对应于缅甸语、泰语和越南语多个语气词，这些语言里的语气词还要有表敬语的用法或者直接加上敬语，汉语没有专门的表示敬语的语气词，汉语的礼貌程度多通过语调、重音、时长等语音特征和语气词一起来表达，而通过语调、重音、时长等语音特征又是依据语境而定的，因此汉语语气词的用法更灵活，更复杂，想用一个单一的共性来概括某个语气词的用法是不符合语言实际的。汉语里的语气“啊”可以表达感叹语气，同时又衍生除了叹词的用法，越南语也是如此；而泰语、缅甸语则是由不同的词语表达句末语气和句首感叹语气的，这说明语言的演化的共性也可能只针对一些语言，毕竟语言事实是丰富多彩的。在所有的语气里面“啊”的使用频率是最高的，除了扩展为话题标记外，还可以作叹词用，在所有的语气词共现时，“啊”总是在最外面表示抒情语气，因此“啊”是现代汉语语气词里的显赫范畴。

第六章 汉语语气词“的”“了”的类型学特征

第一节 现代汉语句末语气词“了”的功能特征探讨

孙大星（2018）《现代汉语句末语气词“了”的研究》对“了”的研究进行了很好地回顾，从他的梳理来看，目前关于句末“了”的语法意义和语用功能到底是什么争议仍旧很大，从语言对比方面来探讨汉语语气词“了”的类型学特征的研究还很少，我们意欲通过对汉语和缅甸语、越南语和泰语的对比来作进一步地探讨。

学者们大多认为“了$_1$”和“了$_2$”具有时体意义，如，金立鑫（1998）认为“了$_1$”具有“完成”“延续”的特点，这是它与“过”只有“完成”且“不延续”的区别；又因“了$_1$”有持续的意义，有时与“着”的用法又有交叉，“那儿写着/了几个字”中“了”和“着”都可以说。金立鑫（1998：112）认为“了$_2$”是一个与“时”紧密联系的概念，他指出，“了$_2$”的意义是“事件实现并且延续到某一参照时间”；对“了$_2$”的用法争论比较大的是它用在感叹句和祈使句里的情况，据此，金立鑫（1998）提出了一个表示主观情态的“了$_4$”，认为它是语气词词“啦”的弱化形式[①]；肖治野、沈家煊（2009）则指出，这种主观情态是什么，不

① 赵元任（1979：394）指出语气词都是轻声，且是和前一个音节连着发音的，并且跟整个前头的词组不可分，认为“啦”是“了”跟“啊”的混合音；孙锡信（1997：152）、张斌（2002：337），也有同样的观点。金立鑫（1998：115）认为这种紧缩的观点，没有实验证明，不可靠。金立鑫（1998）认为这个“了$_4$”换成“啦”强调、夸张的语气得到凸显，如果去掉这个“了”，这种语气就没有“了”，因此他认为这个“了$_4$”是“啦”的弱化，“啦”又是怎样产生的呢？它弱化的条件是什么呢？还是没有弄清楚“了$_4$”的语义来源和功能特点。杨秀明（2002）指出漳州方言语气词“啦”是语气词“哪”的弱化，应是在清末形成的，漳州方言的“啦”不表示时体意义，只表示情态意义，是个语气词。

明确，他们建议从行域、知域和言域这三个方面进行理解，但是“了”表示新知态的出现与新言态的出现，不是特别容易理解，比如“若还是这样傻，便不给你娶了”表示的是在“傻”这样的条件下推测出的新结论，是属于言域里出现了新状态，与其这样说，还不如说在某种条件下出现的新情况更加明了。范晓蕾（2021：322）认为这个祈使句末的表示言域的“了”是一个语气词；彭小川、周芍（2005：136）认为“$了_2$”的核心语法意义，“表达对当前相关事态的肯定的语气”，“$了_2$”用在祈使句和感叹句里也都表示对事态的肯定语气。关键这个用在祈使句和感叹句末的“了”的非现实用法是怎样产生的呢？从彭利贞（2008：78）“$了_{补}$”出现在词尾或句尾（省略了受事宾语）位置表示“消除”义的两解的情况可以得到解释。例如，“你倒了那杯茶！”既可以是现实态（茶已经被倒了），也可以是非现实态（表示指令，“了”有即将实现的语法意义），这种两解情况，正是语法意义演变的一个证据。[①]因此祈使句里的“$了_2$”仍旧与事态相关，只是报告的是一个说话人认为应该即将发生的事态。那么祈使句里的“$了_2$”表达情态吗？彭利贞（2009）认为祈使句里的“$了_2$”与时体表达无直接关系，而是一种对情态敏感的情态指示成分，他（2009：511）指出，显性情态词“别”“必须”“应该”等的出现是有些祈使句里“$了_2$”出现的强制条件，比如“你替我看一下化验结果了”这个句子不成立，加上“必须”以后，“你必须替我看一下结果了”就成立了，这正说明汉语里的祈使句里的“了”还是重在表达一个说话人认为应该出现的新事态，而不是重在对于祈使语气的表达。方梅（2016：89—96）分析了“了”和“啦”的区别，“了”用于叙述事件，“啦”则是表达言域的宣告功能，如“走了”是叙述，“走啦”则是宣告，表达了祈使语气。李明晶（2013：134—135）指出，“了”有时体态三体合一的用法，我们赞同这一观点，因为“了”在报告新事态或者新状态的时候，有肯定的语气。

彭利贞（2011：211）指出，加“了”的祈使句，不能算严格意义的祈使句。他指出“吃药！”是直接命令，“吃药了！”是告诉听话人施行“吃药”这一行为的道义情态已经出现，祈使语力是通过推理得到的，

---

① 吴福祥（2013）《关于语法演变的机制》指出，语法演变的两种机制为类推和重新分析。

“吃药了”是间接指令，在语用上比较礼貌。范晓蕾（2021：316—326）指出，作为语气词的“了”只表达主观认识的变化，不涉及客观事件的变化，像“别去了！”“当心摔跟头了！”“抓牢了！”“别糊涂了！”中的“了”都不是语气词，而是动相补语或者动态助词。“了”的这种在祈使句里表达间接指令的用法，正是汉语语气词“了”的类型学特征，我们通过本书第七章的对比可以看到，凡是汉语类似“走了！”“吃药了！”这样的祈使句，缅甸语、泰语和越南语里都需要加上祈使语气词来表达。因此句尾“了”表示祈使语气是客观存在的，“了”由与现时有关的体标记表达发展出表达祈使语气，也符合用现实标记表祈使的语言类型学上演化共性。[①]越南语里的副词“đã[ɗa^{325}]”也可以表达祈使语气，这便提供了一个佐证。越南语里的副词“đã”表示某种事情已发生或者一个动作已实现。在越南语里，时间副词“đã”一般表示过去的时间。可是在口语中，“đã”也表示现在时间与将来的时间。

［1］Tôi *đã* đánh anh ta.
toi̯^{44} ɗa^{325} ɗɛ̆ɲ^{335} ɛ̆ɲ^{44} ta^{44}
我 已经 打 他

汉语意思：我打了他。

越南语副词“đã”有时候是祈使副词。祈使副词“đã”一般用在句尾或者动词后面，如：

［2］<u>Ăn</u> vội bát cơm <u>đã</u>!（先快速吃完饭！）
ăn^{44} voi̯^{21} băt^{335} kɤm^{44} <u>ɗa^{325}</u>
吃 快 完 饭 吧

［3］<u>Ăn</u> cơm <u>đã</u> rồi làm tiếp!（先吃饭再做）
ăn^{44} kɤm^{44} <u>ɗa^{325}</u> ʑoi̯^{22} lăm^{22} ti‿ep^{335}
吃 饭 然后 做

从例［1］和例［2］可以看到，越南语里的时间副词“đã”也可以表达祈使语气，语义演变也同样遵循现实标记表祈使的语言类型学上演化共性。

---

① 于秀金：《汉语（非）现实范畴的显赫性与扩张性——跨语言原型范畴化视角》，《外语教学与研究》2016年第5期。

关于“形容词+了”的语义特征问题，我们赞同刘勋宁（2002：73）的“形容词+了”报告一个未知的新状态的观点，这种报告新状态的用法是从“动词+了”报告事态的新变化类推扩展而来的，因形容词是表示性质的，对性质的认知自然是带有主观性的，因此很多人认为“太+形容词+了”不表达事态，但是当我们使用“太美了！”这样的感叹句时，这一感叹总是和说话人把这一情况作为一个新状态报告给听话者相联系。“太+形容词+了！”由于长期表达说话人的主观评价，因此这个构式本身就带有很强的主观性，这里的“了”就是一个与事态相关的语气词。

正如刘勋宁（2002）指出的那样，“$了_2$”既然常常报告的是新事态，这个新事态一般是发生过的，这样“$了_2$”又往往与过去时有联系，因此既可以说“我刚吃过饭的”，也可以说“我刚吃过饭了”，这样表示对过去发生事件强调的“的”“过”与“了”的语义又有交叉的地方，这也是非汉语母语者学习汉语时，常常会产生“的”“过”与“了”之间误代的原因。[①]“了”表达“时”的用法是由其先时体[②]的用法衍生出来的。同时，由这些时体用法还衍生出表示肯定、确认的语气。正如崔希亮（2003：334）指出的那样时体标记往往跟情态成分共现。时间指示系统与情态指示系统之间存在着演变关系。[③]

总之，现代汉语里的句末语气词“$了_2$”既报道新事态或者新状态的出现，又指明这一事态或者状态同说话参照时间的联系，同时还表达了肯定语气，其功能是时、体和情态三者合一。

现代汉语里的“$了_2$”与其他语言相比，最大的类型学特点就是可以表达说话人的主观情感，同时又与时、体相联系，并且在现代汉语里还形成了“太+动词/形容词+了”这样特殊的构式。

我们可以从越南语母语者对“太+动词/形容词+了”的使用情况证明“了”的特殊性。越南语里没有相当于现代汉语“$了_2$”的语气词。我们用下面的图片，请越南语母语者写句子的时候，有的同学写的是：“太饱啊!”

---

① 张馨文：《韩国高中生学习“了”偏误分析及教学策略》，硕士学位论文，沈阳师范大学，2018年。

② 李明晶：《现代汉语体貌系统的二元分析：动貌和视点体》，北京大学出版社2013年版。

③ Lyons（1997）转引自徐晶凝（2008：132）《现代话语情态系统》，昆仑出版社2008年版，第132页。

题目：吃完饭他会说什么？

“啊”只表达感叹，与现在没有联系，而“了”则宣告与现在相关的一件事。泰语里的“แล้ว”[lɛːw^{453}]与现代汉语里的了$_2$一样，既充当语气词，又与时和体的表达相关，其附着在句子的后面，表示强调事态将有变化。如：

［4］คุณพ่อ ได้ ไป คุนหมิง แล้ว.

[kʰun^{33}pʰɔː^{41}daj^{41}paj^{33}kʰun^{33}miŋ^{14}lɛːw^{453}]

爸爸 已经 去 昆明 了

汉语意义为：爸爸已经去昆明了。

［5］เขา ต้อง นอน แล้ว.

[kʰaw^{24}tɔːŋ^{41}nɔːn^{33}lɛːw^{453}]

他 必须 睡觉 了

汉语意义为：他必须睡觉了。

泰语的“แล้ว”[lɛːw^{453}]也可以表达完成体，表示动作或者事情结束，例如：

［6］น้องสาว ทำ การบ้าน แล้ว ค่อย ดู ทีวี.

[nɔːŋ^{453}saːw^{24}tʰam^{33}kaːn^{33}baːn^{41}lɛːw^{453}kʰɔːj^{41}duː^{33}tʰiː^{33}wiː^{33}]

妹妹 做 作业 了 再 看 电视

汉语意义为：妹妹做完了作业再看电视。

从上面的三个例子，我们可以看到泰语里的“แล้ว”[lɛːw^{453}]充当助词，附着在词组“ทำ การบ้าน”[tʰam^{33}-kaːn^{33}-baːn^{41}]（做作业）之后，表示

前一动作“ทำ การบ้าน”[tʰam33ka:n33ba:n41]（做作业）完成后就发生了后一动作“ดูทีวี”[du:33tʰi:33wi:33]（看电视）。在后一动作前面常有关联副词“ค่อย”[kʰɔ:j41]（再）或者“ก็”[kɔ41]（就）来连接后面的短语或者句子。

泰语里没有助词相当于汉语动态助词“过”，泰语里用副词“เคย”[khəəj33]（曾经）和泰语语气词“แล้ว”[lɛ:w453]一起表示动态助词“过”的语义，泰语中，还可以用泰语副词“เคย”[khəəj33]（曾经）和泰语副词“ได้”[daj41]（已经）连用“เคยได้”[khəəj33-daj41]表示过去曾经发生过这样的情况，且这种情况已经完成。例如：

［7］เขา　เคย　ไป　คุนหมิง　แล้ว.

[kʰaw24khəəj33paj33kʰun33miŋ24lɛ:w453]

他　曾经　去　昆明　了

汉语意义为：他曾经去过昆明。

［8］เขา　เคย　กิน　เป็ดปักกิ่ง　แล้ว.

[kʰaw24khəəj33 kin33 pet22pɑk22-kiŋ22lɛ:w453]

他　曾经　吃　北京烤鸭　了

汉语意义为：他曾经吃过北京烤鸭。

从例［7］和例［8］可以看到，泰语用“เคย……แล้ว”[khəəj33……lɛ:w453]表达过去发生并完成的事情，汉语动态助词“过”常用的句法结构是“动词+过”和“（曾经）+动词+过+宾语”，而泰语里构成“เคย……แล้ว”[khəəj33……lɛ:w453]只的句法结构有“เคย（曾经）+动词+宾语+แล้ว（了）”；并且汉语动态助词“过”有否定式，而泰语构成“เคย……แล้ว”[khəəj33……lɛ:w453]没有否定式。

从上面的对比我们还可以看到泰语“แล้ว”[lɛ:w453]和汉语“了”还有一个不同点，即现代汉语“了”不可以和副词“曾经”共现，表示曾经做过某事，而泰语可以；并且泰语副词“เคย”[khəəj33]（曾经）跟泰语语气词“แล้ว”[lɛ:w453]（了）搭配使用，构成“เคย……แล้ว”[khəəj33……lɛ:w453]表达过去时，与汉语“过”的语法功能与句法位置不一样；泰语中还可以使用泰语副词“เคย”[khəəj33]（曾经）和泰语副词“ได้”[daj41]（已经）连用构成“เคยได้”[khəəj33daj41]的形式，表示过去曾经发生这样的情况，这都与汉语不同。举例如下：

［9］เขา　เคย　ได้　ไป　ประเทศ　ไทย.

[kʰaw²⁴-khəəj³³- daj⁴¹- paj³³-pra²²-tʰe:t⁴¹-tʰaj³³]

他　曾经　已经　去　泰国

汉语意义为：他曾经去过泰国。

［10］เขา　เคย　ได้　กิน　อาหาร　ยุนนาน.

[kʰaw²⁴-khəəj³³- daj⁴¹- kin³³-ʔaː³³- haːn²⁴-jun³³ -naːn³³]

他　曾经　已经　吃　菜　云南

汉语意义为：他曾经吃过云南菜。

通过上面的分析我们可以看到泰语里是用体标记“แล้ว”[lɛːw⁴⁵]表达过去时的，这体现了有体无时语言的普遍特征。[①]这与汉语“了”的用法相似。上文我们讲过汉语里的“的”“过”有时可以与“了”互换，有时又能与“了”连用，都说明了汉语里的语气词“了”既可以表达过去时，还能表达完成的意义，同时还表达这个已经完成的事情跟现在有关系。泰语里的“แล้ว”[lɛːw⁴⁵³]不能表达汉语里的“了$_2$”表达的主观情态，例如，汉语里的“了”用在祈使句里表达间接指令的用法，是汉语语气词“了”的类型学特征，从本书第七章的对比可以看到，凡是类似汉语“走了！”“吃药了！”这样的祈使句，缅甸语、泰语和越南语里都需要加上祈使语气词来表达。

我们查到国家语委现代汉语语料库中动态助词“着”的使用频率为40596次，动态助词“了”的使用频次为129617次。我们对国家语委语料库中使用的“了”的前57000条中的使用情况进行了统计，得到了“了$_2$”的使用情况，制成表6-1。

表6-1　国家语委语料库现代汉语语料库57000条助词“了”的抽样中“了$_2$”的句法分布情况

句式类型	使用频次	所占比例	例句
1.S+V+（补语）+了$_{1+2}$	5046	40.98%	闷热的房间里，热不透风，汗珠从脸上淌下来[了]。
2.S+形容词+了$_{1+2}$	649	5.27%	这就奇[了]!

① 刘丹青（2014：393）指出汉语“了”蕴含过去时的用途，可能代表了有体无时语言的普遍状况。

续表

句式类型	使用频次	所占比例	例句
3.S+V+了$_1$+O+了$_2$（既表示动作的完成，又表示事态的变化）	163	1.32%	他杀[了]人[了]!
4.S+V+了$_1$+时量短语+了$_2$	24	0.19%	我可盼望[了]好久[了]!
5.动词+宾语+了$_2$	5367	43.59%	导演终于发现啄木鸟在他们拍摄之前已吃饱[了]。
6.形容词+了$_2$	286	2.32%	那个医院糟透[了]。
7.S+快/要/该/可以+V+了$_2$（不表示动作的完成，只表示事态有变化）	700	5.69%	妈妈，您该睡觉[了]。
8.（别/不要）+V+了	78	0.63%	不要说[了]，请放心，我不会再来找你。
总计	12313	100.00%	

从表6-1可以看到句型1、句型3和句型5表达的是动作有了结果的完成体，句型4表达的是表达持续的完成体，句型2重在表达报告新情况与感叹，句型6和7报到将要发生的或者在一定条件下即将发生的新情况，句型8重在表达祈使语气。由此，我们可以看到“了$_2$”的核心功能是表达动作有了结果的完成体、与现时有联系（占80%以上），边缘功能是报道将要发生的新情况，扩展功能是表达感叹语气和祈使语气。

第二节　现代汉语句末语气词“的”的功能特征探讨

关于“是……的”结构与焦点的关系，学界的观点仍有分歧。Xu Jie（徐杰）、Teon Boon Seong（张文祥）（2000：21—22）认为“是”是焦点标记，其后成分是焦点。袁毓林（2003：3）指出，句尾“的”的功能是名词化、语义功能是自指，语用功能是表示确认语气，他（2003：10）认为“是……的”是焦点标记，只要有“的”存在，就必然会引出一个有标记的焦点结构；他（2003：5—6）指出，“是……的”里面可以是窄焦点也可以是宽焦点，如：

这时，他忽听一声惊心的喊叫："王倬，你被捕了！……"

他吃惊地坐起来，不，是两位人民警察把他揪起来的。

按袁毓林（2003）的观点，"他吃惊地坐起来，不，是两位人民警察把他揪起来的。"这个句子的焦点是"两位人民警察把他揪起来"。

还有一种用于句中的"是……的"结构，其中"的"的性质问题，学界争议比较大。沈家煊（2008：392）、完权（2016：88）认为"她是生的男孩"句中的焦点是"男孩"。因此，完权（2016：88）认为这样的情况下，"是……的"没有圈定焦点，他还指出，如果"是……的"中间的成分比较复杂，其中的"焦点"会随强调的对象而变化，范围太宽，所以也不能说"是……的"是焦点结构的标记。如果承认两位学者研究的结论，首先应该承认"她是生的男孩"这样的句子中的"是……的"结构是强调标计，"是"不是判断动词。

龙海平（2011：75）指出，类似"她是生的男孩"和"他是投的赞成票"这样的句子，焦点是句子里的"男孩"和"赞成票"，这两个名词前面的"生的"和"投的"与名词之间已经完全没有定中的语义关系。他举的古汉语的例子如：

谭绍闻几曾受过这样罗唣，不料过来的是王中，羞的无言可答。白兴吾接道："是借的贾大哥五百银子。我是保人。"（《歧路灯》第四十五回）

他（2011：76）认为这种"N1+是+V+的+$N2_F$"是由"N1是V_F的N2"句式遵循从分裂到凸显而形成的中心词N2的焦点化，这种焦点化违反了世界语言的焦点标记总是紧邻焦点的原则，这样就导致了焦点标记"是"后的焦点的不确定性。

我们认为如果"N1+是+V+的+$N2_F$"中N2作焦点，那么"V的"和"N2"有明确的定中关系，如果"V的"不被强调，自然是如沈家煊（2008：392）指出的那样，可有可无，而此时整个句子是典型的判断句[①]，"V的"是定语，"的"为结构助词，"N1+V+的+$N2_F$"这样的句子

① 沈家煊（2008：391）这类句式里N1和N2是同一关系，既然是同一关系，也就是表示判断的。

不属于由“是”和时体助词“的”构成的“是……的”句式。“生的男孩”“投的赞成票”“借的贾大哥五百银子”都是可以单说的定中短语，这样的定中短语做宾语，如果定语不被强调，语境里已经隐含了它们的意义：“男孩是生的”、“赞成票是投的”、“银子是借的”，其动词性成分的语义是冗余的，这时在句子末尾的“N2”自然就成为自然焦点。这时的“是”可以重读，成为焦点，“是”是判断动词，不是焦点标记。①

到底是什么焦点标记呢？张伯江、方梅（2014：110—111）指出，“的”控制域相当有限，不重读的“是”是焦点标记，它后面的成分是焦点，“是”具有焦点定位的作用，以“小王昨天在镇上买的戒指”为例，“小王”“昨天”“在镇上”“买”因语义强调的需要都有可能成为焦点，只有在需要强调的成分前面加上“是”才能把焦点确定下来。他们（2014：108）认为用“是”标示的成分有施事、时间、处所、工具，但不能是动词后的受事成分。

石定栩（2003：5）指出，“是……的”强调句式中“是”不是判断动词，“的”不是动词名物化标记，即“的”不是结构助词。这样的强调句式，焦点应该在“是……的”之内。因此要根据“N1+是+V+的+N2F”句式判定焦点标记“是”后面不是焦点，焦点在“是……的”结构之外，要首先判断的是“N1+是+V+的+N2F”中的“是……的”是不是强调标记，这样就要首先排除这一结构里的“是”是判断动词，如果“是”判断动词，这里的“的”就是结构助词。熊仲儒（2007）认为“是……的”结构中，“是”是焦点标记，可以重读，也可以不重读，该结构中的焦点标记与“的”字无关。

为了解决对以上关于“是……的”结构中焦点问题的争议，我们作了语音实验。我们的实验要解决的问题有两个：（1）“她是生的男孩。”“他是投的赞成票。”中的焦点情况如何？这两个句子中“是”的语音特征如何？（2）“是……的”中的焦点是不是要紧跟在“是”的后面，有没有袁毓林（2003）指出的宽焦点的存在呢？

---

① 张伯江、方梅（2014：106—107）认为焦点标记本身都不负载实在意义，不带对比重音，轻读的“是”才是焦点标记。焦点标记是标记焦点的，焦点才重读，因此焦点标记理应不重读。

一　实验说明

我们选择了云南师范大学本科一、二年级和研究生一、二年级的10位年龄在18岁到22岁之间的同学进行了录音，其中男女同学各5位，他们的普通话水平为二甲及以上。实验时，请他们用普通话朗读“他是男孩，我是女孩。”“她是生的男孩。”“他是投的赞成票。”“这时，他忽听一声惊心的喊叫：‘王倬（zhu ō），你被捕了！……’。他吃惊地坐起来，不，是两位人民警察把他揪起来的。”这四个句子。

二　实验语图情况分析

我们在分析时先用南开大学开发的Minispeechlab软件，按韵律词分析出“他是男孩”“他是生的男孩”“他是投的赞成票”“是两位人民警察把他揪起来的”每个字的频率值，下文分别称这四个句子为句子$_1$、句子$_2$、句子$_3$和句子$_4$。为了减少个体发音的差异，强调发音的共性，再用公式：St=12*lg（f/fr）/lg2（“f”表示需要转换的赫兹数值，“fr”表示参考频率，男性设为55赫兹，女性设为64赫兹）将频率值转换为对数域中的半音值，然后用公式Ki=100*（Gi–Smin）/（Smax–Smin）（其中Smax为整个句调域上限半音值，Smin为语句调域下限半音值）计算出每个字9个点（Minispeechlab软件取每个字的9个点上的音高数据）上的百分比值，找出最大值和最小值，做出语图，同时用统计学方法检验我们得出的音高数据是否有效。

（一）四个实验句的焦点情况分析

1. “他是男孩”句的焦点情况分析

通过我们的实验发现10位被试，在对比语境“他是男孩，我是女孩。”中，“他是男孩”句中的焦点都是“他是”，具体情况见图6-1。

石锋（2013：132—138）指出，强调焦点最重要的一个特征是焦点所在调核词调域最大化扩展，是全句所有韵律词中调域最宽的，覆盖全部语句调域，当强调焦点位于句首或句中词语时，调域上线是体现强调焦点特殊音高表现的主导；焦点后词调域大幅压缩，上下线都有所下降，呈现出明显的音高下倾趋势。从图6-1可以看到，“他”的频率百分比值最高，为

100，但其调域不大，其后“是”的调域是全句最大，“是”后“男”的频率百分比值降到0，这一特点，符合“他是”作焦点的特征。

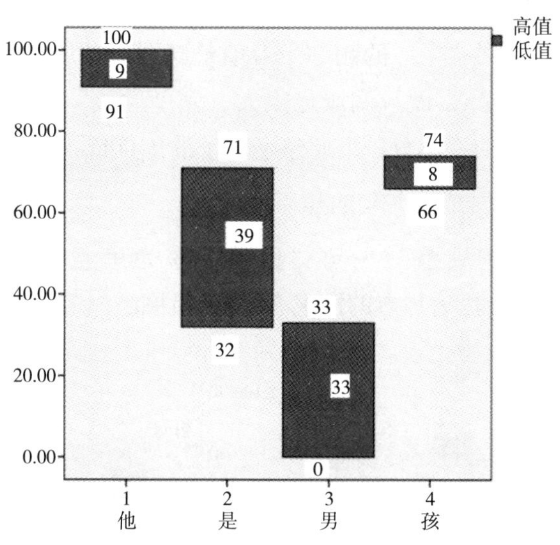

图6-1　被试25“他是男孩”频率百分比图

2. “她是生的男孩”句的焦点情况分析

“她是生的男孩”这句话里，“她是生的”作焦点的情况有7例，见图6-2；“生的男孩”作焦点的情况有3例，见图6-3。

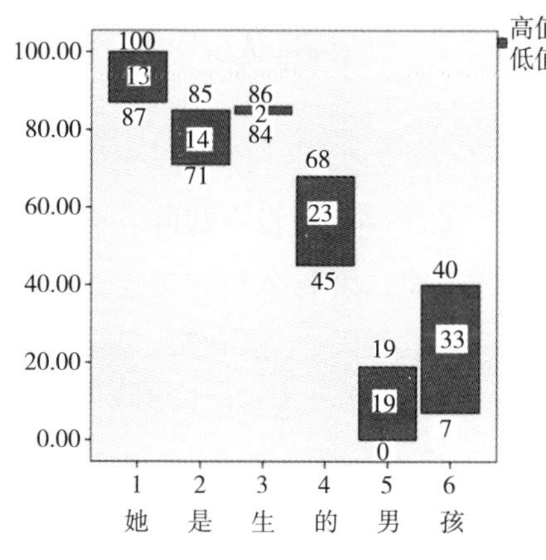

图6-2　被试26“她是生的男孩”频率百分比图

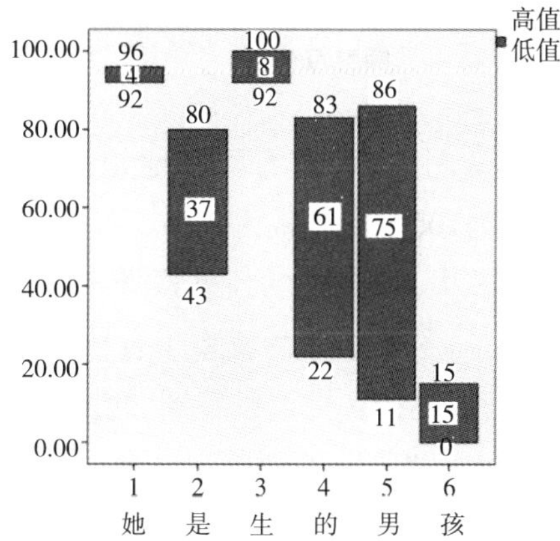

图6-3　被试25“她是生的男孩”频率百分比图

从图6-2可以看到“她”的频率百分比值最高是100，但调域不大，“是”“生”“的”的音高都没有骤降，到了“男”的音高才骤降，因此，整个句子的焦点应该是“她是生的”。

图6-3可以看到“生”的频率半音值最高，但调域比较小，“的”和“男”音高没有骤降，而且调域也很大，到了“孩”时，音高骤降，但“孩”是“男孩”的一部分，因此整个句子的焦点是“生的男孩”。

3. “他是投的赞成票”句的焦点情况分析

“他是投的赞成票”一句“他是”作为焦点的情况有7例，见图6-4；“赞成票”作为焦点的情况有3例，见图6-5。

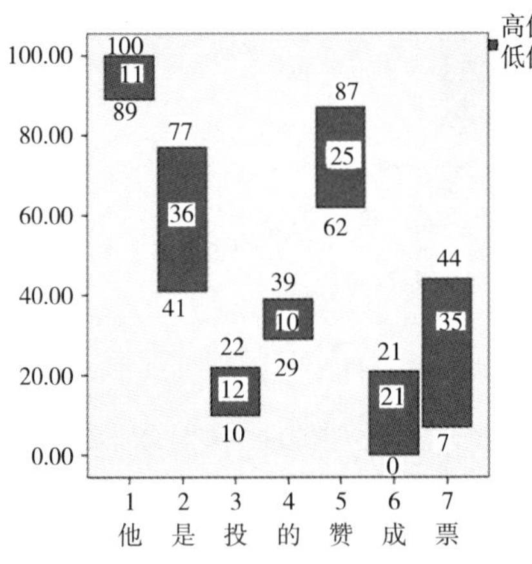

图6-4 被试20“他是投的赞成票”频率百分图

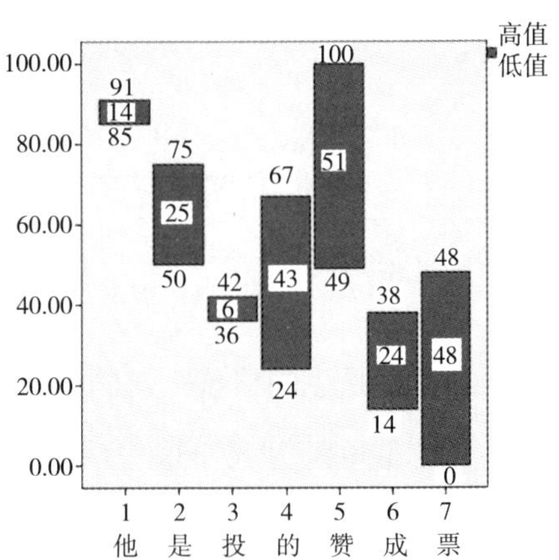

图6-5 被试25“他是投的赞成票”频率百分图

从图6-4可以看到“他是投的赞成票”中“他”的频率百分比值最高，为100，但调域比较小，只有11，“是”的频率表值没有骤降，而且调域比较大，“投”的频率骤降，而且调域被压缩，因此全句的焦点是“他是”，“赞成票”的频率半音值高达87，调域也很大，达到87，是全句的次重音。从图6-5可以看到“赞”的频率半音值最高，为100，调域也是全句最大，“成”的频率半音值也下降了，只不过调域仍旧很大，“票”的调域更大，为48，因此全句的焦点是“赞成票”。

4. “是两位人民警察把他揪起来的”的焦点情况分析

“是两位人民警察把他揪起来的”的焦点为“是”的有1例，见图

6-6; 焦点为“人民警察”的有1例，见图6-7；焦点为“揪起来的”的有8例，见图6-8。

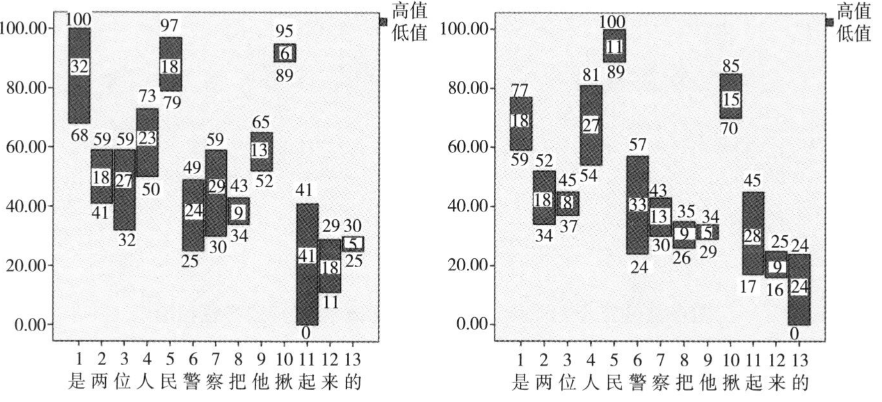

图6-6　被试27“是两位人民警察把他揪起来的”频率百分比图

图6-7　被试28“是两位人民警察把他揪起来的”频率百分比图

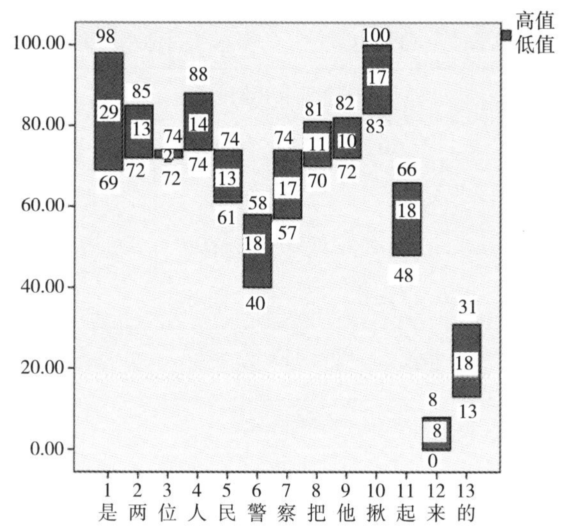

图6-8　被试29“是两位人民警察把他揪起来的”频率百分比图

从图6-6可以看到“是”的频率半音值为全句最高，调域也为全句最大，其后“两”的频率半音值骤降，调域也被压缩，因此“是”为全句的焦点；“人民警察”和“揪起来的”的音高高值也很高，调域也比较大，是全句的次重音。从图6-7可以看到“民”的频率半音值为全句最高，但其调域不大，整个韵律词合起来调域就很大，其后“把”的音高骤降，调域被压缩，因此全句的焦点是“人民警察”。从图6-8可以看到“揪”的频率半音值最高，但调域不大，其后“来”的音节骤降，降到全句最低，整个韵律词“揪起来的”合起来调域就非常大，因此全句的重音是“揪起来的”。

（二）四个实验句中“是”与“的”频率半音值比较

1. 10个被试四个句子中“是”的频率半音值比较

为了检验四个实验句中“是”的频率值有没有差异，我们进行了单因素方差分析。检验结果见表6-2到表6-4。

表6-2　　10个被试四个句子中“是”的频率半音值方差齐性检验

频率半音值			
Levene统计量	df1	df2	显著性
.015	3	36	.997

表6-3　　10个被试四个句子中“是”的频率半音值单因素方差分析

频率半音值					
	平方和	df	均方	F	显著性
组间	7.467	3	2.489	.142	.934
组内	631.671	36	17.546		
总数	639.138	39			

表6-4　　10个被试四个句子中“是”的频率半音值的多重比较

频率半音值
LSD

（I）句子	（J）句子	均值差（I-J）	标准误	显著性	95%置信区间	
					下限	上限
句子1	句子2	-.82200	1.87331	.663	-4.6212	2.9772
	句子3	-1.12400	1.87331	.552	-4.9232	2.6752
	句子4	-.95400	1.87331	.614	-4.7532	2.8452
句子2	句子1	.82200	1.87331	.663	-2.9772	4.6212
	句子3	-.30200	1.87331	.873	-4.1012	3.4972
	句子4	-.13200	1.87331	.944	-3.9312	3.6672

续表

频率半音值 LSD						
（I）句子	（J）句子	均值差（I-J）	标准误	显著性	95%置信区间	
					下限	上限
句子3	句子1	1.12400	1.87331	.552	−2.6752	4.9232
	句子2	.30200	1.87331	.873	−3.4972	4.1012
	句子4	.17000	1.87331	.928	−3.6292	3.9692
句子4	句子1	.95400	1.87331	.614	−2.8452	4.7532
	句子2	.13200	1.87331	.944	−3.6672	3.9312
	句子3	−.17000	1.87331	.928	−3.9692	3.6292

从表6−2可以看到四个句子“是”的频率半音值具有同质性，p=0.997>0.05；从表6−3可以看到四个句子“是”的频率半音值方差分析结果为$F_{(3, 36)}$=0.142，p=0.934>0.05，因此四个句子“是”的音高差异不具有显著性；表6−4具体显示了四个句子“是”的频率半音值两两比较的结果，结果都显示四个句子“是”的音高两两对比，差异不具有显著性。

2. 10个被试三个句子中“的”的频率半音值比较

我们对10个被试“的”的频率半音值进行了方差同质性检验，检验结果见表6−5，从表6−5可以看到p=0.348>0.05，10个被试“的”的频率半音值具有同质性。10个被试三个句子中“的”的频率半音值也是符合正态分布的，结果见表6−6。在此基础上，我们对10个被试三个句子“的”的频率半音值进行了配对样本检验，检验结果见表6−7、表6−8和表6−9。我们把“她是生的男孩”句中的“的”称为“$的_1$”，把“他是投的赞成票”句中的“的”称为“$的_2$”，把“是两位人民警察把他揪起来的”句中的“的”称为“$的_3$”。

表6−5　　10个被试三个句子中“的”的频率半音值方差齐性检验

频率半音值			
Levene统计量	df1	df2	显著性
1.099	2	27	.348

表6-6　　10个被试三个句子中“的”的频率半音值正态性检验

正态性检验							
	句子	Kolmogorov-Smirnov[a]			Shapiro-Wilk		
		统计量	df	Sig.	统计量	df	Sig.
频率半音值	句子2	.229	10	.146	.878	10	.122
	句子3	.208	10	.200*	.884	10	.146
	句子4	.148	10	.200*	.970	10	.887

注：a. Lilliefors显著水平修正。

　* 这是真实显著水平的下限。

表6-7　　10个被试三个句子中“的”的频率半音值成对样本统计量

		均值	N	标准差	均值的标准误
对1	的1	19.8010	10	4.69855	1.48581
	的2	19.1010	10	4.54829	1.43830
对2	的2	19.1010	10	4.54829	1.43830
	的3	15.2120	10	3.73046	1.17968
对3	的1	19.8010	10	4.69855	1.48581
	的3	15.2120	10	3.73046	1.17968

表6-8　　10个被试三个句子中“的”的频率半音值成对样本相关系数

		N	相关系数	Sig.
对1	的1&的2	10	.957	.000
对2	的2&的3	10	.759	.011
对3	的1&的3	10	.786	.007

表6-9　　10个被试三个句子中“的”的频率半音值成对样本检验

		成对差分					t	df	Sig.（双侧）
		均值	标准差	均值的标准误	差分的95%置信区间				
					下限	上限			
对1	的1-的2	.70000	1.36973	.43315	-.27984	1.67984	1.616	9	.141
对2	的2-的3	3.88900	2.97573	.94101	1.76029	6.01771	4.133	9	.003
对3	的1-的3	4.58900	2.90306	.91803	2.51228	6.66572	4.999	9	.001

从表6-7、表6-8和表6-9可以看到三个句子“的”的频率半音值数据高度相关，“的$_1$”和“的$_2$”的差异不具有显著性，p=0.141>0.05；“的$_2$”和“的$_3$”、“的$_1$”和“的$_3$”的差异具有显著性，p值分别为0.003、0.001，都小于0.05。这说明句末的“的”在韵律特征上与句中的“的”有显著差异，从表6-6可以看到句末“的”（“是两位人民警察把他揪起来的”中的“的”）的频率半音值比句中的“的”（“她是生的男孩”和“他是投的赞成票”句中的“的”）的频率半音值低很多。

3. 10个被试句子1和句子2中“他”“男”和“孩”的频率半音值比较

为了考察“他是男孩”和“她是生的男孩”中“他/她”“男”“孩”的韵律特征有没有差异，我们对两个句子中“他/她”“男”“孩”的频率半音值进行了频率半音值的统计。

表6-10 10个被试句子1和句子2中“他/她”“男”“孩”的频率半音值方差齐性检验

频率值			
Levene统计量	df1	df2	显著性
（他/她）.088	1	18	.771
（男1/男2）1.847	1	18	.191
（孩1/孩2）.051	1	18	.825

表6-11 10个被试句子1和句子2中“他”“男”“孩”的频率半音值正态性检验

	字	Kolmogorov-Smirnov[a]			Shapiro-Wilk		
		统计量	df	Sig.	统计量	df	Sig.
频率值	他	.140	10	.200*	.952	10	.688
	她	.261	10	.052	.889	10	.166
	男1	.242	10	.102	.878	10	.122
	男2	.168	10	.200*	.941	10	.569
	孩1	.169	10	.200*	.948	10	.641
	孩2	.195	10	.200*	.963	10	.820

注：a. Lilliefors显著水平修正。

* 这是真实显著水平的下限。

表6-12　　10个被试句子1和句子2中“他”“男”和“孩”的频率半音值成对样本统计量

		均值	N	标准差	均值的标准误
对1	他$_1$	23.6040	10	4.41352	1.39568
	他$_2$	24.2150	10	4.36510	1.38036
对2	男$_1$	17.8810	10	4.36563	1.38053
	男$_2$	17.3080	10	3.42562	1.08328
对3	孩$_1$	17.4040	10	4.29504	1.35821
	孩$_2$	16.2070	10	3.91267	1.23730

表6-13　　10个被试句子1和句子2中“他”“男”和“孩”的频率半音值成对样本相关系数

		N	相关系数	Sig.
对1	“他$_1$”和“他$_2$”	10	.929	.000
对2	“男$_1$”和“男$_2$”	10	.889	.001
对3	“孩$_1$”和“孩$_2$”	10	.846	.002

表6-14　　10个被试句子1和句子2中“他”“男”和“孩”的频率半音值成对样本检验

		成对差分					t	df	Sig.（双侧）
		均值	标准差	均值的标准误	差分的95%置信区间				
					下限	上限			
对1	他$_1$-他$_2$	-.611	1.65270	.52263	-1.79327	.57127	-1.169	9	.272
对2	男$_1$-男$_2$	.573	2.05120	.64864	-.89434	2.04034	.883	9	.400
对3	孩$_1$-孩$_2$	1.197	2.30644	.72936	-.45293	2.84693	1.641	9	.135

从表6-10和表6-11可以看到“他是男孩”和“她是生的男孩”中“他/她”“男”“孩”的频率半音值数据方差具有同质性，数据符合正态分布。表6-12显示两个句子中“他/她”“男”“孩”的数据高度相关，分别为92.9%、88.9%和84.6%，p值分别为0.000、0.001和0.002，都小于0.05，这些都证明我们的实验数据是非常有效的。表6-13显示“他是男孩”和“她是生的男孩”中的“他/她”“男”“孩”之间的频率半音值没有显著差异，p值分别为0.272、0.400和0.135，都大于0.05。

三　实验结论

实验证明“他是男孩”和“她是生的男孩”中的“他/她”“男”“孩”之间的频率半音值没有显著差异，两个句子里“他是”作焦点的情况分别为10例和7例；“生的男孩”作焦点的情况有3例，没有见到“男孩”单独作焦点的情况。“他是投的赞成票”一句“他是”作为焦点的情况有7例，“赞成票”作焦点的情况有3例，该句中的“是”的频率值与其他三个句子并无差异，因此我们认为“他是男孩”“她是生的男孩”和“他是投的赞成票”一样都是判断句，判断句根据表达的需要焦点可以是“他是”，也可以是后面的“生的男孩”和“赞成票”，这体现了汉语遵循语用优先的原则。在没有特别强调的情况下，汉语的焦点在句末的位置上，在有特别强调的情况下，焦点要放在被强调的词语上，因此汉语的焦点表达也遵循了“语用序列>语义序列>句法序列”的表达原则。①

“是两位人民警察把他揪起来的”中的“的”频率半音值与“她是生的男孩”和“他是投的赞成票”两个句子中的“的”的频率半音值有显著差异，其前韵律词“揪起来的”作为焦点的情况有8例，焦点后的音节的音高骤降，同时陈述句句末音节的音高是边界调，陈述句的边界调本来就比单独念的时候低②，而前两个句子“的”前的音节“生”和“投”成为焦点的情况分别为30%和0%，这个“的”又在句中，音高自然比在句末的“的”的音高高一些。因此，我们认为句末的“的”有较强的标示焦点的功能，这也是其确认语气的一种表现。至于“是……的”中的“是”字，我们的四个实验句里其音高并无明显差异，这里的“是”都具有判断的性质，而且其自身都有成为焦点的可能，因此我们认为汉语里的“是”不是焦点标记③。因此，在方梅、张伯江（2014：108—111）、石定栩（2003：5）对“是……的”判定的基础上，我们认为“是……的”强调结构中起决定作用的句法成分是“的”，这个结构要求“的”不是结构助

---

① 刘丹青：《语序类型学》，中华书局2017年版。

② 林茂灿：《汉语焦点重音和功能语气及其特征》，《汉字文化》2011年第6期。

③ Teng（1978）也指出将“是……的”结构中的“是”处理为焦点标记，忽略了“是”的动词性，该结构中，“是”可以重叠为“是”不是，并且不能出现在动词和宾语之间。转引用自熊仲儒（2007）《“是……的”的构件分析》，《中国语文》2007年第4期，第325页。

词，这样焦点就存在于这个结构的中间，不一定紧跟在“是”的后面，因为“的”作用更重要，因此“是”常常可以省略，“的”不可以省略，“是……的”中“是”的后面可以是名词、动词和形容词，“的”有确认的语气，有时还表示已然体、过去时。

四 余论

句尾的“的”表示确认语气这一点学界还是有共识的。太田辰夫（2003：325）认为句末的“的”是“是……的”的省略，表示说明语气。赵元任（1979：355）指出句尾“的”表示“事情就是这样的”。李讷、安珊笛、张伯江（1998：98—99）根据统计得出语气词“的”多用在对话语体中，表示主观上对一件事实的确认，具有交互主观性，表明说话人让听话者明白他所说的事情是确定的，不是要告诉听话者已经发生了什么。黄伯荣、廖序东（2007：32）指出“的”表示情况本来如此。完权（2016：97—100）认为“的”的功能就是调动听者的注意力，希望听者注意“的”前的事态，具有交互主观性。

但是句末的“的”是否表示“时体”概念，学界一直有争议。太田辰夫（2003：324）指出，“他是昨天到的北京”是对既往事实的叙述，但表达的重点不在动作本身，而是重在对动作表达的“时间”“场所”的说明，句中“的”不是表示过去的。宋玉柱（1981）、史有为（1992，2000）和木村英树（2003）都将“的”看作已然性标记、时间助词。邢福义（2002：130）认为像“我昨天进的城”句中的“的”出现在“动词和宾语之间”，表示行为在过去已经发生，是准时态助词；唐正大（2008：21）认为把“的”看作时间助词，排除了“的”表示“恒常属性”和“将然事件”的情况。唐正大（2008）指明“的”字句预设的焦点是“了然于心”“预料之中”的，我们认为“的”字句的焦点在于说话者想向听话者传递什么样的判断，这个判断，可以是对事件、事态的，也可以是对事件属性的，既然是判断就不仅仅只是表示已然事件；但是由于“的”确认语气常常与已经发生的事件共现，因此衍生出了表已然义的时体助词的用法。吕叔湘（1980：138—139）指出，“的”表示语气时有两种用法，一种是表肯定的语气，另外一种是表示“已然”，有些句子的末尾用了

“的”表示事情已经发生，没有用“的”，则表示没有发生，比如“我骑车去”表示没去，“我骑车去的”则表示已经去了，这也说明“的”确实存在表示已然的语义。

我们认为应当区分“的1”“的2”和“的3”，“的1”是结构助词，“的2”表达的是确认语气，由“的1”虚化而来。“的3”则既表示过去时，又表示确认语气。正如，太田辰夫（2003：325）指出的那样，句末的“的”是“是……的”省略，表示说明语气。由结构助词虚化为表示确认的语气词在少数民族语言里也是有语料支撑的。①由于表示确认的语气词“的”常常和已经发生的事件共现，在此基础上衍生出表示“已然”义的时体助词的用法。现代汉语里“的”的核心功能是结构助词，扩展功能是语气词，边缘功能是表示时体意义。

第三节　基于汉语对比的汉语“的”“了”的类型学特征探讨

为了探讨汉语句尾虚词“的”“了”的类型学特征，我们对缅甸语、泰语和越南语里相应于汉语“的”“了”表达功能的词语的使用情况进行了探讨。

一　缅甸语里与“的”“了”相应于的虚词使用情况

缅甸语的陈述句中句末可以用很多句尾助词。但是能表达语气，不用这些助词，句子的意思也不会改变的词只有三个“ပါ[pa^{22}]”“တဲ့[$tɛ^{53}$]”“တယ်[$tɛ^{22}$]”，缅甸语里与“的”相应的语气词有ပါ[pa^{22}]和တဲ့[$tɛ^{53}$]两个，这两个词的用法是有区分的，တဲ့[$tɛ^{53}$]表示知道会发生的事情时用，ပါ[pa^{22}]表示对未然发生的事件的肯定性，ပါ[pa^{22}]有主观判断的语气，见例［1］和例［2］。

① 唐正大：《了然于心·预料之中·出乎预料——句末“的”的语气词功能及其与“呢”之比较》，《东方语言学》2008年第3期。

［1］သူ　လာ　မှာ　တဲ့။
tθu^{22}　la^{22}　hma^{22}　dɛ^{53}
他　来　要　的
（他要来的。）

［2］သူ　လာ　မှာ　ပါ။
tθu^{22}　la^{22}　hma^{22}　pa^{22}
他　来　会　的
（他会来的。）

例［1］和例［2］中缅甸语与汉语的意思相同，所用的语气词却不同。缅甸语中“他要来的”和“他会来的”，前一句话中以客观的为主，认为是他本身要来，而不是说话人自己确信他会来，后一句话以自己的主观意愿为主，认为他会来；但是在汉语中区别这样的情况是靠动词前面的能愿动词的，缅甸语却用语气词来区分。

缅甸语陈述语气中与“了”相对应的语气词是“ပြီ[pji^{22}]”“မယ်[mɛ^{22}]”。其中ပြီ[pji^{22}]是对已经发生的事态进行陈述时用；မယ်[mɛ^{22}]是对还没有发生的或者是将要发生的事态进行陈述时用，见例［3］到例［6］。

［3］သူ　ကျောင်း　သွား　တတ်　ပြီ။
tθu^{22}　tɕaũ^{55}　tθwa^{55}　tei^{ʔ4}　pji^{22}
他　学　去　上　了
（他上学去了。）

［4］သူ　ပြန်　လာ　ပြီ။
tθu^{22}　pjã^{22}　la^{22}　pji^{22}
他　回　来　了
（他回来了。）

［5］မိုး　ရွာ　တော့　မယ်။
mo^{55}　jwa^{22}　dɔ^{53}　mɛ^{22}
雨　下　要　了
（要下雨了。）

［6］သူ　လာ　တော့　မယ်။
tθu^{22}　la^{22}　dɔ^{53}　mɛ^{22}
他　来　要　了

（他要来了。）

总之，缅甸语气词在表达新情况的出现或已经发生时，要用不同的语气词，“ပြီ[pji^{22}]”是用在新的事态已经发生，“မယ်[mɛ^{22}]”用在事态将要发生时。

二　泰语里与“的”“了”相应于的虚词使用情况

泰语语气词นะ [na^{453}]用在陈述句里加强肯定或者已然的语气，有提醒对方的意思，听话人是平辈、晚辈或者下级，语气比较直率，如果表示对上级或者长辈的尊重，要在这个语气词后面加上“ค่ะ[kha^{41}]”和“ครับ[khrap^{453}]”，但这个นะ可以表示深究的疑问语气，相当于“呢”，还可以在祈使句里表达祈使语气。因此泰语里没有专门对应于汉语句末语气词“的”的语气词。

泰语里的“ล่ะ[la^{41}]”放在陈述句的末尾表示对已经发生的事情或者将要发生的事情的申明提醒，相当于汉语里的“呢”，这个词还可以用在疑问句里表示深究的语气。

泰语“แล้ว”[lɛ:w^{453}]（了）可以充当助词和语气词。例如：

［7］เขา　กิน　　ข้าว　　แล้ว　　สาม　　ถ้วย.

[kʰaw^{24}kin^{33}kʰa:w^{41}lɛ:w^{453}sa:m^{24}tʰuaj^{41}]

他　吃　饭　　了　　三　　碗　（他吃了三碗饭）

［8］เขา　ไป　　ประเทศไทย　　แล้ว.

[kʰaw^{24}paj^{33}prɑ^{22}tʰe:t^{41}tʰaj^{33} lɛ:w^{453}]

他　　去　　　泰国　　了（他去过泰国了）

［9］เขา　จะ　　นอน　　แล้ว.

[kʰaw^{24}ca^{22}nɔ:n^{33}lɛ:w^{453}]

他将要 睡觉　了　（他将要睡觉了）

［10］เขา　ต้อง นอน แล้ว.

[kʰaw^{24}tɔ:ŋ^{41}nɔ:n^{33}lɛ:w^{453}]

他 必须 睡觉 了。（他必须睡觉了。）

从例［7］可以看到，泰语“แล้ว[lɛ:w^{45}]”充当助词时，附着在词组的后面，不作句法成句，句内有名量词，表示动作已经完成或实现，相当于汉语的“了$_1$”。从例子［8］到［10］可以看到泰语“แล้ว”充当语气词时，附着在全句后面，报告已经出现或者将要出现的新事态，相当于汉语的“了$_2$”。

汉语的虚词“了”与泰语的“แล้ว”有很多相似的地方，但也不完全对应，二者有以下不同点：

1.汉语动态助词“了”和泰语助词“แล้ว”的基本结构完全不一样，汉语动态助词“了”的基本结构之一是“动词+了+宾语”，泰语助词“แล้ว”的基本结构之一是“动词+宾语+แล้ว”。

2.汉语助词“了”有结构形式：“动词+了$_1$+宾语+了$_2$”句内有动态助词“了$_1$”和语气助词“了$_2$”，既表示动作已经完成，又表示事态有了变化，而泰语助词“แล้ว”没有这种用法，泰语句中只用泰语助词“แล้ว”[lɛːw^{453}]或者只用泰语语气词“แล้ว”，因为二者都表示动作已经完成，只能用一个，不可以同时用两个。

3.如果动词重叠使用，汉语动态助词“了”放在重叠动词之间，而泰语助词“แล้ว[lɛːw^{453}]”没有这种用法。

4.有的动词后面的“了$_1$”表示动作有了结果，跟动词后的“掉”很相似。如：“忘、丢、关、咽、吞、泼、洒、扔、放”等。泰语“แล้ว”[lɛːw^{453}]没有这种用法。

作为虚词，与缅甸语、泰语和越南语相比，汉语里的“的”和“了”都属于兼具时、体、情态多种功能的一体多用，尤其是二者对时、体的分工比较细致，“的”常用在过去时、已然体；而“了”又多用于先于参照时间的先时体，对于参照时间而言，是一个新的事件或者事态，这样复杂的区分，如果我们仅仅强调能够覆盖“了”和“的”共性的语义特征、语用功能，是不能把握现代汉语虚词“的”“了”的语用功能实质的。“是……的”是汉语特有的句法构式。“是……的”强调结构中起决定作用的句法成分是“的”，这个结构要求“的”不是结构助词，这样焦点就存在于这个结构的中间，不一定紧跟在“是”的后面，因为“的”的作用更重要，因此“是”常常可以省略，“的”不可以省略，“是……的”中“是”的后面可以是名词、动词和形容词，“的”有确认的语气，有时还表示已然体、过去时。

第七章　典型语气词的功能类型学比较及相关研究方法探讨

第一节　基于语音实验的“呢”“吗”“吧”的疑问功能比较

通过本书第二章到第四章的研究，我们可以看到“吗”“呢”“吧”都只是部分负载了疑问语气。徐盛恒（1999：4）认为在是非问句中，“吗”的疑问程度一般大于“吧”。他（1997：7）指出，是非问（非否定问句）句、特指问句和正反问句是属于“全疑而问”的疑问句，是非问句（否定问句）、叠加问句、正反问句、“吧”问句是“半疑而问”的问句，这些疑问句的疑问程度与疑问词的关系怎样呢？

一　“呢”问句和相应陈述句的各字语音特征分析

区分“呢”的陈述句“爷爷在工作呢！”和疑问句“要是爷爷在工作呢？”主要是靠升高疑问句“呢”的音高（比陈述句里的“呢”高2.06353个半音值）、延长疑问句“呢”的音长（比陈述句里的“呢”停延率长0.36147）。“爷爷在工作呢！”和“爷爷在工作呢？”相比，是“呢”的音高对其构成疑问句起到了决定性的作用，“爷爷”在非是非问句中音高有所降低，这对形成上扬的疑问语调也有一定的作用。

鉴于陈述句和非是非问句里“工作呢”作焦点的情况所占比例比较高（30/34=88.24%，33/34=97.06%），我们只统计这两个句子“工作呢”的停延率情况。“谁在工作呢？”句里“在工作呢”常常作焦点，“谁”又是疑问代词，我们对整个句子的停延率作全部统计。

“爷爷在工作呢！”中的“工作呢”三个字的停延率方差具有同质性（p=0.997>0.05），我们对其进行了单因素方差分析，F（2，99）=56.274，p=0.000<0.05，三个字的停延率差异具有显著性，我们用LSD方法对三个字的停延率进行了多重比较，具体结果见表7-1，表7-2则是更直观地显示“工作呢”三个字的停延率数值。

表7-1　　陈述句“工作呢”三个字的停延率多重比较

停延率 LSD						
（I）字	（J）字	均值差（I-J）	标准误	显著性	95%置信区间	
					下限	上限
工1	作$_1$	.38382*	.04860	.000	.2874	.4802
	呢$_1$	.49000*	.04860	.000	.3936	.5864
作1	工$_1$	-.38382*	.04860	.000	-.4802	-.2874
	呢$_1$	.10618*	.04860	.031	.0098	.2026
呢1	工$_1$	-.49000*	.04860	.000	-.5864	-.3936
	作$_1$	-.10618*	.04860	.031	-.2026	-.0098

注：* 均值差的显著性水平为0.05。

表7-2　　陈述句“工作呢”三个字的停延率描述

停延率								
	N	均值	标准差	标准误	均值的95%置信区间		极小值	极大值
					下限	上限		
工$_1$	34	1.2759	.18456	.03165	1.2115	1.3403	.78	1.79
作$_1$	34	.8921	.19972	.03425	.8224	.9617	.50	1.52
呢$_1$	34	.7859	.21562	.03698	.7106	.8611	.51	1.63
总数	102	.9846	.28998	.02871	.9276	1.0416	.50	1.79

从表7-1可以看到陈述句中“工作呢”三个字的停延率，具有显著差异，表7-2显示“工”的停延率最长，其次是“作”，最短的是“呢”。

我们对“要是爷爷在工作呢？”中“工作呢”的停延率进行了方差

齐性检验，p=0.797>0.05，方差具有同质性，我们对三个字的停延率进行了LSD检验方法的多重比较，并描述了三个字的停延率数据，具体结果见表7-3和表7-4。

表7-3　　非是非问句“工作呢”三个字的停延率多重比较

多重比较						
停延率 LSD						
（I）字	（J）字	均值差（I-J）	标准误	显著性	95%置信区间	
					下限	上限
工$_2$	作$_2$	.11588	.06297	.069	-.0091	.2408
	呢$_2$	-.05706	.06297	.367	-.1820	.0679
作$_2$	工$_2$	-.11588	.06297	.069	-.2408	.0091
	呢$_2$	-.17294*	.06297	.007	-.2979	-.0480
呢$_2$	工$_2$	.05706	.06297	.367	-.0679	.1820
	作$_2$	.17294*	.06297	.007	.0480	.2979

注：* 均值差的显著性水平为0.05。

表7-4　　非是非问句“工作呢”三个字的停延率描述

描述								
停延率								
	N	均值	标准差	标准误	均值的95%置信区间		极小值	极大值
					下限	上限		
工$_2$	34	1.0903	.24966	.04282	1.0032	1.1774	.74	1.85
作$_2$	34	.9744	.25523	.04377	.8854	1.0635	.56	1.57
呢$_2$	34	1.1474	.27338	.04688	1.0520	1.2427	.52	1.90
总数	102	1.0707	.26701	.02644	1.0182	1.1231	.52	1.90

从表7-3可以看到非是非问句中“工作呢”三个字的停延率，只有呢$_2$和作$_2$差异显著，p=0.007<0.05，表7-3和表7-4可以看到“呢$_2$”比“作$_2$”的停延率半音值长0.17294，可以这么说“呢”在非是非问句末尾是停延时间最长的音节，与在陈述句里最短刚好相反。

我们对“谁在工作呢？”五个字的停延率进行了方差齐性检验，$p=0.002<0.05$，方差不具有同质性，我们对五个字的停延率进行了Tamhane方法的多重比较，为了显示其区别，并对数据进行了描述，结果见表7-5和表7-6。

表7-5　“谁在工作呢”五个字的停延率多重比较

停延率（Tamhane）						
（I）字	（J）字	均值差（I-J）	标准误	显著性	95%置信区间	
					下限	上限
谁	在$_3$	.01353	.04183	1.000	-.1077	.1347
	工$_3$	-.16529*	.04163	.002	-.2859	-.0447
	作$_3$	-.00941	.04358	1.000	-.1356	.1168
	呢$_3$	-.06618	.06378	.973	-.2527	.1204
在$_3$	谁	-.01353	.04183	1.000	-.1347	.1077
	工$_3$	-.17882*	.03973	.000	-.2939	-.0638
	作$_3$	-.02294	.04176	1.000	-.1439	.0980
	呢$_3$	-.07971	.06255	.904	-.2631	.1037
工$_3$	谁	.16529*	.04163	.002	.0447	.2859
	在$_3$	.17882*	.03973	.000	.0638	.2939
	作$_3$	.15588*	.04156	.004	.0355	.2763
	呢$_3$	.09912	.06242	.718	-.0839	.2822
作$_3$	谁	.00941	.04358	1.000	-.1168	.1356
	在$_3$	.02294	.04176	1.000	-.0980	.1439
	工$_3$	-.15588*	.04156	.004	-.2763	-.0355
	呢$_3$	-.05676	.06373	.991	-.2432	.1297
呢$_3$	谁	.06618	.06378	.973	-.1204	.2527
	在$_3$	.07971	.06255	.904	-.1037	.2631
	工$_3$	-.09912	.06242	.718	-.2822	.0839
	作$_3$	.05676	.06373	.991	-.1297	.2432

注：* 均值差的显著性水平为0.05。

表7–6　　　　“谁在工作呢”五个字的停延率的停延率描述

停延率								
	N	均值	标准差	标准误	均值的95%置信区间		极小值	极大值
					下限	上限		
谁	34	.9606	.17993	.03086	.8978	1.0234	.54	1.38
在$_3$	34	.9471	.16466	.02824	.8896	1.0045	.65	1.24
工$_3$	34	1.1259	.16293	.02794	1.0690	1.1827	.78	1.48
作$_3$	34	.9700	.17941	.03077	.9074	1.0326	.63	1.34
呢$_3$	34	1.0268	.32545	.05581	.9132	1.1403	.50	2.16
总数	170	1.0061	.21936	.01682	.9728	1.0393	.50	2.16

从表7–5和表7–6可以看到“工$_3$”与“谁”“在”“作”的停延率有显著差异，p值分别为0.002、0.000、0.004，都小于0.05；“呢$_3$”与“谁$_3$”“在$_3$”“工$_3$”“作$_3$”的停延率差值不显著，$p=0.991>0.05$，停延率与整个句子其他词的差异不明显。

总之，从音长的情况来看，陈述句里韵律词里读得最重的“工”最长，而在非是非问句里，除了“工”之外，语气词“呢”也很长，非是非问句与陈述句相比，就是这样通过改变句尾音节的音长和音高来表达疑问的。特指问句与陈述句相比，升高了“在”的音高，降低“工作”的音高来形成特指问句的疑问语气。“谁在工作呢？”与陈述句“爷爷在工作呢！”音高结果配对比较如下，见表7–7。

表7–7　“谁在工作呢？”与“爷爷在工作呢！”音高两两成对样本检验

		成对差分					t	df	Sig.（双侧）
		均值	标准差	均值的标准误	差分的95%置信区间				
					下限	上限			
对1	爷$_1$-谁	.09059	2.3756	.4074	−.73829	.91947	.222	33	.825
对2	在$_1$-在$_3$	−2.8188	2.6029	.4464	−3.72702	−1.9106	−6.315	33	.000
对3	工$_1$-工$_3$	1.50676	2.72694	.46767	.55529	2.45824	3.222	33	.003
对4	作$_1$-作$_3$	1.85882	3.1508	.5404	.75943	2.95821	3.440	33	.002
对5	呢$_1$-呢$_3$	−.74265	3.4921	.5989	−1.9611	.47580	−1.240	33	.224

从表7-7可以看到除了“呢$_1$”和“呢$_3$”，“谁”和陈述句里的非轻声的“爷”无显著差异外（p值分别为0.224，0.825，大于0.05），“在”“工”“作”三个字的频率半音值都有显著差异（p值分别为0.000、0.003、0.002，都小于0.05），“在$_3$”的频率半音值比“在$_1$”高2.81882，“工$_3$”比“工$_1$”低1.50676个半音值，“作$_3$”比“作$_1$”低1.85882个半音值，因此，在特指问句中“呢”作为句末音节音长和音高对疑问句不起作用，与陈述句没有区别，因此从实验数据来看，并不能看出“呢”携带了疑问语气。

通过前面关于“呢”的研究可以看到，与非是非问句相比，特指问句并没有通过疑问词“谁”的音高来改变语调，而是通过升高“在”的音高，降低“工作呢”的音高来形成特指问句的疑问语气。

江海燕（2010：137）把疑问句尾（这儿呢？编书呢？还青着呢？你欠我钱呢？人家还没起来呢？）的“呢”剪掉，换成相应陈述句尾的“呢”，选择是疑问句的人只有10%，这说明疑问句尾的“呢”对疑问句的形成起了决定性的作用。这符合林茂灿（2012：252）的结论，“区分疑问与陈述的征兆在末音节，末音节对区分疑问和陈述具有主要的决定性的作用”，但这不能说明“呢”就负载着疑问语气。江海燕（2010：135）把疑问句尾（人呢？茶叶桶呢？缺的那页纸呢？）中的“呢”换成陈述句尾的“呢”，判断成疑问句的概率上升为49.6%，这不是由于“呢”的疑问功能，而是由于在这样的句型里，如果是陈述句“人呢。茶叶桶呢。缺的那页纸呢。”这很难讲得通，因此疑问概率的提高是由句式造成的。“呢”在特指问句中音高与陈述句无差别也说明了这一点。

根据“最小差异法”，我们要对比的是“人呢？”“茶叶桶呢？”“缺的那页纸呢？”这三个句子与相应的不带“呢”的问句“人？”“茶叶桶？”“缺的那页纸？”的语气的区别。很明显去掉“呢”以后问句的意思变了，“深究”的疑问语气也变了，因此，我们应当承认“呢”在疑问中（包括非是非问句和特指问句）的“深究”的疑问语气是客观存在的。

“（要是）爷爷在工作呢？”与陈述句“爷爷在工作呢”的区别在于疑问句句首音节“爷爷”的降低和句尾音节“呢”的升高；“他是小张吗？”与“他是小张嘛”的主要区别在于“吗”比“嘛”的音高高。学界倾向于认为带“呢”的非是非问句其实是依赖语境省略了疑问代词的特指问句，事实上，从韵律特征上来看，它与带“吗”的是非问句更为接近，并且由“呢”构成的非是非问句中去掉了“呢”就构不成疑问句，因此，如果承认“吗”是疑问语气词，就不能否认“呢”也是疑问语气词。

关于语气词功能的研究方法，储诚志（1994：39—51）提出了考察语气词使用句子语境特征的“最小差异法”和“最大共性法”，很多学者注重了语调的最小差异（如陆俭明，1984），但因为没有通过实验分析，很难确定语调的最小差异是由语气词造成的，还是由句中其他韵律词的音高变化造成的；在同样都是疑问句的情况下，加了语气词的疑问句也不能说明语气词就表疑问，因为汉语里的语气词都是多功能的，都是既可以用在陈述句里，又可以用在疑问句里的，我们必须要分析的是一个疑问句加上语气词后，疑问的功能有没有变化，若有变化，这种疑问功能的变化是由哪些因素造成的。对于“吗”和“吧”的实验研究证明了这一点。

二　“吗”问句和相应陈述句的音高、音长情况简要分析

从我们前面关于“吗”的语音实验研究可以看到：“他是小张吗？”与“他是小张嘛！”的疑问语调与陈述语调的差别主要在于“吗”和“嘛”的区别，而二者的区别又在于音高、音长、音阶落差的区别，“吗”的音高比“嘛”高，音长比“嘛”长，“吗”音阶整个上扬或者末尾上扬，而“嘛”音节音阶下降。这符合林茂灿（2012：252）的结论，“区分疑问与陈述的征兆在末音节，末音节对区分疑问和陈述具有主要的决定性的作用”相吻合，不能说明“吗（嘛）”作为句末音节有特殊的语气表达作用。

在三个句子“他是小张？”“他是小张吗？”与“他是小张嘛！”中，“他是小张？”里的“小”与“张”的音高差值最大，句尾音节“张”的音长最长，二者共同形成了疑问语调。“他是小张？”里的“张”比“小”高出4.47676个半音值；“他是小张吗”里的“张”比“小”高出3.68059个半音值；“他是小张嘛！”里的“张”比“小”高出3.675个半音值，三组对比中p值都等于0.000<0.05，差异具有显著性，无标记疑问句“他是小张？”句末的音高差值最大。这符合王韫佳（2008）的

研究结论，她指出在有疑问句法标记的情况下，疑问句同样可以使用音高手段来表达疑问语气，只不过是无标记问句的句末音高范围大于“吗”问句。

如果从实验角度来看，没有证据证明句末语气词“吗”专门负载疑问语气。但是“他是小张吗？”与“他是小张？”相比，“他是小张吗？”中“小”的音高被抬高，“小”与“张”的音高差值变小，起伏度降低，但附加了语气词“吗”以后整个句子的疑问度得到加强。言者说“他是小张？”的时候，心里应该有所猜测（信与疑各占50%），而“他是小张吗？”的疑问度则为51%≤疑≤99%[①]，因此带“吗”的疑问句的疑问度比不带“吗”的要高，这证明“吗”有可能负载疑问语气，“吗”在非问句里并不是必不可少的疑问范畴（我们可以用“他是小张不？”或者“他是小张还是谁？”或者“他是不是小张？”）。因此如果“吗”负载疑问语气，也只能是部分负载疑问语气，现代汉语中的“吗”并不是一个专职疑问语气词，也就不是传统研究所认为的疑问标记。

三 “吧”问句和相应陈述句的各字语音特征分析

我们通过对三个句子“你这件衣服真好看，新买的？”“你这件衣服真好看，新买的吧？”和“你这件衣服真好看，新买的吧。”中的句子$_1$“新买的？”、句子$_2$“新买的吧？”和句子$_3$“新买的吧。”中相应字的频率半音值的对比分析得出了下面的结论。“的”在无疑问词的疑问句（句子$_1$）、带“吧”的疑问句（句子$_2$）、带“吧”的陈述句（句子$_3$）里频率半音值有显著差异，即句子$_1$>（高于）句子$_2$>（高于）句子$_3$；“吧”在句子$_2$中的频率半音值也明显高于句子3，高1.399个半音值；“买”和“新”的频率半音值都是句子$_1$和句子$_2$之间、句子$_2$和句子$_3$之间的频率半音值差异显著，句子$_1$和句子$_3$之间的频率半音值差异不显著。对于“新买的？”和“新买的吧？”而言，“新”“买”和“的”音高在句子$_1$里都提高了，疑问语调是通过这三个字的语调提高实现的，“新买的吧”疑问程度降低了，三个字的音高都降低了；对于“新买的吧？”和“新买的吧。”而言，组成句子“新买的吧？”的四个字的半音值均值都提高了

① 邵敬敏：《现代汉语疑问句研究》，商务印书馆2014年版。

（句子$_2$中的“吧”比句子$_3$中的“吧”高1.399个半音值，句子$_2$中的“的$_2$”比句子3中的“的$_3$”高1.095个半音值，句子2中的“买$_2$”比句子3中的“买$_3$”高1.327个频率半音值，句子$_2$中的“新$_2$”比句子$_3$中的“新$_3$”高0.878个频率半音值），疑问语调是通过四个字的声调提高一起实现的，这样我们就没有理由认为只有“吧”才是疑问语气词，我们只能认为无论在句$_2$还是句$_3$里，“吧”都带有怀疑、不确定的语气；对于句子“新买的？”和“新买的吧。”而言，只有“的”频率半音值均值有显著差异，这符合石锋（2013：116）的研究结论：无疑问词的疑问句的语气，明显改变了最后一个音节平调和降调的音高和调型，也符合Hirst，D，Di Cristo A（1998）的结论，一般用句末上升的音高表疑问语调，用句末下降的音高表陈述语调，同样符合江海燕（2010：45）的结论：无论句末音节是不是轻声，承载的语气信息依然很多。

江海燕（2008：62—68）认为带“吧”的疑问句中是语调起了主要的疑问作用，她指出，如果把带“吧”的疑问句中的“吧”剪掉，句子主要被听辨为疑问句，她认为这说明带“吧”的疑问句中语调对疑问语气起主要作用。[①]但我们的实验显示“新买的？”与“新买的吧？”相比，“新”“买”和“的”三个字的音高都提高了，“新买的吧？”疑问语气比“新买的？”要弱，这种弱的疑问语气是通过句调的降低和语气词“吧”一起实现的，如果没有语气词“吧”，汉语里很难表达比“新买的？”这样的是非问再弱一些的疑问语气，因此如果承认“吧”是一个疑问语气词，也只能认为它表达的是不确定的猜测语气[②]。

四　带“呢”“吗”“吧”的疑问句与相应陈述句的差异比较

通过实验语音学的手段和数据的有效分析证实：“要是爷爷在工作呢？”与陈述句“爷爷在工作呢”的区别在于疑问句句首音节“爷爷”的降低和句尾音节“呢”的升高；“他是小张吗？”与“他是小张嘛”的

① 江海燕：《语气词“吧”和疑问语气的传达》，《语言文字应用》2008年第4期。

② 王珏（2020：537）《由功能模式出发研究语气词口气及其系统》把用在是非问里的“吧”归为高确信和高委婉，我们认为“吧”表达的语气并非高确信，而应该是齐沪扬（2010：12）归结的“说话人作出推测，希望得到确认，表示不太肯定的语气”。

主要区别在于“吗”比“嘛”的音高要高；对于“新买的吧？”和“新买的吧。”而言，组成句子的四个字的半音值均值都提高了（句子$_2$中的“吧”比句子$_3$中的“吧”高1.399个半音值，句子$_2$中的“的$_2$”比句子3中的“的$_3$”高1.095个半音值，句子2中的“买$_2$”比句子3中的“买$_3$”高1.327个频率半音值，句子$_2$中的“新$_2$”比句子$_3$中的“新$_3$”高0.878个频率半音值），疑问语调的实现是通过四个字的声调提高一起实现的。也就是说，带“吧”的陈述句如果要变成疑问句，不仅要升高“吧”的音高，而且还要升高其前面韵律词的音高；带“呢”的陈述句要变为疑问句需要降低句首韵律词的音高，升高语气词“呢”的音高；带“ma”的陈述句要变为陈述句只需要是升高语气词“吗”的音高。学界一般认为“吗”是个典型的疑问语气词，相应的陈述句变成疑问句所依靠的音节升高最少，只是句末音节，“呢”依靠的是句末和句首音节，而“吧”则依靠句子中四个字的音节；这一规律说明语气词含的疑问语气越强对语调协助变成疑问句的依附就越少。汉语里如果不加语气词“呢”“吗”“吧”相应的疑问语气就表达不出来。Greenberg J. H.（1963）提出的语言共性8是：如果可以根据语调模式区分是非问句和其他相应的陈述句，那么语调模式上的区别性特征表现在句末。[①]汉语不仅靠语调，还靠语气词，我们的实验证明要区别带“呢”和“吧”的句子是疑问句还是陈述句，不仅要靠最后一个音节的音高，其前的音高也要升高或者降低，带“吗”的疑问句仅需要升高最后一个字“吗”的音高，这三个词的实验被试都在30人以上，经统计学的检验，数据是有效的。

从理论上说，典型的疑问语气词应该是不依赖于语调可以直接附加在陈述句后，使陈述句变为疑问句。为了证明语言里存在这样的典型疑问语气词，我们对越南语、缅甸语和泰语里的相应于“呢”“吗”“吧”的表疑问的语气词进行了分析，以期证实汉语里的这几个语气词对疑问语气只起辅助作用，不是疑问标记（即专职的疑问语气词）。

---

① 刘丹青：《语言类型学》，中华书局2017年版。

第二节　基于汉外对比的“呢”“吗”“吧”的疑问功能比较

一　汉语和越南语疑问语气词的语用功能比较

Diệp Quang Ban（2008）、Nguyễn Kim Thản（阮金坦）（1997）等归纳的越南语的基本疑问语气词有：à[a^{22}]、á[a^{335}]、chưa[cɯa^{44}]、ư[ɯ^{44}]、sao [ʂaɔ^{44}]、hả[ha^{212}]、hử[hɯ^{212}]、hở[hɤ^{212}]、vậy[vɤˇi^{21}]、cơ[kɤ^{44}]、đấy[dɤˇi^{335}]、thế[t'e^{335}]、nhỉ[ŋi^{212}]、chứ[cɯ^{335}]等。越南语里的疑问语气词比较多，用法也比较复杂，我们把越南语里的疑问语气词的用法归纳成表7-8。

表7-8　越南疑问语气词的功能表

汉语相应的意思	疑问语气词	它们共同的作用是用来提问的，但用在什么样的句子里，表达什么样的意义就会因“词”而异。
都是“吗”的意思，用在疑问句末尾，具体是用在是非问句末尾	à[a^{22}]	未知结果而发问，没有特别的意义。
	á[a^{335}]	提问时带有一种惊讶，因不太相信这样的结果而发问。
	ư[ɯ^{44}]	它们的意思和á[a:^{335}]差不多，表示出乎意料，不可思议的意思。但在语气上没有á[a:^{335}]那么强烈。
	sao[ʂaɔ^{44}]	
	hả[ha^{212}]	这三个语气词的意义，结构和功能方面基本一样，根据说话人的习惯而使用不同的语气词。向长辈发问时不能用它们，会显得很不礼貌。
	hử/[hɯ^{212}]	
	hở[hɤ^{212}]	
	chưa[cɯa^{44}]	准确地说是“了吗”的意思，提问某人或某事已经发生什么样的结果了没有。
都是“呢”的意思，用在非是非问句末尾	vậy[vɤˇi^{21}]	从结构，功能和意义上讲，这三个语气词没什么区别用在非是非问句里，有“深究”的意思。
	thế[t'e^{335}]	
	đấy[dɤˇi^{335}]	
	cơ[kɤ^{44}]	有追问的意思，或者是还没听明白、清楚而发问。
	hở[hɤ^{212}]	这三个语气词在非是非问句里就变成了“呢”的意思。也只能对晚辈和同辈发问而不能对长辈发问。
	hử[hɯ^{212}]	
	hả[ha^{212}]	
	nhỉ[ɲi^{212}]	语气最为亲切的一个语气词。

续表

汉语相应的意思	疑问语气词	它们共同的作用是用来提问的，但用在什么样的句子里，表达什么样的意义就会因“词”而异。
是“吧”的意思，表示说话人的猜测的意思	chứ[cɯ^{335}]	有猜测的意思，想知道对方的答案是否和自己的想法一样。
	nhỉ[ɲi^{212}]	也有猜测，估计的意思，但更强烈地希望对方和自己的想法一样。

越南语疑问语气词可以替换，有的替换了就会产生句型变化，有的会改变句子的意义，有的不会改变句子的意义。先来看越南语疑问语气词例［1］到例［8］。

［1］Không đi chơi à?

[χ，oŋ^{44} di^{44} cɤi^{44} a^{22}]

不去玩儿吗?

例［1］中，说话者向听话者提问的时候只是单纯地想问听话者“去还是不去玩儿?”，听话者未知的结果。如果把à[a^{22}]改成nhỉ[ɲi^{212}]，就变成了［a］句。

［a］Không đi chơi nhỉ?

[χ，oŋ^{44} di^{44} cɤi^{44}ɲi^{212}]

不去玩儿吧?

［a］句的意义发生一点的变化，听话者可能预测到结果，但是要再一次确定，语气也会更委婉，亲切。如果把à[a^{22}]改成hả[ha^{212}]、hở[hɤ^{212}]、hử[hɯ^{212}]，就变成了［b］句、［c］句和［d］句。

［b］Không đi chơi hả?

[χ，oŋ^{44} di^{44} cɤi^{44} ha^{212}]

不去玩儿吗?

［c］Không đi chơi hở?

[χ，oŋ^{44} di^{44} cɤi^{44} hɤ^{212}]

不去玩儿吗?

［d］Không đi chơi hử?

[χ，oŋ^{44} di^{44} cɤi^{44} hɯ^{212}]

不去玩儿吗?

［b］句、［c］句和［d］句这三个疑问语气词用起来就像在询问一样，会让句子的疑问语气显得更重一些。“hả[ha212]、hở[hɤ212]、hử[hɯ212]”三个疑问语气词之间可以随意替换并且不会改变句子的意义。如果把［1］中的à[a22]改成ư[ɯ44]、sao[ʂaɔ44]、á[a335]，就变成了［e］句、［f］句和［g］句。

［e］Không đi chơi ư?

[χ，oŋ44 di44 cɤi44 ɯ44]

不去玩儿啊/吗?

［f］Không đi chơi sao?

[χ，oŋ44 di44 cɤi44 ʂaɔ44]

不去玩儿啊/吗?

［e］句、［f］句里，说话者感到诧异，想不到听话者不去，但本身还是希望他“去”的。

［g］Không đi chơi á?

[χ，oŋ44 di44 cɤi44 a335]

不去玩儿啊/吗?

À[a22]用“á”[a335]代替时，句子就会在改变意思的同时，也展现出问话人的感情色彩，即表现出问话者的一种惊讶，没想到的情感，所以要用“á”[a335]确认。

［2］Bạn ăn cơm chưa?

[ban21 ăn44 kɤm44 cɯa44]

你 吃饭了 吗/没?

例［2］中，提问的人因未知而问，想知道这事发生了没有。如果例［2］中把chưa[cɯa44]改成à[a22]，就变成了下面的［h］句。

［h］Bạn ăn cơm à?

[ban21 ăn44 kɤm44 a22]

你吃饭啊?

［h］句语气比较委婉一点，提问者可能是已经预料到了或者是已看见了结果。如果把chưa[cɯa44]改成hả[ha212]、hở[hɤ212]、hử[hɯ212]，就变成了［i］句、［j］句和［k］句。

［i］Bạn ăn cơm hả?

[ban^{21} ăn^{44} kɤm^{44} ha^{212}]

你吃饭啊？

［j］Bạn ăn cơm hở?

[ban^{21} ăn^{44} kɤm^{44} hɤ^{212}]

你吃饭啊？

［k］Bạn ăn cơm hử?

[ban^{21} ăn^{44} kɤm^{44} hɯ^{212}]

你吃饭啊？

［i］句、［j］句和［k］句的疑问程度与［b］句、［c］句和［d］句是一样的，hả[ha^{212}]、hở[hɤ^{212}]、hử[hɯ^{212}]这三个疑问语气词会让［b］句、［c］句、［d］句、［i］句、［j］句和［k］句句子的疑问语气显得更重一些。

［3］Bạn đi đâuđấy?

[ban^{21} di^{44} d ɤˇu^{44} d ɤˇi^{335}]

你去哪儿呢？

［4］Bạn đi đâuthế?

[ban^{21} di^{44} d ɤˇu^{44} t’ε^{335}]

你去哪儿呢？

例［3］和例［4］都可以用很多疑问语气词来替换，句子也不会因此而产生太大的变化。如：Bạn đi đâu vậy? [ban^{21} di^{44} dɤˇu^{44} vɤˇi^{21}]（你去哪儿呢？）；Bạn đi đâu à? [ban^{21} di^{44} dɤˇu^{44} a^{22}]你要去哪儿吗？），这两个句子是表示说话人一般的一种提问；如果换成hả[ha^{212}]、hở[hɤ^{212}]、hử[hɯ^{212}]就变成“Bạn đi đâu hả/hử/hở? [ban^{21} di^{44} dɤˇu^{44} ha^{212}/hɯ^{212}/hɤ^{212}]（你去哪儿呢？）”，这时，句子就不只是一般的提问而是表示一种询问，语气听起来会重一些。

［5］Cô ấy ư?

[ko^{44}ɤˇi^{335} ɯ^{44}]

她吗？

［6］Cậu ấy sao?

[kɤˇu^{44} ɤˇi^{335} ʂaɔ^{44}]

他吗？

例［5］和例［6］里，疑问语气词“ư”[ɯ^{44}]和“sao”[ʂaɔ^{44}]可以自由替换而不会改变句子的基本意义，两者都带有一种不可思议的语气。

［7］Cái này bao nhiêu tiền cơ?

[kai^{335} nai^{22} baɔ^{44} ɲiɛu^{44} tiɛn^{22} kɤ^{44}]

这个多少钱呢?

“cơ”[kɤ^{44}]有追问的意思，有时候在重复问题的情况下使用。如果把“cơ/呢”改成“vậy[vɤˇi^{21}]”“đấy[dɤˇi^{335}]”“thế[t’ɛ^{335}]/呢”，句子就变成了一般的疑问句。没有第一次和第二次提问，但如果把“cơ”改成“nhỉ/啊”的话，句子的语气就会轻很多。

［8］Hôm nay không phải đi học nhỉ?

[hom^{44} nai^{44} χ，oŋ^{44} fai^{212} di^{44} hɔk^{21} ɲi^{212}]

今天不用上课吧?

在疑问句里使用“nhỉ[ɲi^{212}]（吧）”这个疑问语气词，说话人通过向对方提问想确定结果是否正确。

如果把“nhỉ [ɲi^{212}]/吧”改成“à[a^{22}]（吗）”，句子就会变成[1]句，是单纯的是非问句。

［1］Hôm nay không phải đi học à?

[hom^{44} nai^{44}χ，oŋ^{44} fai^{212} di^{44} hɔk^{21} a^{22}]

今天不用上课吗?

我们把越南语里疑问语气词之间能否替换的情况制成了表7–9。

表7–9　疑问语气词“是否”互相代替

疑问语气	À	á	ư	sao	hả	hử	hở	vậy	cơ	đấy	thế	nhỉ	chưa	chứ
À		+	+	+	+	+	+					+	+	
Á	+		+	+	+	+	+					+	+	
Ư	+	+		+	+	+	+					+	+	
Sao	+	+	+		+	+	+					+	+	
hả	+	+	+	+		+	+	+	+	+	+	+	+	

续表

疑问语气	À	á	ư	sao	hả	hử	hở	vậy	cơ	đấy	thế	nhỉ	chưa	chứ
hử	+	+	+	+	+		+	+	+	+	+	+	+	
hở	+	+	+	+	+	+		+	+	+	+	+	+	
vậy					+	+	+		+	+	+	+		
Cơ					+	+	+	+		+	+	+		
đấy					+	+	+	+	+		+	+		
thế					+	+	+	+	+	+		+		
nhỉ	+	+	+	+	+	+	+	+	+	+	+	+		+
chưa	+				+	+	+							
chứ												+		

注：表中“+”表示可以替换。

表7-9显示的只是在一般的情况下一些疑问语气词可以互相替换，但有的是要在一定的语言环境下才能准确地判断是否能替换，大致的情况如下：一是表示“吗”意思的语气词基本上可以互相替换，如果用表示“呢”的语气词来替换，句子就会产生句型的变化。二是“hả、hử、hở”这三个语气词在表7-9中基本上都可以代替别的语气词。它们之所以这样是因为它们有两个意思，在是非问句里是“吗”的意思，在非是非问句里又是“呢”的意思。三是语气词“nhỉ”也有两个意思，有时是“呢”的意思，也有时是“吧”的意思，因此它的使用范围比较广。四是语气词“chứ”只能用语气词“nhỉ”来代替，语气词“chứ”也只能代替语气词“nhỉ”，表示猜测，希望自己的想法得到证实。

（一）越南语里相当于“吗”的词语的语用功能辨析

越南语里相当于“吗”词语有“à[a:^{22}]、á[a:^{335}]、chưa[cɯa:^{44}]、ư[ɯ^{44}]、sao[ʂa:ɔ^{44}]、hả[ha:^{212}]、hử[hɯ^{212}]、hở[hɤ:^{212}]”。下面举例予以分析。

1. 越南语疑问语气词à[a:22]

［9］Cô[ko44] ấy[ɐi335] là[la:22] bạn[ba:n21] gái[ɣa:i335] bạn[ba:n21] à[a:22]?

她是你女朋友吗?

使用"à"的时候语气会轻一些，可以说是在所有表示"吗"意思的疑问语气词里，语气最轻的一个。这句子中的"à"可以改成"ư"、"á"和"sao"。句子的意义没有发生太大的变化，只是说话人觉得出乎意料。

"à"还可以改成"hử""hở"和"hả"；句子的意义也没什么变化，就是使用这三个词时句子的语气就会重一些。

2. 越南语疑问语气词chưa[cɯa:44]

准确地说"chưa"相对着汉语的"了吗"或"了么"而不只是"吗"。

［10］Bạn[ba:n21]ăn[an44] cơm[kɤ:m44] chưa[cɯa:44]?

你吃饭了吗?

Bạn[ba:n21]đi[di44] học[hok21]về[ve335]chưa[cɯa:44]?

你上学回来了吗?

越南人在使用"chưa"的时候都是在询问某人或某事已经发生了某种情况了没有。疑问语气词"chưa[了吗]"虽然不可用其他疑问语气词代替，但可以在"chưa"后面加上其他疑问语气词。例如：

［19］Bạn[ba:n21]ăn[an44] cơm[kɤ:m44] chưa[cɯa:44]đấy[dɐi335]?

你吃饭了吗?

［a］Bạn[ba:n21]ăn[an44] cơm[kɤ:m44] chưa[cɯa:44] thế[the335]?

你吃饭了吗?

［b］Bạn[ba:n21]ăn[an44] cơm[kɤ:m44] chưa[cɯa:44] vậy [vɐi21] ?

你吃饭了吗?

［c］Bạn[ba:n21]ăn[an44]cơm[kɤ:m44]chưa[cɯa:44]hả[ha:212]/hử[hɯ212]/hở[hɤ:212]?

你吃饭了吗?

"chưa"后可以加上6个不同的疑问语气词。这6个疑问语气词都是"呢"意思的语气词。句子的基本意义并没有改变，只不过如果在

“chưa”后面加了上面的6个疑问语气词的话，就会有说话人在询问对方的同时猜测并提醒对方该“吃饭了”。如果没有加上这6个语气词，句子只是单纯地问对方而没有猜测和提醒的意思。

3. 越南语疑问语气词ư[ɯ44]、á[a:335]和sao[ʂa:o44]

为什么会把它们放在一起呢？是因为它们随时都可以替换，句子并没有产生太大的变化。如：

［11］Bạn[ba:n21] thích[tʰic335]cô[ko44] ấy[ɐi335] ư[ɯ44]/á[a:335]/sao[ʂa:o44]?

你喜欢她吗？

ư[ɯ44]、á[a:335]和sao[ʂa:o44]这三个疑问语气词都表示说话人的一种出乎意料、没想到的语气，语气最重的就是“á”，使用“á”的时候更能表现出说话人的诧异。

4. 越南语疑问语气词hả[ha:212]、hử[hɯ212]和hở[hɤ:212]

hả[ha:212]、hử[hɯ212]和hở[hɤ:212]这三个疑问语气词的意思一样，也可以随时替换而不改变句子的意义。

［12］Con[con44]không[xoŋ44]học[hok21] hả[ha:212]/hử[hɯ212]/hở[hɤ:212]?

你不学习吗？

这是爸妈对孩子说的话，有责怪的语气，使用hả[ha:212]、hử[hɯ212]和hở[hɤ:212]时句子的语气会重一些。但这三个疑问语气词最要注意的是不能在向长辈提问时使用，会显得很不礼貌，只能对同辈或晚辈使用。

我们可以看到汉语里的“吗”一直以来都被看作是毫无争议的疑问语气词。在同一个疑问句中只能有一种疑问标记出现。在越南语中相对汉语“吗”的表达方式却有很多。汉语“吗”的疑问度等一直有争议，其实主要是由于一个“吗”承担了多个功用，其疑问度自然会不同的，只是这种疑问度要配合汉语里的句调一起来实现，比如“你喜欢她吗？”，用上扬的语调就是是非问，如果用曲调则就表现为惊奇的情感。我们把越南语相应于“吗”的语气词的区别制成了表7-10。

表7–10　汉语“吗”和越南语“à[a:^{22}]、á[a:^{335}]、chưa[cɯa:^{44}]、ư[ɯ^{44}]、sao[ʂa:ɔ^{44}]、hả[ha:^{212}]、hử[hɯ^{212}]、hở[hɤ:^{212}]”的区别

汉语	越南语 下面的8个越南语疑问语气词都是相应着汉语“吗”的意思，出现在是非问句末尾，表示说话人对听话人的一种疑问							
“吗”	à a:^{22}	á a:^{335}	sao ʂa:ɔ^{44}	ư ɯ^{44}	chưa cɯa:^{44}	hả ha:^{212}	hở hɤ:^{212}	hử hɯ^{212}
一般出现在是非问句末尾，一个疑问句只能使用一种疑问标志，它负载着疑问信息，说话人向听话人提问时使用的。如：他对我笑了吗?	在疑问句里使用语气词“à”，句子的语气就比较轻一些，听起来亲切一些，如：Bạn không học à?（你不学习吗？）	使用“á”时语气会重一些，它有出乎意料的意思，是说话人想不到的结果，带着一种惊讶。如：cô ấy không ăn á?（她不吃吗？）	使用sao时语气不会太重，说话人在问的同时有出乎意料的意思，还带着一点失望。如：cô ấy không đi sao/ư?（她不去吗？）		“chưa”准确的来说是“了吗”的意思，所以使用它的时候都是说话人在询问“某人”或“某事”已经发生了某种情况了没有。而且“chưa”是唯一一个不能用其他语气词来代替的语气词，如果代替了句子的基本意义就会发生很大的变化，但在它后面可以加上别的语气词。如：你吃饭了吗？ 1 Em ăn cơm chưa? 2.Em ăn cơm chưa vậy/đấy/thế?	这三个语气词的意思完全一样，随时可以替换，它们在是非问句里有“吗”的意思，在非是非问句里又有“呢”的意思。在向同辈或晚辈提问的情况下使用，而在向长辈提问时不能使用这3个语气词，否则会显得没有礼貌。如：cậu có đi không hả/hở/hử?（你去吗？）		

（二）越南语里相当于“呢”的词语的语用功能辨析

越南语“vậy[vɐi^{21}]”“thế[tʰe^{335}]”“đấy[dɐi^{335}]”“cơ[kɤ:^{44}]”“hở[hɤ:^{212}]”“hử[hɯ^{212}]”“hả[ha:^{212}]”“nhỉ[ɲi^{212}]”的用法与现代汉语语气词“呢”有交叉。它们之间有的还可以互相替换并不改变句子的根本意思，只是会有不同的语气色彩。这些疑问语气词不能用在反问句里，越南语反问句中只能使用相应于“吗”的语气词，所以越南留学生在反问句中不太会使用“呢”而会用“吗”，或者直接不使用语气词。我们还发现汉

语语气词“呢”只能用在非是非问句里，使用范围也被限制了，而越南语有些相应于“呢”的疑问语气词，虽然不能用在反问句里，但有的语气词可以使用在是非问句里。我们把这些相应于“呢”的语气词的区别制成表7–11。

表7–11　汉语“呢”和越南语“vậy[vɐi^{21}]、thế[t^{h}e^{335}]、đấy[dɐi^{335}]、cơ[kɤ:^{44}]、hở[hɤ:^{212}]、hử[hɯ^{212}]、hả[ha:^{212}]、nhỉ[ɲi^{212}]”的区别

<table>
<tr><th rowspan="2">汉语</th><th colspan="8">越南语
下面的8个语气词都是相应着汉语“呢”的意思，它们只在非是非问句末尾出现，但不能出现在反问句里</th></tr>
<tr><th>Vậy
vɐi^{21}</th><th>Thế
t^{h}e^{335}</th><th>Đấy
dɐi^{335}</th><th>Nhỉ
ɲi^{212}</th><th>Cơ
kɤ:^{44}</th><th>Hử
hɯ^{212}</th><th>Hở
hɤ:^{212}</th><th>Hả
ha:^{212}</th></tr>
<tr><td>呢</td><td colspan="3">这三个疑问语气词的结构，功能和意义基本上没有什么差别，它们可以互相替换而不改变句子的意义，是说话人向听话人提问时有“深究”的意思。如：Bạn đi học hay đi chơi vậy/thế/đấy?（你上课还是去玩呢？）</td><td>既有“呢”的意思又有“吧”的意思，使用nhỉ时，句子的语气会最为亲切，提问的时候不会给对方压力，而且句子也会变得委婉如：Bạn đi học hay đi chơi nhỉ?（你上课还是去玩呢？）</td><td>使用“cơ”时有追问的意思或者可以说是反复问的意思如：Cái này bao nhiêu tiền cơ?（这个多少钱呢？）</td><td colspan="3">这三个语气词可以互相替换而不改变句子的意思，在非是非问句里相应“呢”，在是非问句里相应于“吗”，在跟长辈提问时不能用这3个语气词，否则会显得没有礼貌，如：Bạn đi học hay đi chơi hả/hử/hở?（你上课还是去玩呢？）</td></tr>
<tr><td>一般出现在非是非问句末尾，在选择问句可以出现在A后面或同时出现在A和B后面。表示说话人提醒听话人或有归根究底的意思</td><td colspan="3"></td><td></td><td></td><td colspan="3"></td></tr>
</table>

（三）越南语里相应于“吧”的语气词的语用功能辨析

越南语疑问语气词“nhỉ”和“chứ”相应于现代汉语语气词“吧”也负载着疑问信息，一般也只用在是非问句句末。“nhỉ”和“chứ”之间还可以互相替换。比如：

［13］Anh[a:ɲ^{44}]vẫn[vɐn^{212}]yêu[ieu^{44}]cô[ko^{44}] ấy[ɐi^{335}]nhỉ[ɲi^{212}]?

你还爱她吧？

语气词“nhỉ”既有“呢”的意思，又有“吧”的意思，在上面的例子里，它就是“吧”的意思，用“nhỉ”时句子的语气非常亲切。在这个句子中说话人可能已经知道答案或已经猜测出来了，但是还是想进一步地证实一下。它表达的信息是“信大于疑”。

如果把“nhỉ”换成“chứ”就成为例［14］。

［14］Anh[a:ɲ^{44}]vẫn[vɐn^{212}]yêu[ieu^{44}]cô[ko^{44}] ấy[ɐi^{335}]chứ[cɯ^{335}]?

你还爱她吧？

例［14］里的语气词“chứ”准确地说应该是“应该……吧”的意思。说话人向听话人询问情况，只是语气没有“nhỉ”那么亲切而已。

［15］Cơm[kɤ:m^{44}]hôm[hom^{44}]nay[na:i^{44}] ngon [ŋɔn^{44}] nhỉ[ɲi^{212}]/chứ[cɯ^{335}]？

饭今天好吃吧？

用“nhỉ”的句子，是说话人向听话人提问时希望对方可以支持自己的看法。而且我们要注意的是说话人和听话人一定是“一起吃了饭”，所以说话人才向听话人提问，并希望对方也觉得“好吃”。用“chứ”的句子就不一样了，在这个句子中说话人和听话人有可能是一起吃饭，也有可能是不在一起吃饭。如果是一起吃饭意思就和用“nhỉ”的一样；如果不在一起吃饭的话，那就是说话人只是想问听话人“这个饭好不好吃”，并没有希望对方觉得好吃的意思。我们把汉语“吧”和越南语“chứ[cɯ^{335}]、nhỉ[ɲi^{212}]”的区别制成表7-12。

表7-12　　汉语“吧”和越南语“chứ[cɯ^{335}]、nhỉ[ɲi^{212}]”的区别

汉语	越南语 下面的两个疑问语气都是相应着汉语“吧”的意思 都放在问句末尾，因为都是“吧”的意思所以使用起来语气会委婉一些。	
吧	Chứ[cɯ^{335}]	Nhỉ[ɲi^{212}]
汉语疑问语气词“吧”一般是用在问句末尾，它负载的疑问程度不是百分之百。但它还是负载了疑问信息。在汉语疑问句中“吧”的意思是“说话人向听话人提出问题时已有的一种估计，一种测度，只要对方加以证实”。	“chứ”相应汉语“吧”的意思，说话人向听话人提问时，是想得到听话人的肯定。往往是在征求对方的意见或肯定。Hôm nay cô ấy xinh chứ? “今天她漂亮吧？”	“nhỉ”既有“呢”的意思，又有“吗”的意思，还有“吧”的意思。它表达“吧”的意思，有征求意见的意思。如： Cơm hôm nay ngon nhỉ? “饭今天好吃吧？” 这个句子的意思是说话人向听话人提问时是想知道听话人的意见，希望说话人给予肯定，而且很有可能说话人是参与者。 但如果把“nhỉ”换成“chứ”那么就只是普通地发问而已，是想知道“今天的饭好吃不好吃？”

（四）汉语和越南语里疑问语调与语气词的关系的实验研究

江海燕（2010：33—34）通过语图分析实验证明汉语里疑问句的语调比陈述句高，尤其是最后一个字的语调升得最高。我们对前面第二章对“吗”问句、第三章对“呢”问句的实验也证实了这一点。我们对越南语里不带疑问语气词的疑问句和相应的陈述句也进行了语音实验。实验的工具是南开大学的“Minispeech lab”软件。实验句有6组，每组句子最后一个的声调不同，朗读者为一名说越南标准语的年龄为22岁的研一的越南语母语者。我们把实验结果制成下面6个语图。

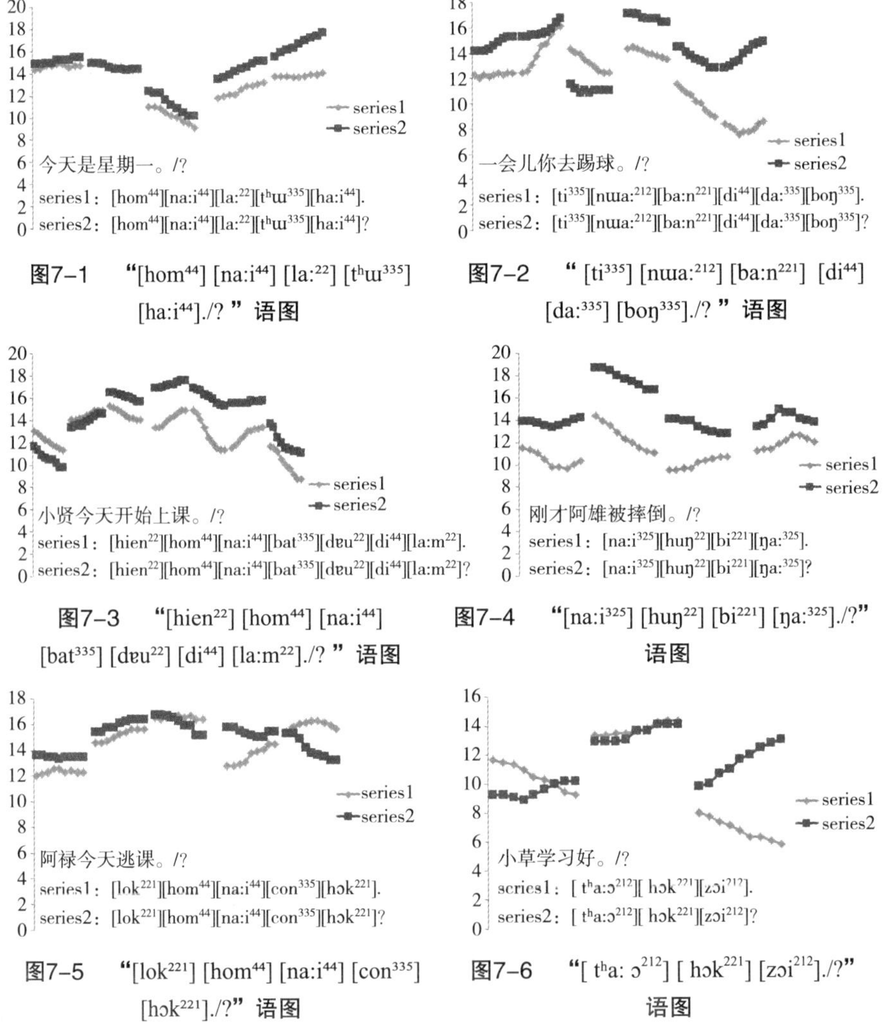

图7–1　“[hom^{44}] [na:i^{44}] [la:^{22}] [tʰɯ^{335}] [ha:i^{44}]./? ”语图

图7–2　“ [ti^{335}] [nɯa:^{212}] [ba:n^{221}] [di^{44}] [da:^{335}] [boŋ^{335}]./? ”语图

图7–3　“[hien^{22}] [hom^{44}] [na:i^{44}] [bat^{335}] [dɐu^{22}] [di^{44}] [la:m^{22}]./? ”语图

图7–4　“[na:i^{325}] [huŋ^{22}] [bi^{221}] [ŋa:^{325}]./?”语图

图7–5　“[lok^{221}] [hom^{44}] [na:i^{44}] [con^{335}] [hɔk^{221}]./?”语图

图7–6　“[tʰa: ɔ^{212}] [hɔk^{221}] [zɔi^{212}]./?”语图

从图7-1到图7-6我们得到的实验结果和汉语一样。是非问句的语调比陈述句的语调要高一些，特别是在句末音节上语调明显地上升了。这也说明了句末音节承担的语调信息最大。也就是越南语和汉语的共同之处。

江海燕（2010：114—129）通过实验发现汉语的轻声音节“吗”和“呢”在阴平音节和去声的后面字调下降，在阳平音节和上声音节后面，字调上升，其音节的调型是受前一个音节影响的。我们试图探索越南语里的疑问语气词是否受前一个音节的影响，为此，我们也进行了语音实验，被试和分析方法与上面的实验相同。

1. 越南语相应于“吗”的词语与疑问语调交互作用的声学实验

我们的六组句子里，每一组都包括一个陈述句、一个非“吗”疑问句和一个“吗”字句，每一组句子中开头音节和收尾音节都是同一个声调。实验结果见图7-7到图7-12。第一组句子汉语意思是：今天是星期一。/?/吗？语图见图7-7。

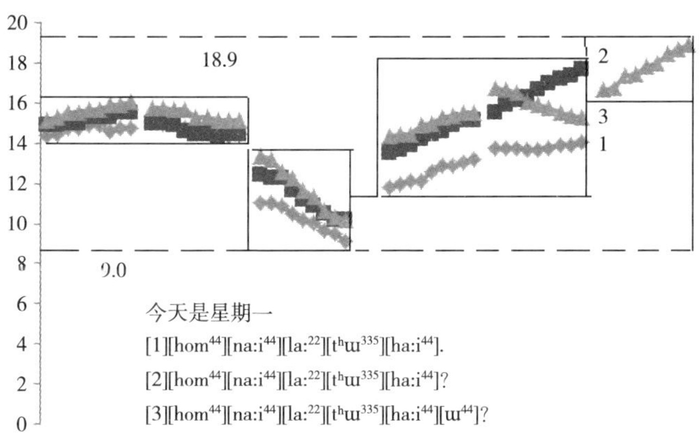

图7-7　“Hôm nay là thứ hai./?/ư?”语图

从图7-7可以看出越南语里不带疑问语气词的疑问句比陈述句的语调要高，而带疑问语气词的语调比陈述句也要高，最明显的是最后一个音节上扬。可见语气词ư[ɯ44]负载了疑问信息，从而减少了整个语调的上扬度。这基本上和汉语一样。第二组句子的意思是：“一会儿你去踢足球。/?/吗？”其语图见图7-8。

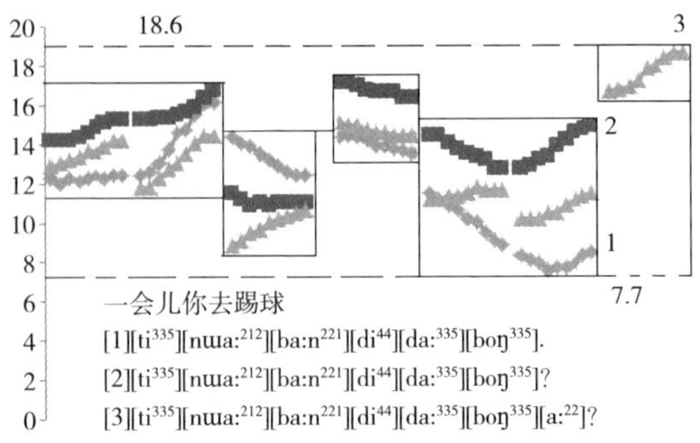

图7–8　“Tý nữa bạn đi đá bóng./?/à?”语图

图7-8和图7-7也有相似的地方，不带疑问语气词的疑问句比陈述句的语调要高很多，带疑问语气词的疑问句比陈述句的语调也要高一些，带疑问语气词的疑问句比不带疑问语气词的疑问的语调句要低。表现最为明显的是最后两个音节。所以说明à[a:22]语气词也负载着疑问信息，这也和汉语实验的结果一致。第三组句子的汉语翻译为：“小贤今天开始上班。/?/吗？（第三组句子）”语图见图7-9。

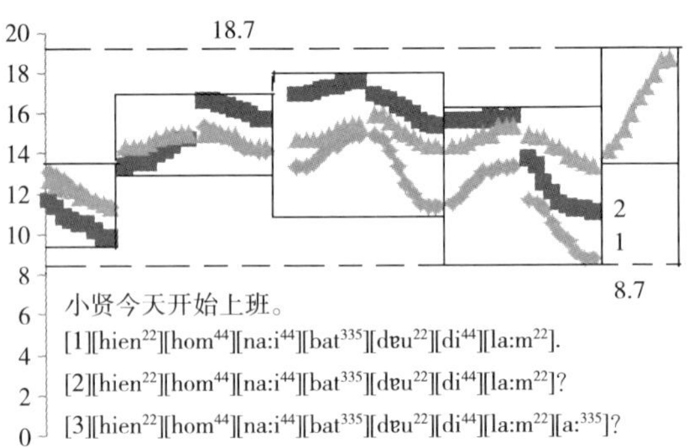

图7–9　“Hiền hôm nay bắt đầu đi làm./?/á?”语图

从图7-9可以看出，不带疑问语气词的疑问句比陈述句的语调要高，带疑问语气词的疑问句比陈述句的语调也要高得多。但我们再看带疑问语气词的疑问句和不带疑问语气词的疑问句末音节语调，不带疑问语气词的语调就要低一些了。这个结果和图7-7、图7-8显示的不一样。我们先看图7-9里例［3］里的语气词á[a:335]，它的调值是“335”，也就是说它的音节是慢慢上扬的，它会影响到前面的音节，使这个音节一起上扬，因此带疑问语气词的句末音节比不带疑问语气词末音节的语调要高一些。第四组实验句的汉语意思为："刚才阿雄被摔倒。/?/吗？"

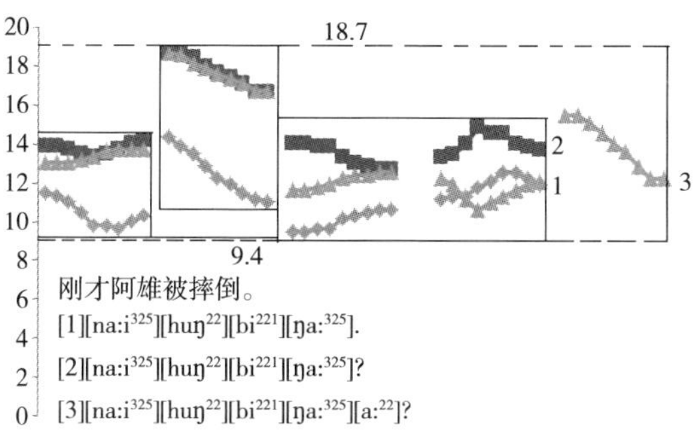

图7-10　"Nãy Hùng bị ngã./?/à?"语图

从图7-10可以看出不带疑问语气词的疑问句比陈述句语调要高很多，不带疑问语气词比带疑问语气的疑问句的语调要高些。再看带疑问语气词的疑问句和陈述句语调的区别，带疑问语气词的疑问句前三个音节的语调比陈述句的语调要高，可到最后一个音节，看上去语调基本上是一样了，但带疑问语气词的疑问句还是要比陈述句高一点点，出现这种情况还是因为第三句子的语气词"à[a:22]"。"à[a:22]"的调值是"22"明显的比前面一个音节的调值要低，前一个音节的调值是"325"所以这个音节随着"à[a:22]"语气词一起下降了。第五组实验句子的汉语意思为："阿禄今天逃课。/?/吗？"，实验结果见图7-11。

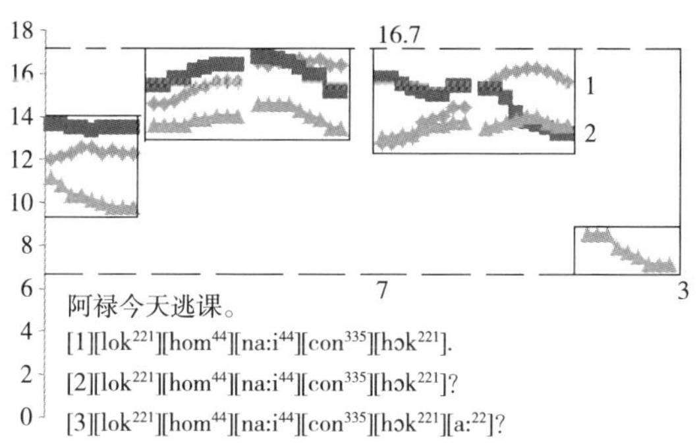

图7-11　Lộc hôm nay trốn học./?/à?语图

图7-11显示的结果和上面的几个语图完全不一样了。首先还是不带疑问语气词的疑问句比带疑问语气词的疑问句的语调要高，但陈述句语调有很大的转变，陈述句的语调比带疑问语气词的疑问句的语调要高很多。这

说明à[a:22]语气词负载的疑问信息度很高。疑问语气可以只由语气词à[a:22]来承担，不需要借助语调的帮助。我们的第六组实验句的汉语意思为：“小草学习好。/?/吗？”，语图见图7-12。

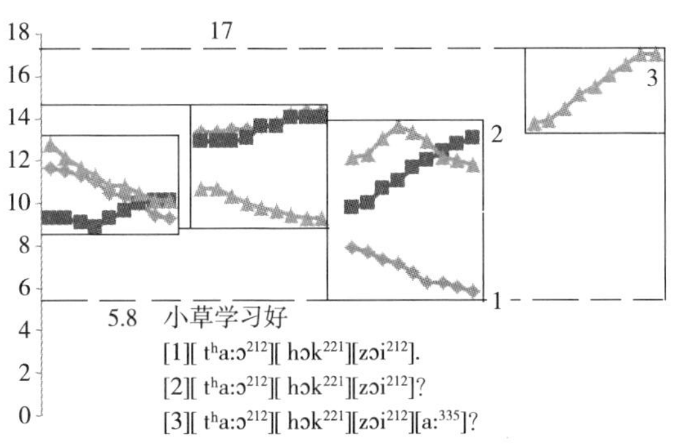

图7-12　“Thảo học giỏi./?/á?”语图

从图7-12同样可以看出不带疑问语气词的疑问句比陈述句的语调要高，带疑问语气词的疑问句比陈述句的语调要高，不带疑问语气词的疑问句比带疑问词的疑问句的语调要高一些。带疑问语气词的句子，最后一个音节[$zɔi^{212}$]的调值受语气词“á[$a{:}^{335}$]”的语调影响，调值有所升高。

在越南语里，一般情况下都是不带疑问语气词的疑问句的语调最高，陈述句的语调最低，带疑问语气词的疑问句比陈述句的语调要高，比不带疑问语气词的疑问句的语调要低些。只有带语气词à[a:22]的句子可以把语调降得比陈述句还低，这是因为“à[$a{:}^{22}$]”是越南语里的专职语气词。一般情况下，越南语里疑问语气词和语调都是两相结合使用的，这是越南语和汉语相同的地方。唯一不同的地方就在于语气词的语调上，汉语的语气词“吗/呢”是轻声的，它不会影响到它前面的音节，而是前面的一节会影响到语气词“吗/呢”的，“吗/呢”如果在阴平和去声音节后面就是降调，在上声音节的后面就是升调，在阳平音节后也是升调，因阳平本身就是一个升调；而越南语里的与“吗”相应的语气词却会影响其前面音节的语调。越南语里与“呢”相对应的语气词的具体情况如何呢?

2. 越南语相应于“呢”的词语与疑问语调交互作用的声学实验

我们对越南语里相应于“呢”的语气词的疑问句的语调情况做了语音实验，被试还是同一个人，我们将含有越南语的6个疑问语气词“vậy[vɐi2

1]” “cơ[kɤ:44]” “đấy[dɐi^{335}] “thế[t^{h}e^{335}]” “nhỉ[ɲi^{212}]” 和 “hả[ha:^{212}]” 的句子的语图进行了比对分析。

录音例句：兰英在做什么呢？

Lan anh đang làm gì thế/ đấy/ cơ/ nhỉ/ hả/ vậy?

[la:n^{44}][a:ɲ^{44}][da:ŋ^{44}][la:m^{22}][gi^{22}] [t^{h}e^{335}]/ [dɐi^{335},]/[kɤ:^{44}] /[ɲi^{212}]/ [ha:^{212}] / [vɐi^{21}]?

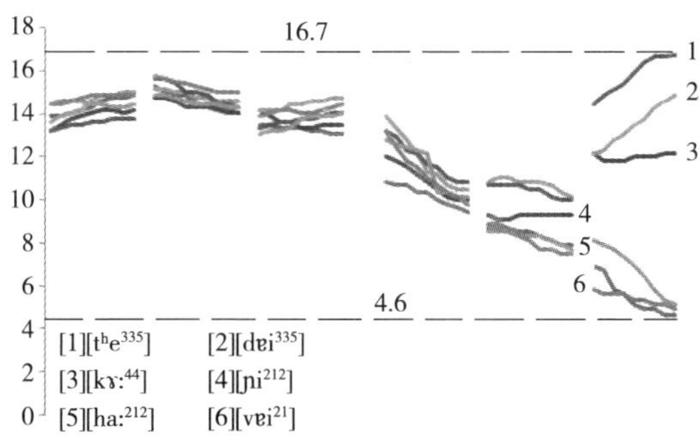

图7–13　越南语相应于“呢”字句的语图

从图7-13可以看到越南语里相应于汉语“呢”的6个越南语疑问语气词都有声调，它们没有受到其前音节的影响，相反其前面一个音节却受到了语气词声调的影响。调值高的语气词就会带前面一个音节一起升高调值，而调值低的语气词就会带前面一个音节音高一起下降。

（五）结论

越南语里的疑问语气词和汉语完全不一样，数量比汉语多得多，在语气的表达上还有人称、礼貌等的多种要求，并且越南语疑问语气词有自己独立的声调，所以前面的音节不能影响到它们，相反地它们反而会影响前面的音节。比如，越南语里语气词“á[a:^{335}]”本身就是一个升调，所以它就会带前面音节的语调一起上升，所以才会导致带疑问语气词“á[a:^{335}]”的疑问句的非语气词末音节比不带疑问语气词的疑问句的末音节的语调要高些。越南语语气词“à[a:^{22}]”是单独表示疑问的，所以它用在句末，句子的语调不用升得比陈述句高，甚至可以比陈述句低。越南语对应于现代汉语语气词“呢”的疑问语气词都不可以用在反问句里，而相应于“吗”的疑问语气词都可以用在反问句里，越南语里的疑问语气词不存在是非问句与非是非问句的对立，比如表示疑问语气的语气词hả [ha:²¹²]，既可以用在是非问句里，又可以用在非是非问句里。

越南语里的“nhỉ”既有“呢”的意思，又有“吗”的意思，还有“吧”的意思。它相应于“吧”的时候，有征求意见的意思。如：

Cơm[kɤ:m⁴⁴]hôm[hom⁴⁴]nay[na:i⁴⁴] ngon [ŋɔn⁴⁴] nhỉ[ɲi²¹²]？

“饭今天好吃吧？”

这个句子的意思是说话人向听话人提问时，想知道听话人的意见，希望说话人给予肯定，而且很有可能说话人是参与者。但如果把“nhỉ”换成“chứ”，那么就只是普通的发问而已，是想知道“今天的饭好吃不好吃？”汉语里的疑问语气词没有这么丰富的语用功能，因此汉语里的疑问语气词对疑问语气和其他语用功能的表达能力要弱一些，汉语里，相关功能的表达对语调和其他结构的依赖要多一些。

二　汉语和缅甸语疑问语气词的语用功能比较

缅甸语里相应于汉语“吗”的语气词有လား[la⁵⁵]和လော[law⁵⁵]两个，汉缅疑问语气词“吗”在表示疑问语气时，共同点有：它们都用于是非问句，不能用于非是非问句，还可以用在反问句里。唯一的不同点是：缅甸语有书面语和口语之分，书面语中的လော，在较正式场合或者是在典礼时使用，但是说话者必须是长辈或者是德高望重的人，而汉语并没有如此之分。缅甸语里与“呢”相对应的语气词有“လဲ[le⁵⁵]”“တုံး[ton⁵⁵]”“ကော[kaw⁵⁵]”和“နည်း[ni⁵⁵]”四个。缅甸语里相应于“吧”的疑问语气词有“နော[naw⁵⁵]”。我们把缅甸语里的这些疑问语气词的用法制成表7-13。

表7-13　汉语和缅甸语疑问语气词对照表

汉语	缅甸语	用法以及表达的感情色彩
吗	လား[la⁵⁵]	用在是非问句表示一般的疑问，用在反问句，表示责怪的语气，不能用于非是非问句。
	လော[law⁵⁵]	他的用法和表达的感情色彩跟“လား[la⁵⁵]”一样。它还能表达说话者对这件事的重视的语气。书面语中的လော说话者必须是长辈或者德高望重的人，不能用于非是非问句。

续表

汉语	缅甸语	用法以及表达的感情色彩
呢	လဲ[le55]	用在特指问句表示平常发问的语气，可以用在书面语，也可以用在口语。不能用于是非问句。လဲ比တုံး疑问的语气要弱一些。
	တုံး[ton55]	用在特指问句表示不耐烦、不喜欢的语气。不能用于是非问句。တုံး表示比较强势的语气。
	ကော[kaw55]	用在反问句表示询问他人的意见的语气。不能用于是非问句。
	နည်း[ni55]	用在特指问句表示平常一样发问的语气，只能用在书面语。
吧	နော[naw55]	用在是非问句表示猜测的语气。

（一）缅甸语“လား[la55]（吗）”与疑问语调交互作用的声学实验

为了检验缅甸语里相应于“吗”的疑问语气词是否受其前一节调值的影响，我们也用实验语音学手段进行了实验，被试为缅甸仰光的一位缅甸本土研究生，说标准的缅甸语，现在大理大学任缅甸语外教。因为缅甸语有高平、低平、高降和短促四个声调。所以我用四组句子来做实验，这四组句子里相应于汉语语气词“吗”的词前面的末音节的调值不同。每一组句子都包括一个陈述句、一个非“吗”疑问句和“吗”字句。

第一组实验句为下面的三个句子，句子的语图见图7-14。

他是貌登。/?/吗？（第一组句子）

[thu22][ka53][maun22][thein55][phyit44][te53]

[thu22][ka53][maun22][thein55]

[thu22][ka53][maun22][thein55][la55]

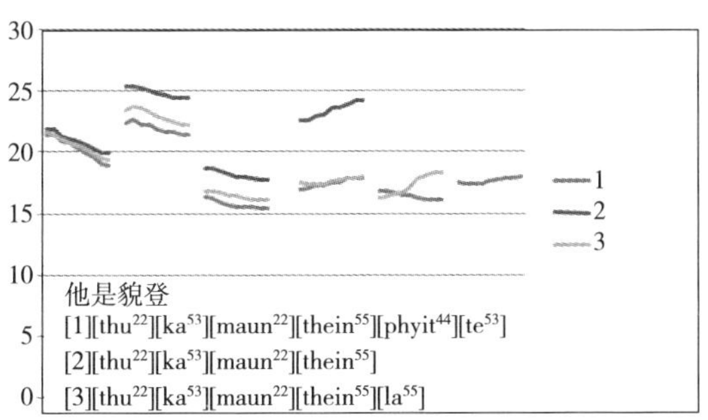

图7-14　[thu22][ka53][maun22][thein55][phyit44][te53]./?/[la55]语图

第二组实验句为下面的三个句子，句子的语图见图7-15。

他是貌貌。/?/吗？（第二组句子）

[thu^{22}][ka^{53}][maun^{22}][maun^{22}][phyit^{44}][te^{53}]

[thu^{22}][ka^{53}][maun^{22}][maun^{22}]

[thu^{22}][ka^{53}][maun^{22}][maun^{22}][la^{55}]

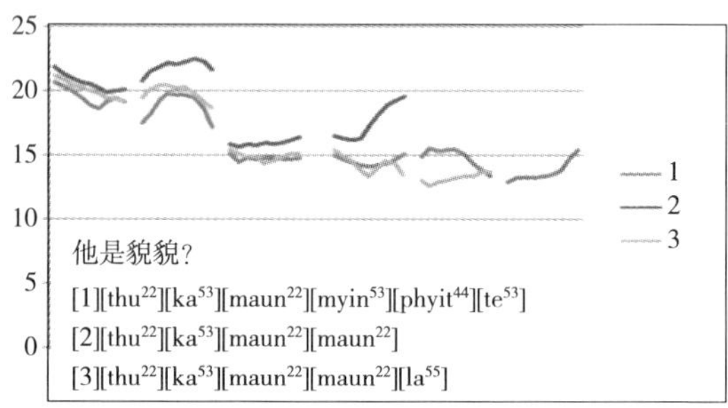

图7-15 [thu^{22}][ka^{53}][maun^{22}][maun^{22}][phyit^{44}][te^{53}]./?/[la^{55}]**语图**

第三组实验句为下面的三个句子，句子的语图见图7-16。

他是貌敏。/?/吗？（第三组句子）

[thu^{22}][ka^{53}][maun^{22}][myin^{53}][phyit^{44}][te^{53}]

[thu^{22}][ka^{53}][maun^{22}][myin^{53}]

[thu^{22}][ka^{53}][maun^{22}][myin^{53}][la^{55}]

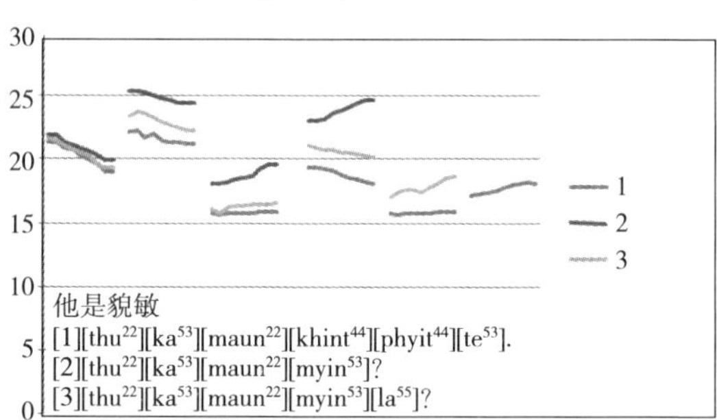

图7-16 [thu^{22}][ka^{53}][maun^{22}][myin^{53}][phyit^{44}][te^{53}]./?/[la^{55}]**语图**

第四组实验句为下面的三个句子，句子的语图见图7-17。

他是貌契。/?/吗？（第四组句了）

[thu^{22}][ka^{53}][maun^{22}][khint^{44}][phyit^{44}][te^{53}]

[thu^{22}][ka^{53}][maun^{22}][khint^{44}]

[thu^{22}][ka^{53}][maun^{22}][khint^{44}][la^{55}]

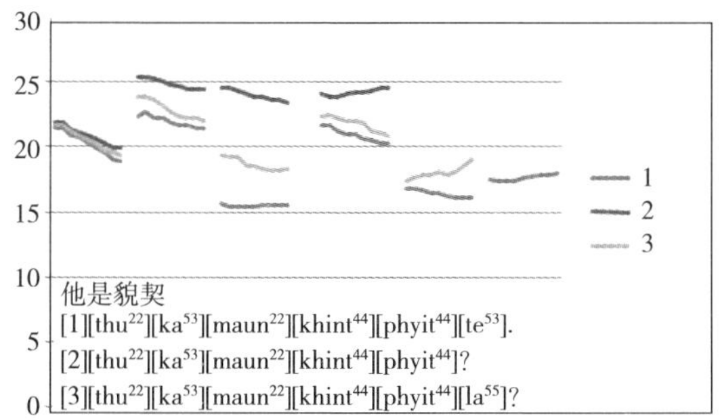

图7-17　[thu22][ka53][maun22][khint44][phyit44][te53]./?/[la55]**语图**

从图7-14到图7-17可以看出缅甸语里不带疑问语气词的疑问句比陈述句的语调要高很多，而带疑问句语气词的语调还是稍微受了前一音节的影响，图7-15显示“[thu22][ka53][maun22][maun22][la55]”中“[maun22]”的调值是22，比较低，所以[la55]的调值也随之降低，不过四个句子里[la55]的调型没有改变，而且都是上扬的，比不带疑问语气词的无标记疑问句低很多，可见“[la55]”负载了疑问信息。

总之，汉语和缅甸语一样，陈述句的语调最低；不带疑问语气词的疑问句的语调最高；带疑问语气词的疑问句的语调比陈述句的高，比不带疑问语气词的疑问句的语调低。但汉语的疑问语气词“吗”是轻声，所以它前面的音节的声调调型会影响它的声调。“吗”的声调在阴平和去声音节后面就会下降，在上声和阳平音节后面就会上升，而缅甸语语气词“[la55]”的调型保持不变。

（二）缅甸语“le55（呢）”与疑问语调交互作用的声学实验

为了了解“လဲ[le55]”是否受前面音节的影响，读音是否有所变化，我们仍旧用实验语音学的方法对四个语气词前的音节调值不同句子的语调进行了对比分析。实验句为以下四个句子，这四个句子的语图见图7-18.

1. [thu22] [be22] [thwa55] [le55]
　　他　哪　去　呢？（他去哪呢？）
2. [thu22] [be22] [dhu22] [le55]
　　他　谁　　呢？（他是谁呢？）
3. [thu22] [ba22] [kyi53] [le55]
　　他　什么　看　呢？（他看什么呢？）

4. [thu^{22}] [be^{22}] [hma^{22}] [eit^{44}] [le^{55}]

他　哪　在　睡　呢？（他在哪睡呢？）

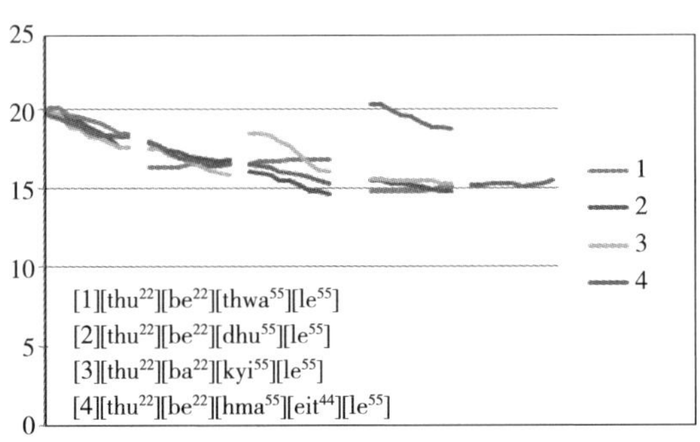

图7-18　缅甸语“[le^{55}]”字句语图

从图7-18可以看出缅甸语疑问语气词“[le^{55}]”有自己的声调，所以它不会受到前面音节的影响，四个句子的“[le^{55}]”的音高大致在一条线上，都比实际调值55低一些，而且它的声调基本不会影响前面音节的声调。

（三）结论

在数量上，缅甸语疑问语气词稍多于汉语，与汉语“吗”相对应的缅甸语疑问语气词有2个，与“呢”相对应的缅甸语疑问语气词有4个，与“吧”相对应的缅甸语疑问语气词只有1个。缅甸语里的语气词同汉语一样，存在是非问句与非是非问句的对立。缅甸语疑问语气词在使用时要根据语境、感情色彩、场合来选择合适的疑问语气词，尤其注重书面语和口语的区别。

汉语疑问语气词“吗”“吧”跟缅甸语疑问语气词“吗”“吧”的意思和用法大致相同。所以缅甸学生学汉语疑问语气词“吗”“吧”的时候相对来说比较简单，没有太大的问题。但汉语疑问语气词“呢”的用法丰富多样，汉语疑问语气词“呢”可以用在特指问句、反问句、选择问句等非是非问句中；缅甸语里与现代汉语疑问语气词“呢”相应的词语，却只能用在特指问句中。因此缅甸学生没有意识到汉语疑问语气词“呢”在反问句中的用法。例如：你怎么记不得我呢？缅甸学生习惯说“你怎么记不得我？”意思和语法是对的，但加“呢”和不加“呢”的表达的感情色彩就不一样了。这就会导致“呢”成为缅甸汉语学习者习得汉语语气词的难点。

在声学特征上，不管是汉语还是缅甸语，陈述句的语调最低；不带疑问语气词的疑问句的语调最高；带疑问语气词的疑问句的语调一般比陈述句的高，比不带疑问语气词的疑问句的低。不同点是汉语的疑问语气词会受到前面音节的语调的影响，缅甸语的疑问语气词因为有自己的声调，受到前面音节的音高的影响的情况比较少，偶尔会因前面音节调值的降低而调值随之下降。

三　汉语和泰语疑问语气词的语用功能比较

（一）汉泰疑问语气词的基本功能对比

泰语中表示疑问的语气词有，如：นะ[na^{453}]（呢）、ล่ะ[la^{41}]（呢）、มั้ง [maŋ^{453}]（吧）、ไหม[maj^{24}]（吗）、หรือเปล่า[rɯ:^{24} plaw^{22}]（吗）、เหรอ[rə:^{24}]（吗）等等。我们把这些词的具体用法制成表7-14。

表7-14　　汉语和泰语里的疑问语气词用法对照表

<table>
<tr><th>语言</th><th>汉语</th><th>泰语</th></tr>
<tr><td>疑问语气词的分类</td><td>1.疑问语气词：吗</td><td>1.ไหม[maj^{24}]用在是非问句里表示有疑而问，有时候说话者提出了一个表达自己主观愿望的问题，希望得到听话者肯定的回答。如：
เธอกิน ได้ไหม?
[thə:^{33}kin^{33}daj^{41}maj^{24}?]（你可以吃吗？）
2.หรือเปล่า[rɯ:^{24}plaw^{22}]只用在是非问句里，表示发话者有疑而问，希望得到听话者的回复。如：
คุณไปกับพวกเขาด้วย<b>หรือเปล่า</b>?
[khun^{33}paj^{33} kap^{22}phua:k^{41}khaw^{24}dua:j^{41}rɯ:^{24}plaw^{22}?]（你跟他们一起去吗？）
ไม่ เป็นหัวหน้าห้อง , แล้วจะไม่เป็นนักเรียนที่ดีหรือเปล่า
[maj^{41}pen^{33}hua:^{24}na:^{41}hɔ:ŋ^{41}，læ:w^{453}ca^{22}maj^{41}pen^{33} nak^{453}ria:n^{33} thi:^{41}di:^{33}rɯ:^{24}plaw^{22}?]（不当班长，难道就不是好学生吗？）
3.เหรอ[rə:^{24}] 表示疑问，主要是发问者得到了一个新的信息，该信息使发问者感到很惊讶，让听话者给予确认的答案，用于是非问句；也可以用在反问句中，表示疑问。如：
เขาไม่ชอบกินผัก<b>เหรอ</b>?
[khaw^{24}maj^{41} chɔ:p^{41}kin^{33}phak^{22}rə:^{24}?]（他不爱吃青菜吗？）
คุณชอบฉัน , แล้วฉัน(ต้อง) ชอบคุณเหรอ?
[khun^{33}chɔ:p^{41}chan^{24} ，læ:w^{453}chan^{24}（tɔ:ŋ^{41}）chɔ:p^{41}thə:^{33}rə:^{24}?]（你喜欢我，难道我必须喜欢你吗？）</td></tr>
</table>

续表

语言	汉语	泰语
疑问语气词的分类	2.疑问语气词："呢"	1.นะ[na^{453}]相当于汉语里的“呢”，用在特指问句和反问句里表示缓和地深究。如： ไปธนาคารไปยังไงนะ? [paj^{33}tha^{453}na:^{33}khan^{33}paj^{33}jaŋ^{33}ŋaj^{33}na^{453}？]（去银行怎么走呢?）（特指问） ใครทำให้คุณโกรธ ขนาดนี้นะ? [khraj^{33}tham^{33}haj^{41}khun^{33}kro:t^{22}kha^{22}na:t;^{22}ni^{453} na^{453}？]（谁让你这么发火呢?） 2.ล่ะ[la^{41}] 相当于汉语里的“呢”，用在特指问句、选择问句里和省略了疑问词的是非问句里。如： เธออยากกินอะไรล่ะ? [thə:^{33}ja:k^{22}kin^{33}ʔa^{33}raj^{33}la^{41}?]（你想吃什么呢? ）（特指问句） คุณอยากกินข้าวหรือเส้นล่ะ? [kun^{33}ja:k^{33}kin^{33}kha:w^{41} rɯ:^{24}se:n^{41}la^{41}?]（你想吃饭还是粉呢?）（选择问） ฉันอยากกินเคเอฟซี เธอล่ะ? [chan^{24}ja:k^{22}kin^{33}khe:^{33}ʔe:p^{22}si:^{33}thə:^{33}la^{41}?]（我想吃肯德基，你呢? ）
	3.疑问语气词："吧"	มั้ง[maŋ^{453}]相当于汉语里的“吧”，用在是非问句里表示“揣测”。 เขาเป็นคนจีนมั้ง? [khaw^{24}pen^{33}khon^{33}cin^{33}maŋ^{453}?]（他是中国人吧? ）

（二）泰语疑问语气词负载疑问语气的实证研究

我们请泰国曼谷一位具有本科学历的、说泰语标准语、年龄为23岁的女性被试朗读相关句子，并进行录音。录音情况为如下：

①录音软件：Praat；②切分软件：Cool Edit；③采样率：11025赫兹，16位，单声道；④要求学生每句读3遍，句与句间隔4秒，自然状态、平稳语速发音。录音的语句为下文语图中的实验句。

1. 泰语里的陈述句与相应的带有语气词的疑问句的语调对比

（1）泰语陈述句与相应带上泰语语气词的“มั้ง”[maŋ^{453}]（吧）对比

从图7-19可以看到泰语里带“มั้ง”[maŋ^{453}]（吧）的疑问句比陈述句的语调还低，说明“มั้ง”[maŋ^{453}]（吧）自身带有疑问语气，这与汉语里带“吧”的疑问句比陈述句的语调高很多有很大的不同。

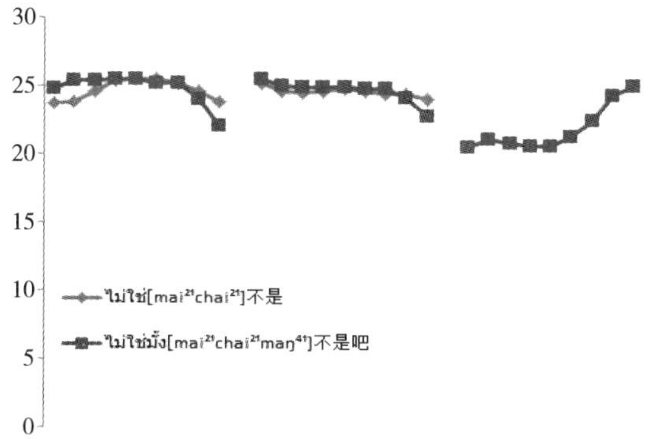

图7-19　“มั้ง” [maŋ453]（吧）问句与相应陈述句的对比

（2）泰语陈述句与相应的带上泰语语气词的“ไหม/หรือเปล่า/เหรอ” [maj24/rɯ:24plaw22/rə:24]（吗）三个语气词对比

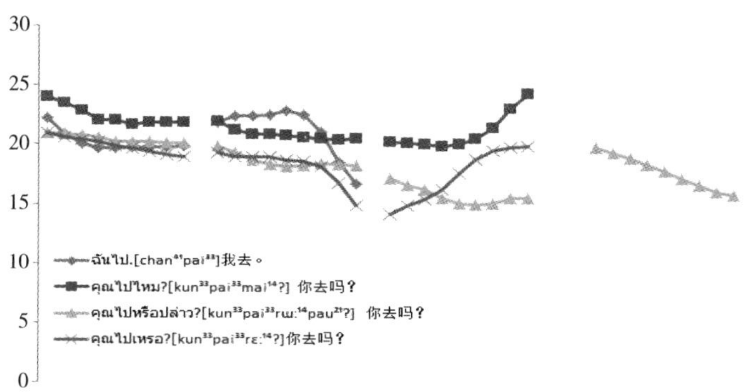

图7-20　泰语陈述句与带有疑问语气词“ไหม/หรือเปล่า/เหรอ” [maj24/ rɯ:24plaw22/ rə:24]（吗）的句调对比图

从图7-20可以看到泰语的陈述句的句调本来是降调，可是当带了语气词“ไหม” [maj24]（吗）以后，语气词前一字的声调比陈述句低了，“ไหม” [maj24]（吗）的字调也是由低而高的；当带上“หรือเปล่า” [rɯ:24plaw22]（吗）以后，语气词前一字的语调跟“ไหม” [maj24]（吗）问句差不多，只比“ไหม” [maj24]（吗）低一点，“หรือเปล่า” [rɯ:24plaw22]（吗）的字调降得比较低；当带上“เหรอ” [rə:24]（吗）以后，语气词前一字的字调也比陈述句低一点；当加上“เหรอ” [rə:24]（吗）以后，其前一字的字调仍旧比陈述句低，“ไหม” [maj24]（吗）的字调由低而高。总之，带上泰语里相应于“吗”的语气词以后，其前一字的语调比陈述句还低，语气词“ไหม/หรือเปล่า/

เหรอ” [maj^{24}/rɯː^{24}plaw^{22}/rəː^{24}]则保留了自身的字调，这说明，疑问语气词是由语气词承担的，而不是由语调承担的。

（3）泰语语气词的“ล่ะ” [la^{41}]（呢）“นะ” [na^{453}]（呢）问句与相应陈述句的对比

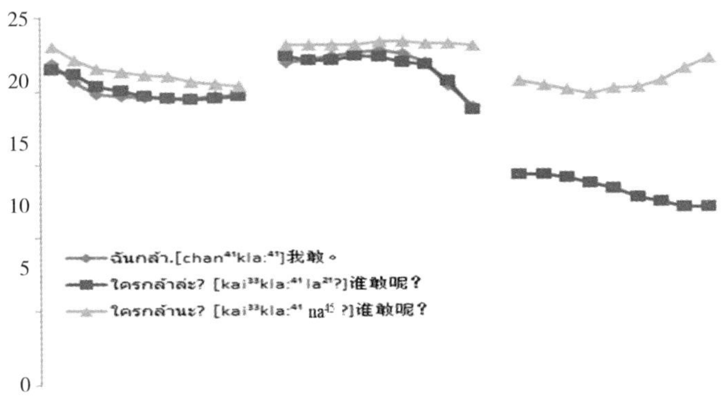

图7-21　泰语陈述句与带有“ล่ะ[la^{41}]”“นะ[na^{453}]”（呢）的疑问语气词的句调对比

从图7-21可以看到泰语的陈述句的句调本来是降低的，当疑问句里带上了“ล่ะ” [la^{41}]以后，语气词前一字的语调跟陈述句一样低，“ล่ะ” [la^{41}]（呢）的字调变得更低了；当带上“นะ[na^{453}]”（呢）以后，语气词前一字的字调比陈述句高一些，而在疑问语气词“นะ[na^{453}]”（呢）的字调是升高的。所以当疑问句使用“ล่ะ[la^{41}]”（呢）以后，句调会降低，而使用“นะ” [na^{453}]（呢）句调就会升高，这是由这两个疑问语气词本身的字调特点决定的。

总之，泰语里的相应于“吗”“呢”“吧”的疑问语气词本身都负载着疑问语气，是专职的疑问语气词，它们在疑问句里保留自身的调值和调型，整个疑问句里其他词的字调可能由于该疑问词自身的升或降，而略有升高或者略有降低，语气词自身负载了疑问信息，甚至还影响了其前字调型的高低，这与汉语有很大的不同。

2. 语气词前一字的音节与句尾的语气词的分析

为了能更清晰地展示泰语里的疑问语气词对其前一音节的影响，我们进行了语音实验，被试为同一人，下文予以具体分析。

（1）前一字的“阴平”与疑问语气词的字调影响关系对比

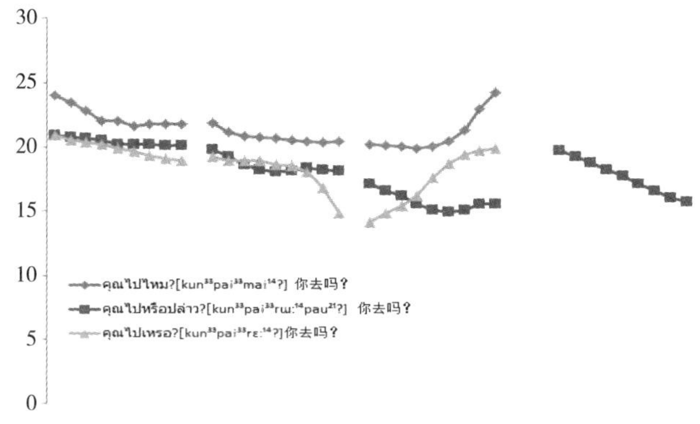

图7-22　语气词前一字“阴平”与泰语语气词的“ไหม”[mai^{24}]、“หรือเปล่า”[rɯ:^{24}plau^{22}]、“เหรอ”[rə:^{24}]（吗）的影响关系对比图

从图7-22可以看到语气词前一字是阴平（音高：33），阴平加上泰语疑问语气词的“ไหม”[maj^{24}]（吗）后，该字的字调会升高的，加上泰语疑问语气词的“หรือเปล่า”[rɯ:^{24}plaw^{22}]（吗）后，字调会降低；加上泰语疑问语气词的“เหรอ”[rə:^{24}]（吗）以后，其音高仍旧降低。总之，当语气词前一字是阴平时，泰语疑问语气词的“ไหม”[maj^{24}]会让其调值变高，“เหรอ”[rə:^{24}]（吗）和“หรือเปล่า”[rɯ:^{24}plaw^{22}]（吗）会让句调降低。

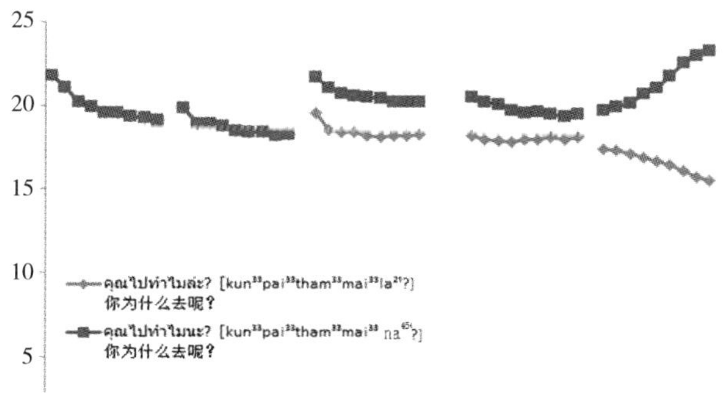

图7-23　语气词前一字“阴平”与泰语语气词的“ล่ะ”[la^{41}]、“นะ”[na^{453}]（呢）的影响关系对比图

从图7-23可以看到语气词前一字是阴平，泰语疑问语气词的“ล่ะ”[la^{41}]（呢）会让句调降低，“นะ”[na^{453}]会让句调升高，前一字也随着句调的升高而升高，降低而降低。

（2）前一字的“阳平”与泰语语气词的“ไหม”[maj^{24}]、“หรือเปล่า”[rɯ:^{24} plaw^{22}]、“เหรอ”[rə:^{24}]（吗）和“ล่ะ”[la^{41}]、“นะ”[na^{453}]（呢）的影响关系对比

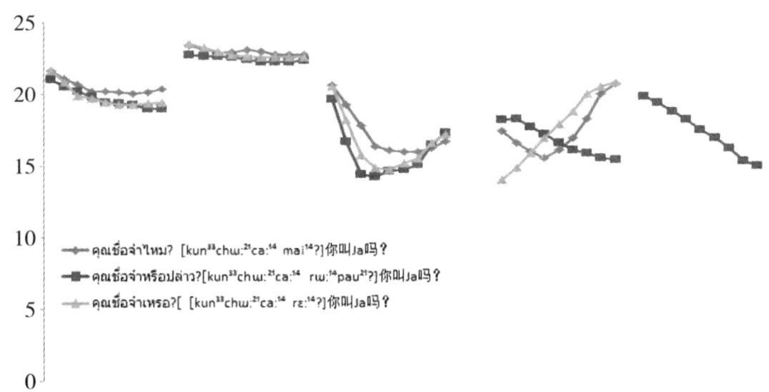

图7-24 语气词前一字“阳平”与泰语语气词的“ไหม”[maj^{24}]、“หรือเปล่า”[rɯ:^{24}plaw^{22}]、“เหรอ”[rə:^{24}]（吗）的影响关系对比图

从图7-24可以看到，当语气词前一字是阳平时与其前一字是阴平一样，“ไหม”[maj^{24}]会让其调值变高，“เหรอ”[rə:^{24}]（吗）和“หรือเปล่า”[rɯ:^{24}plaw^{22}]（吗）会让句调降低。

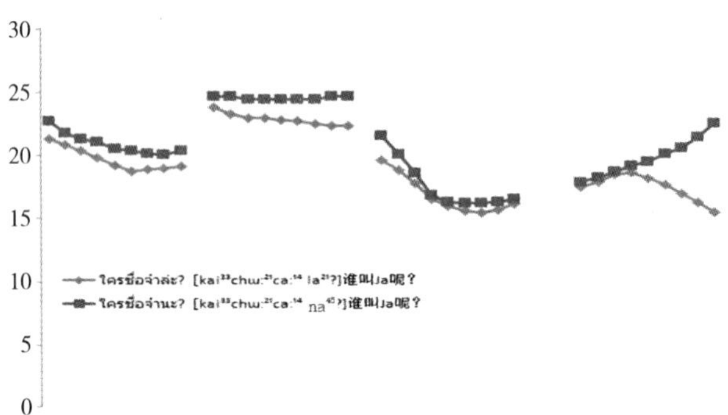

图7-25 语气词前一字“阳平”与泰语语气词的“ล่ะ[la^{41}]”“นะ[na^{453}]”的影响关系对比图

从图7-25可以看到语气词前一字是阳平（音高：14）时，加上泰语疑问语气词的“ล่ะ[la^{41}]”（呢）时，会使句调降低，加上泰语疑问语气词的“นะ[na^{453}]”（呢）时会使句调升高，其前的阳平字也会随着句调的升高或者降低而略高或者略低。

（3）前一字的“去声”与泰语语气词的“ไหม”[maj^{24}]、“หรือเปล่า”[rɯː^{24} plaw^{22}]、“เหรอ”[rəː^{24}]（吗）和“ล่ะ[la^{41}]”“นะ[na^{453}]”（呢）对比

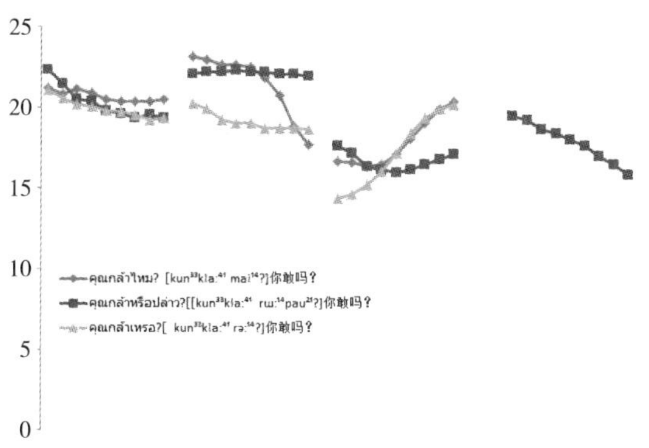

图7-26　语气词前一字“去声”与泰语语气词的“ไหม”[mai^{24}]、“หรือเปล่า”[rɯː^{24}plaw^{22}]、“เหรอ”[rəː^{24}]字调影响关系对比图

从图7-26可以看到语气词前一字是去声（音高：41）时，泰语疑问语气词的“ไหม”[maj^{24}]会使前一字的字调升高，但调型下降，语气词“หรือเปล่า[rɯː^{24}plaw^{22}]”会使前一字的字调升高；当去声加上泰语疑问语气词的“เหรอ[rəː^{24}]”（吗）时会使其前一字的字调降低；三个语气词自身的调值则不变。

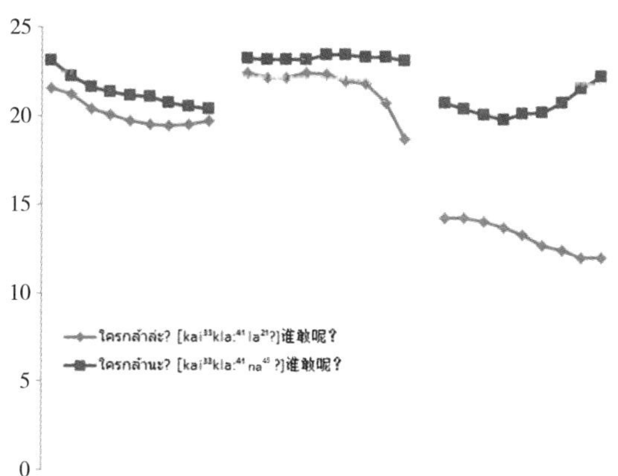

图7-27　语气词前一字“去声”与泰语语气词的“ล่ะ[la^{41}]”“นะ[na^{453}]”（呢）影响关系对比图

从图7-27可以看到语气词前一字是去声（音高：41）时，泰语疑问语

气词的“ล่ะ”[la41]、泰语疑问语气词的“นะ[na453]”（呢）会使前一个字的字调升高，泰语疑问语气词的的“ล่ะ[la41]”（呢）会使前一字的字调降低。

总的来说，无论泰语疑问语气词前面的字调是阴平、阳平还是去声，泰语疑问语气词都保持自身的字调，同时还会影响其前字的字调，因其自身调值的升降变化使前音节的字调升高或降低。因此，对于泰语而言，疑问语气词对疑问语气的形成起着决定性的作用。

越南语里的疑问语气词也同泰语一样，它们在疑问句里的调值和调型保持不变，还会影响其前一个字的调型，带疑问词的疑问句的语调一般来说要比不带疑问词的疑问句的语调低，比陈述句的语调要高。泰语里的相应于“吗”“呢”“吧”的疑问语气词本身都负载着疑问语气，是专职的疑问语气词，它们在疑问句里保留自身的调值和调型，整个疑问句里其他词的字调可能由于该疑问词自身的升或降，而略有升高或者略有降低，语气词自身负载了疑问信息，甚至还影响了其前字调型的高低，甚至由于其影响，其前一字的调值比陈述句还低，如泰语里的疑问语气词“ล่ะ[la41]”前一字的调值比相应的陈述句还低。

越南语的语气词ạ[ɑ221]可以用在疑问句里，只是用在问者是晚辈的情况。我们在第五章第一节对其进行了研究，发现越南语语气词“ạ[ɑ221]”用在疑问句里，其疑问句必须升高语调，如果语调没有升高，其后加了“ạ[ɑ221]”就变成陈述句了，疑问语气完全是通过升调来实现的。语气词“ạ”在越南语里是一个特别的词类，专门用来表示礼貌的语气以及态度。这本书的第二章、第三章和第四章证明用在是非问句里的“吗”和“吧”以及用在省略了疑问代词的“呢”字疑问句里，汉语的这些疑问语气词都要随着疑问语调的升高而升高，是语调影响了汉语的疑问语气词，而其他三种语言则相反，这三种语言里有专职的疑问语气词，它们在疑问句里保留着自身的调值和调型，整个疑问句里其他词的字调可能由于该疑问词自身的升或降，而略有升高或者略有降低，语气词自身负载了疑问信息，甚至还影响了其前字调型的高低，甚至由于其影响，其前一字的调值比陈述句还低。汉语里比较特殊的语气词是“啊”，它的调型一般不受句类的影响，在陈述句末尾与在疑问句末尾的语气词“啊”的调型没有什么区别①，这一特征说明“啊”游离于语气系统之外表达的是情感，这也是

① 这个结论参见熊子瑜（2004）《“啊”的韵律特征及其话语交际功能》的研究。

汉语里语气词连用时“啊”总是处在最外层及前文所论述的其衍生出叹词用法的原因。

四　汉语疑问语气词的类型学特征小结

与其他有声调的语言比，汉语的疑问语气词要比其他语言少得多，其他语言还有专门作为疑问标记的疑问语气词，而汉语没有，汉语对语调的依赖更强，这也许是汉语里的句末语气词都语法化为轻声的原因。用在是非问句里的“吗”和“吧”以及用在省略了疑问代词的“呢”字疑问句里的“呢”，汉语的这些疑问语气词都要随着疑问语调的升高而升高，是语调影响了汉语的疑问语气词，而其他三种语言则相反，其他三种语言里的疑问语气词自身的调型和调值基本不变，甚至还可以影响到其前音节调值的高低。汉语里比较特殊的语气词是“啊”，它的调型一般不受句类的影响，在陈述句末尾与在疑问句末尾的语气词“啊”的调型没有什么区别，这一特征说明“啊”游离于语气系统之外表达的是情感，这也是汉语里语气词连用时“啊”总是处在最外层及前文所论述的其衍生出叹词用法的原因。

汉语里“吗”和“呢”的分布存在着是非问句与非是非问句的对立，缅甸语里的语气词同汉语一样也存在着这种对立，泰语和越南语则不存在这种对立；其他有声调语言里的相应词语“吗”和“呢”的词语还存着“反问句”与非反问句的对立，汉语里则没有这种对立，汉语里的“吗”和“呢”都可以用在反问句里，缅甸语里相应于“吗”的词语都可以用在反问句里，相应于“呢”的词语则不能。与汉语的“吗”相比，汉语里的疑问语气词“呢”的用法更加丰富多样，汉语疑问语气词“呢”可以用在特指问句、反问句、选择问句等非是非问句中，也可以用在反问句里，还可以用在省略了疑问代词的“NP/VP呢”问句中；缅甸语里与现代汉语疑问语气词“呢”相应的词语，却只能用在特指问句中，相对于“吗”而言，因此，汉语里的“呢”的用法更复杂，更具有标记性。

相对于其他三种语言而言，汉语里的疑问语气更多地依赖于语调，而其他语言都有专门的疑问标记，要根据语境（包括人物关系）、感情色彩、语体色彩来选择合适的疑问语气词，汉语的疑问语气词则没有这么复杂的区分。

什么是专属的疑问标记呢？我们拿缅甸语来举例说明。汉语的句子中根据结构有些地方不需要语气词或者用语调也能表达疑问的语气。但是缅甸语不行，因为缅甸语疑问结构本身就带有疑问语气词，所以缅甸语里，无论哪一种形式的疑问句都要有语气词来表达。同时一定要有这个疑问语气词才能对句子有疑问标记的功能。汉语的疑问句中，有些地方只有疑问代词也能表示疑问，但是在缅甸语中，除了疑问代词还要有疑问语气词的搭配才能表达疑问语气。例如：

အခု	ထိ	မ	ပြီး	သေးဘူး	၊ဘယ်လိုလုပ်မှာ	လဲ။
ə khu^{53}	thi^{53}	mə	pi^{55}	tθe^{55}bu^{55}	bɜ^{22}lo^{22}lou^{ʔ4}hma^{22}	lɛ^{55}
现在	到	不	好	还	，怎么办	呢

（到现在还不好，怎么办呢？）

在缅甸语中，语气词有完句的功能，缅甸语有时不能用语调来表达语气，只能依赖语气词，在上面这个例子中，如果没有语气词လဲ/lɛ^{55}/就不是一句完整的句子，加了လဲ/lɛ^{55}/不仅有完句的功能而且还能表示疑问的语气。汉语里去掉疑问语气词“呢”，还是一个疑问句，只是疑问的语气轻重不同。

我们的实验证明汉语里的“吗”“呢”“吧”在疑问句里表达疑问语气一般是要和语调结合在一起的，去掉这些疑问语气词，疑问的程度会发生变化，因此，我们判定汉语里的“吗”“呢”“吧”是疑问语气词，但鉴于其对疑问语调的依赖，我们认为它们不属于专属的疑问标记。越南语、泰语和缅甸语里的疑问语气词的声调在疑问句里保持不变，不受其前音节的影响，这从一个侧面证明刘丹青（2017：93）的理论假设“声调发达的语言，语气词也比较发达，语调的起伏度要小一些”，当然要需要证明这一共性是否是类型学共性，还需要对更多的有声调的语言进行语音实证分析。

第三节　基于现代语气系统的“呢”“吗/嘛”“吧”“啊”的语用功能比较

国家语委语料库里的“吗”用在疑问句里的用例有6275例，使用频率为万分之3.23，有8个例句中“吗”的用法相当于“嘛”，见例［16］到例［23］，这说明句中语气词“吗”的用法来自其句尾语气词的疑问用法。[①]

［16］拉车吗，总是得埋着头，仰脸哪能使得上劲呢。

［17］所以吗，你既然让我当工段长，按我的理解，就是让我拉着工段这个车向前走呀。

［18］本来吗，“名不正则言不顺”，规模虽小，组织可不能不扩大，只要有机会，还愁不能大举？

［19］感激的话，没有一句合适；检讨吗，师傅不喜欢先讲后做的人，何况一句两句又难以说清楚自己的心情呢！

［20］“棉花吗，不要紧，他不怕这种药水。”

［21］正说着哪，我妈进来了：“吵吗，吵吗，一来就斗气，没完了，吃饭！”

［22］我说吗，你不知道你错在什么地方。

［23］效果吗，好极了。

基于本书第二章到第六章的研究，我们把“呢”“嘛”“吧”“啊”的语用功能归纳为下面的四个表格。鉴于语气词“吗”的疑问功能在本章前两节已有总结，这里我们只归纳“嘛”的语用功能。

表7–15　　国家语委语料库1945.5328万字的现代汉语语料库中现代汉语中“呢”的用法统计

<table>
<tr><td rowspan="2">用法
使用频率（比例）</td><td rowspan="2">表示疑问、深究</td><td rowspan="2">指明事实，略带夸张</td><td>话题或者关联词语之后</td><td>用在应对语后</td><td rowspan="2">假设分句后，引入新话题，有犹疑、提醒的口气</td></tr>
<tr><td colspan="2">仍旧有“提醒”、“申明”的意味；当用在话题后时，该话题常常用在后续句里，是承接当前语境转换出的新话题</td></tr>
<tr><td>呢（10400例）使用频率（5.35）</td><td>7166（68.9%）</td><td>2881（27.7%）</td><td>331（3.18%）</td><td>15（0.14%）</td><td>7（0.07%）</td></tr>
</table>

注：使用频率=使用频次/19455328（语料库总字数），表中的使用频次是万分位的。所占比例=该用法所使用的频次/该词总的频次*100%（下表同）。

① 翟燕（2013：94）举的“么”表假设的例子，如“万岁说：‘你若是有么，你就说，算你的’”，她认为句子里的“么”确实起到了舒缓语气的作用。但是我们仍旧可以见到说话者思考的痕迹，从“你有么”到“你若是有么”的转换过程。

表7–16　　语气“嘛”的句类、语义分布及所占比例

“嘛”的原型意义：表示所述事情道理的“显而易见”，重在说理，有较强的口语性。（总使用频次998，总使用频率0.513）						
用在句中136例（13.6%）			用在句尾862例（86.4%）			
主语后121例（12.12%）	副词、连词后6例（0.6%）	应对语后9例（0.9%）	陈述句、反问句后713例（71.4%）	祈使句后139例（13.9%）	疑问句后3例（0.3%）	假设小句后7例（0.7%）
表达原型意义，引入新话题，舒缓语气	表达原型意义，舒缓语气	可以表达原型意义，同时还表达了轻微的惊喜或冷淡、不耐烦的情态或者表达对交谈者所述内容高度认同的回应。有时表达对所述话题的答案还没有想好，边思索，边欲回答	表达原型意义，说理	表达关系亲密的请求，或者带有不耐烦、不高兴态度的建议	口语化，比“吗”多了一些或亲密或不耐烦的色彩	引入新话题，比较口语化，语气强烈

表7–17　　“吧”的句法、语义分布统计表

句类分布			语义	用法举例	使用次数
句中（共计1972例）	句间停顿	陈述小句末	同在陈述句句末	实说了吧，我是要远走高飞了。	451（占句中用法的22.9%）
		祈使小句末	同在祈使句句末	去你的吧，不要给我来这玄虚套！	1290（占句中用法的65.4%）
		疑问小句末	同在疑问小句句末	没错吧，冯大姐？	5（占句中用法的0.25%）
	句内停顿	话题停顿处	通过一种不太确定的语气，表达礼貌，言谈比较含蓄委婉	今天吧，他瞪着眼给我扣帽子，说我闹温情！	43
		表示举例	表示举例	就说养蛐蛐吧，有极高明的把式替他经管。	131
		表示假设	表示犹豫不定	退让吧，太显眼了，况且临赛前陈鹤栖暗示过：“有理有利有节。”	52

续表

句类分布		语义	用法举例	使用次数
句末（共计4837例）	陈述句	猜测、不确定的语气；抉择、退让的语气	1.感染了，我不下水就得啦，在陆上练总该行吧。（猜测） 2.光头就光头吧。（抉择、退让）	229（占句末用法4.7%）
	是非问句	猜测、不确定的语气	你就是菊花吧？	982（占句末用法20.3%）
	祈使句	表示请求、命令、催促、建议、商量、退让、无奈等语气	1.把这本书送给我吧！（请求） 2.坐下吧！（命令） 3.你有话说吧！（催促） 4.咱爷俩说说吧!（商量） 5.你先去学习吧!（建议） 6.算了，认命吧!（退让/建议）	3609（占句末用法的74.6%）
总使用频次（6809），总使用频率（3.49）	感叹句末	猜测加感叹[1]	1.那里大概也有几十万、上百万人吧！ 2.哪来的二叔，分明是闹猫吧！	17（占句末用法的0.35%）

表7-18　国家语委现代汉语语料库中“啊”的句类、语义分布及所占比例

“啊”作为语气词的用法（3217例）		使用频率（所占比例）1.65（100&）	语用功能：核心功能（抒情）
句中（408例）（占总用法的12.68%）	用于呼语后	176（占句中总用法的43.14%）	凸显抒情功能，语气舒缓，强调焦点
	用于话题停顿处	147（占句中总用法的36.03%）	
	用于列举	85（占句中总用法的20.83%）	

① 徐晶凝（2008：184）《现代汉语话语情态研究》里认为“吧”不能用在感叹句中，事实上说话人对事情的确认虽未能达到百分百的准确性，但仍旧可以表达强烈的感叹，如“那里大概也有几十万、上百万人吧！”

续表

“啊”作为语气词的用法（3217例）		使用频率（所占比例）1.65（100&）	语用功能：核心功能（抒情）
句末（2809例）（占总用法的87.32%）	陈述句末	1105（占句末总用法的39.34%）	抒情，有些时候有提醒、警告、申明的意思
	感叹句末	1015（占句末总用法的36.13%）	
	祈使句末	317（占句末总用法的11.29%）	抒情，提醒或催促，要求听话人回应。
	反问句末	162（占句末总用法的5.77%）	抒情，希望听话人认同和回应
	是非问句末	34（占句末总用法的1.21%）	
	选择问末	3（占句末总用法的0.107%）	
	正反问末	15（占句末总用法的0.63%）	
	特指问末	158（占句末总用法的5.62%）	

从表7-15到表7-18可以看到这几个语气词有以下几点区别：

（1）语气词“呢”的主要用法是用在疑问句里表示疑问、深究，占总用法的68.9%；在陈述里指明事实，略带夸张的意味，占总用法的27.7%。“吧”的主要用法是表示请求、命令、催促、建议、商量、退让、无奈等语气，占总用法71.95%，在是非问句中表示猜测、不确定的语气占总用法的14.4%；“嘛”的原型意义：表示所述事情道理的“显而易见”，重在说理，有较强的口语性，主要用在陈述句和反问句里，占总用法的71.4%；“啊”的原型意义是在陈述句句末和感叹句句末抒情，有些时候有提醒、警告、申明的意思，这种用法占总用法的65.9%。

这几个语气词有时可以出现在相同的句类，甚至相同的句法位置上，但表达的意义是不同的。我们把能用在汉语祈使句里的语气词“吧”“啦（“了啊”的合音）”“啊（包括其变体）”“嘛”的句子予以比较。我们用下面的例子予以分析：

过去我军是单一兵种作战，连排干部带兵打仗，驳壳枪一举：“冲啊！”

“冲啊！”与“冲！”比，语气和情感都更为强烈，如果换为“冲吧!”，则可以为请求（有商量的口气），也可以是无奈的选择（没办法了，“冲吧！”），还可以是冷淡的口气（“冲吧！”这种方法根本就不行）。如果换为“冲嘛！”则为事理显而易见，有不耐烦和不满的语气；如果换为“冲啦!”，则提醒大家该行动啦。徐晶凝（2008：191—192）认为“吧”用在祈使句里，容易给说话人留面子，具有礼貌功能，因此不可以用在命令句中，从语言事实来看，“吧”可以用在表命令的祈使句中，齐沪扬（2002：94—95）认为从历时的语义演化的过程来看，“吧”的命令语气是在“吧”表商量的祈使用法基础上的扩展。语气词“嘛”就不能用在这种比较庄重严肃的场合，“嘛”在祈使句里表达的情绪强烈的劝请，非常口语化，与语调一起表达语气，语调柔和时，表示交谈双方关系亲密，请求恳切；语调生硬时，表示言谈者对交际的另一方的命令、建议，常有“不耐烦”“不满意”的情感表达。比如，一句“走嘛！”既可以是关系亲密的人之间的带有撒娇意味的请求，也可以是交谈者对另一方的带有不耐烦、不满意语气的命令和建议。

（2）就用在句中话题后而言，这几个词的用法也不同。

“吧”用在话题后并非表达言者对交谈内容的不确定，它表达的是一种礼貌。国家语委语料库里的语气词“吧”的用例为4837例，用于主语或话题标记之后的“吧”只有47例，表示举例的“吧”有131例，表示假设的“吧”有52例，由此可见“吧”作为话题或主位标记的功能并不强。

国家语委2000万字的现代汉语语料库里检索到语气“啊”的用例为2809例，“啊”在句中的使用情况如下：

用在呼语后（176次）>用在话题停顿处（147次）>用于列举（85次）

“啊”用在话题和呼语后，都表达了强烈的感情。“啊”表示列举的用法，其他词语则没有这种用法。徐晶凝（2008：156）认为句中话题停顿处的“啊”表示说话人对所说的话有把握，其实这时的“啊”仍旧是重在抒情，因其表达时长的延长而增加了信息量，这里应是语言与其表达内容的相似性的一种体现。句中“嘛”重在说理，既然说理，道理又显而易见，当然“嘛”也有很高的确信度；“啊”重在抒情（这从“啊”可以做叹词这一点也可以得到证实），“嘛”重在说理，二者都表达了言者所述信息的高确信度，但是功能互补。

国家语委语料库2000万字的现代汉语语料库里，“呢”用在主语或者话题以及关联词语后的有331例、（“呢”的总用例为10400例），用在话题或者关联词语后的用例仅占总用例的3.18%，但与“啊”的147例、“吧”的47例、嘛”的127例相比，依旧是语气词里作为主位标记而言使用频率最高的。徐晶凝（2008：175）认为“呢”用在话题停顿处点明某话题，引起听话人注意后文的兴趣，我们认为在句中的“呢”申明的意味还很强，它引进的话题常常与前一话题进行对比，在关联词语搭配时常常与“其实”搭配就说明了这一点。“嘛”和“呢”都可以用于转换新话题，但还是意义不同，“呢”作为转换话题的句中语气词更正式一些，“嘛”比较口语化。我们在2000万字的国家语委语料库里检索到的“至于……呢，……”有9例，“至于……嘛，……”有10例，国家语委2000万字语料库里没有“至于……啊/吧，……”的用例，这说明“啊”和“吧”一般不用于转换新话题。

汉语里的这些词语并非专门的话题标记。在汉语的句中语气词中，语气词除了负载语气意义外，还有标记话题的功能，汉语中的句中语气词就有话题标记的功能。在汉语中对于话题标记的成分主要有：介词（对于、至于、关于、拿……来说）、动词或动词性结构（说到、要说、再说）、语气词（吧、嘛、呢、啊）。现在学术界中所提到的话题标记可以分为前置和后置两类，前置主要是指“至于”“关于”等介词和“说到”“再说”等谓词性结构；后置的主要是指语气词。

在缅甸语中，拥有话题标记功能的也是语气词，在缅甸语中话题标记的使用是强制性的，这时候为了表示语气停顿、突出强调的话题就会用助词作为话题标记，其中就有语气助词。缅甸语中有了这些话题标记之后，可以把自己想要强调的部分放在句首。缅甸语是SOV型语言，话题结构和句法结构的顺序相同，所以有话题标记的句首部分就是话题，如果没有话题标记，句首部分就是主语。这跟汉语一样，话题不一定是主语，主语也不一定是话题。主语和话题是两个不同的概念，主语是从语法结构的关系来说，属于句法概念；话题则是从表达的角度来说，属于语用概念，两者不能画等号。①从缅甸语的句子成分可以看出，每一个成分后面都会有助词的黏附，这些助词又有话题标记的功能，所以缅甸语的话题既可以是主语，也可以是宾语、状语。我们在此只举句中语气词的话题标记功能。

缅甸语中有话题标记功能的句中语气助词有："လေ[le^{22}]" "တော့[tɔ^{53}]" "မှတော့"等。其中"လေ[le^{22}]" "တော့[tɔ^{53}]"与汉语的"嘛" "吧" "呢"相对应。

ဆရာ	လေ၊	အကုန်	သိတာ	ပေါ့။
shə ja^{22}	le^{22}	ə koũ^{22}	tθi^{53}da^{22}	pɔ^{53}
老师	嘛	全部	当然知道	啦

（老师嘛，当然知道啦！）

ဆေး	အမြဲ	သောက်	တော့၊	ခန္ဓာကိုယ်	အတွက်	မကောင်းဘူး_	ပေါ့။
she^{55}	ə mjɛ^{55}	tθau^{ʔ4}	dɔ^{53}	khã^{22}da^{22}ko^{22}	ə twɛ^{ʔ4}	mə kaũ^{55}bu^{55}	pɔ^{53}
药	经常	吃	嘛	身体	对	不好	咯

（经常吃药嘛，对身体当然不好咯！）

在以上的两个例子中，汉语的"嘛"对应的缅甸语语气词有"လေ[le^{22}]" "တော့[tɔ^{53}]"两个，它们表达的语气和具有的话题标记功能都与汉语相同，都表示理所当然的语气。

ငါ့ကို	ပြောမယ်ဆိုရင်	တော့	၊ငယ်ငယ်တုံးက	အရမ်း	စိုးတယ်။
ŋa^{53}go^{22}	pjɔ^{55}me^{22}sho^{22}jĩ^{22}	dɔ^{53}	ŋe^{22}ŋe^{22}doũ^{55}ga^{53}	ə jã^{55}	so^{55}dɛ^{22}
我	就说	吧	小时候	非常	顽皮

（就说我吧，小时候非常顽皮。）

ဒီ	ကိစ္စကို	ပြောမိ	တော့၊	စိတ်တို	ရတယ်။
di^{22}	kei^{ʔ4}sa^{53}go^{22}	pjɔ^{22}mi^{53}	dɔ^{53}	sei^{ʔ4}to^{22}	ja^{53}dɛ^{22}
这	件事情	说到	呢	来气	就会

（说到这件事情呢，就来气。）

从上面两例中可以看出，汉语的句中语气词有共现的前置话题标记的词语，但是缅甸语中没有与它共现的其他词语，所以在例子中，不管汉语用"吧"或是"呢"，缅甸语中只用"တော့[tɔ^{53}]"。缅甸语的"မှတော့[hma^{53}tɔ^{53}]"，相当于汉语的"的话"，经常用于动词后，用来表

① 余成林：《汉藏语的话题标记——兼与汉语比较》，《中央民族大学学报》（哲学社会科学版）2011年第1期。

示假设的语气。如：

လာ	လုပ်ကူ	မှတော့၊	တစ်ခုခု	လုပ်မှ	ပေါ့။
la^{22}	lou^{ʔ24}ku^{22}	hma^{53}dɔ^{53}	tə khu^{53}khu^{53}	lou^{ʔ24}hma^{53}	pɔ^{53}
来	帮忙	的话，	一件事	做	喽

（来帮忙的话，当然要做事喽！）

缅甸语中还有很多具有话题标记功能的其他助词，在这不再一一说明。

缅甸语的话题标记功能全部是由助词或者语气词充当的，而汉语的话题标记，除了由句中的语气词担任以外，还有介词和动词或谓词性短语。汉语中的句中语气词在表达话题标记时有时会与前置话题标记的词语共现，而缅甸语中却没有共现的情况。可以看出汉语里的语气词并不属于专门的话题标记。

（3）用在关联词语后也不同。据姚双云（2018：6）的研究，连词与后附成分的组合与搭配受到连词自身的语义特征等因素的制约①，我们认为连词与语气词的组配，与连词的意义和语气词本身的意义都有关系，“所以”表示的是典型的因果逻辑关系，是确信的语气，因此能与“呢”“啊”“嘛”共现，而很少与“吧”共现，“吧”可以表示抉择语气，故能与“总之”共现。根据姚双云（2016：160）②的研究，汉语里连词用在话轮之首时，它们的功用是“开启话轮”或者“抢占话轮”，这时使用频率最高的连词是“所以”，用语气词附在连词“所以”后，有提醒注意、舒缓语气的作用，我们认为需要补充的是由于“呢”的申明、辩驳语气的意味最强，“啊”是抒发感情的，“嘛”表示道理显而易见，更口语化，因此“所以”与“呢”的共现频率最高，与“啊”的共现次之，与“嘛”的共现居于第三，与“吧”共现频率很低。杨德峰（2018：76）认为“呢”带有“肯定”“确信”的语气，“啊”带有提醒的语气，“吧”带有“不能完全确定”的意思，他所指出的三者语气的不同点与我们的研究结论不同，我们认为句中使用的所有语气词都带有提醒的语气，并不只是“啊”才有，因此杨德峰（2018：76）没能指出“呢”和“啊”这两个词的本质区别。

---

① 姚双云：《口语中的连词居尾与非完整复句》，《汉语学报》2018年第2期。

② 姚双云：《连词与口语语篇的互动性》，方梅主编：《互动语言学与汉语研究》（第1辑），世界图书出版公司2016年版。

（4）用在假设小句末尾仍有不同。汉语语气词“啊”没有用在假设小句末尾的用例，用在句中表示列举的例子有85例，其他语气词不具备列举的功能，而“吧”在假设小句末尾的用例却很高，有52例，“嘛”和“呢”用在假设小句末尾的用例各有7例。“吧”“呢”“嘛”三者用在假设小句的末尾，各自本身的语气仍旧存在，“吧”本身“犹疑不定”的口气更明显，“呢”和“嘛”的语气比较强烈，“嘛”更口语化，“呢”重在申明。

（5）这几个词用在应对语里仍有区别。国家语委语料库里“嘛”用在应对语后的情况有9例，除了增加冷淡、不满、惊喜的口语的用例外，也有用于对听话人的所说内容的回应的，如：

“是嘛，就是嘛。”（显而易见，口语化）

这里用“嘛”比“啊”的确认口气更强烈，还是有一些道理显而易见的意味，也更口语化。如果是“是啊，就是啊！”抒情的意味更强烈。我们赞同高增霞（2016：110—111）对应答语里的“吧”的用法的总结，“吧”多用于表达“好了吧”“算了吧”“就这样吧”这样的退让语气与“随他吧”“还是……吧”这样的抉择语气。“呢”在应答语中的申明语气还是很强烈的。

（6）汉语里的语气词不是汉语功能语气表达的必有成分，每个汉语语气词都和口气的表达相关联，汉语语气词的表达对于交际对象的身份、地位的要求不如缅甸语、泰语和越南语强。泰语里有专门的表敬的语气词，汉语没有；越南语和缅甸语的语气词还规定了是口语语体还是书面语语体以及交际对象是平辈/同级、晚辈或者长辈等，汉语的语气词没有这么具体的语用规定。正如王珏（2013：320）指出的那样，语调是汉语句子的强制性标句词，语气词是汉语句子的可选性标句词，语气词并不改变句子的基本语气类型，只是对基本功能细化或增强，我们前些章的研究表明汉语里的语气词更多地表达了说话人的主观态度，要求听话人的回应，具有很强的交互主观性。

（7）本节的统计显示“呢”“吧”“吗”“啊”的使用频次依次是万分之5.35、3.49、3.23、1.65，可见语气范畴里疑问语气最显赫，“呢”表达疑问的功能比“吗”强。

总之，我们既要看到与其他语言相比，汉语里的语气词要少得多，常常是一个词有多种用法，同时也要注重辨析在现代汉语语气系统里，这些语气词的意义相互联系、相互补充的特点，才能真正地把握汉语语气词的语言类型特点。

第四节　语气词的研究方法讨论及语气词的界定

一　语气词的研究方法讨论

关于语气词的研究方法，最早可见于陆俭明（1984：330—337）《关于现代汉语里的疑问语气词》的研究，他采用的是最小差异法，只是没有明确提出这个概念。例如“W+吗+降调”与“W+降调”相比由于加了语气词“吗”而变成疑问句，因此“吗”是疑问语气词。“W+吗+降调”在语流里可以理解为“W+嘛+降调”，这就是个陈述句，我们之所以认为“W+吗+降调”是疑问句是因为使用了“吗”，这样就使用了循环论证。事实上，是非问句里的“吗”问句一般是用升调的，本书的第三章已经通过实验证明了这一点。

胡明扬（1988）指出随文释义的方法容易把不是语气词的意义当成语气词的意义，因此，他主张从语气词自身（包括保留语气词和换用语气词）、语调及某些有可能表达语气的词语或者结构入手用最小差异法来判断，同时还要把语气词的语气意义放在整个系统里来考察。

储诚志（1994：43）指出，运用最小差异对比法进行语气对比，虽然分析得比较细致，可以揭示语气词表义的各种可能性，但意义分析不可能离开语感，这种对比也得以语感为主要依据。以语感为依据就可能出现语感偏差，从而影响研究结论的准确性。于是他（1994：43—44）指出要用最大共性归纳法来进行补充，即“如果某种语气义素是各类‘S十U’句子所共有的，那就可以认定这种语气义素即是语气词U的语气意义；如果某种语气义素只是少数句子所有的，在不同的句子类型中没有普遍性，这种语气义素就不能看作U的语法意义，应该予以排除”。最大共性法的问题忽视了虚词用法的多样性，这种多样性是虚词在长期使用过程中经过语义虚化而形成的。

最小差异对比法常常具有主观性。比如，邵敬敏（2012）根据最小差异法从“今天星期一？”和“今天星期一啊？”相比，后者的语调下降了证明“啊”负载了疑问信息，是疑问语气词。但是这里他忽视了一个问题，语调下降了，句子的疑问程度也下降了，因此，还是不能说明“啊”是一个减弱疑问语气的疑问语气词。张小峰（2003：28）也指出最小差异法是有缺陷的，他认为“肯定句+疑问语调+吗?”，去掉“吗”后剩下的“肯定句+疑问语调”与原句中的“肯定句+疑问语调”具有同一性的判断是错误的，因为在一定的语境下，“肯定句+疑问语调”常常是回声问，说话人表示惊奇或者不相信再确认一下。孙汝建（2006）指出了随文释义的研究方法的局限性，并指出胡明扬（1981）和储志诚（1994）的提出的研究方法的主要问题是没有区分语气和口气，他认为应该首先区分语气和口气，语气词的用法只与口气有关，然后再用义素分析法、分布分析法和替换分析法对语气词的意义进行研究。首先，语气词的用法是否只和口气有关呢？我们研究的语气词“的”“了”不仅表达肯定口气，还表达时体意义。其次，“呢”“吗”“吧”既表达疑问语气，又表达话语者说话的态度，即口气，因此很难区分开语气词表达的是语气还是口气。目前学界对语气词意义的研究基本上都使用了上述研究方法，然而对语气词的意义及其功能的看法还是不一致。

我们的研究借用实验语音学的方法，通过定量分析研究“语气词”与疑问语气的关系，同时通过汉语与其他语言的对比，从类型上分析语气词的功能特点，使得汉语语气词的类型学特点更为显赫。以语气词的连用动因为例，如果能结合有语气词的汉藏语系语言的连用规律及其动因进行研究，就更易发现规律。

关于语气词的连用，朱德熙（1982：208）有更为清晰的说明，他指出语气词可以分成三组，第一组表示时态，包括“了”“呢$_1$”和“来着”；第二组表示疑问或祈使，包括“呢$_2$”“吗”“吧$_1$”和“吧$_2$”；第三组语气词与前两组不同，是表示说话人的态度或情感的，这一组包括“啊”“呕”“欸”“嘿”和“呢$_3$”。

胡裕树（1995：376）区分了“语气”和“口气”，他指出表达语气的主要手段是语调，其次是语气词，普通话的基本语气词有“的”“了”“么”“呢”“吧”“啊”六个。这六个语气词连用的层次可分为三层：

“的”“了”　　　　第一层
“么”“呢”“吧”　　　　第二层
“啊”　　　　第三层

齐沪扬（2002：61）认为语气词可以分为4级，1级：的；2级：了；3级：吗、呢、吧；4级：啊。语气的连用要按照1+2+3+4的顺序排列，中间可以缺某一级，但顺序一般不变，逆序的情况很少。[①]语气词连用以两项为常见，三项连用较少，且三项连用时后面一项必定用合成语气词。

关于语气词连用的动因，邓思颖（2010）运用生成语法理论的解释为：时间（了）>焦点（呢）>程度（吗、吧）>感情（啊/哎/呕）。他认为“了”表示时间自然属于TP短语，居于句子的内层，但他对“呢”为什么只能出现在句子的内层，“吗”和“吧”又为什么只能出现在根句（是句子的后面，不是分句），“啊”又为什么出现在最外层解释得不是很清晰。其实能出现在“吗”“吧”前面的语气词不是疑问语气词，是既表达持续时态又表达申明语气的“呢”[②]，唐露（2014：15—16）指出，表示疑问语气的“呢”与“吧”“吗”“啊”的语气不融合，因此与这些词连用的是表达非疑问语气的“呢”。这时我们对汉语语气词连用顺序的归纳应该是这样的：

的、了>呢$_1$（持续体、申明语气）>呢$_2$（疑问语气）、吧、吗>啊

至于“啊”为什么居于最外层，最容易解释。从语言类型上看表达情感的语气词，汉语的“啊”和泰语的“อ่า”[ʔa:^{21}]（啊）都是这样。汉语的“的”“了”前文我们已经分析过仍旧还有时体意义，所以居于最内层，“呢$_1$（持续体、申明语气）”时体意义弱化，语气意义增强所以居于其后，“呢（疑问语气）”“吧”“吗”既表达了功能语气，又表达了口气（类似于西方学者的情态，报告第一部分已经进行了分析），所以位置又靠后一些。这也可以用M.verspoor、R.Dirven、G.Radden（1998：79—102）的理论予以解释，他指出一个句子就像一个洋葱，由事件图式

① 张谊生（2000：277）《现代汉语虚词》的归类与齐沪扬（2002）的归类一致，只是补充了“啊”的变体“呀”“哇”“哪”。

② 参见吕叔湘（1980）《现代汉语八百词》对“呢”的用法的解释。

（event schema）与背景（grounding）成分组成。事件图式居于核心地位，表达人们对现实世界的体验中形成的有关事件的特征的概念，它规定事件的过程以及参与者。

泰语语气词连用的规律也印证了这一点。在正常的泰语语气词连用中能够连用的主要有“แล้ว[ɛw^{453}]（了）、ไหม[maj^{24}]（吗）、หรือเปล่า[rɯ:^{24}plaw^{22}]（吗）、เหรอ[rə:^{24}]（吗）、นิ[ni^{453}]（嘛）、มั้ง[maŋ^{453}]（吧）、เถอะ[thə^{22}]（吧）、สิ[si^{22}]（吧）、ล่ะ[la^{41}]（呢）、จัง[caŋ^{33}]（呀）、เลย[lə:j^{33}]（啊）、นะ[na^{453}]（呢）、อ่ะ[ʔa^{22}]（啊）”。这些语气词的用法见表7-19。

表7-19　　　　泰语语气词分类对比表

泰语	
1.普通语气词	1）与汉语有一定的对应性的词语： แล้ว[lɛw^{453}]（了） อ่า[ʔa:^{22}]（啊—陈述句和疑问句） มั้ง[maŋ^{453}]（吧—是非问句） เถอะ[thə^{22}]（吧—祈使句） นะ[na^{453}]（呢—陈述句、特指问句） ล่ะ[la^{41}]（呢—是非问句） ไหม[maj^{24}]（吗—是非问句） หรือเปล่า[rɯ:^{24}plaw^{22}]（吗—是非问句） เหรอ[rə:^{24}]（吗—反问句） นิ[ni^{453}]（嘛—祈使句） สิ[si^{22}]（表示叙述语气，叙述的是已经发生或者即将发生的事情） เลย[lə:j^{33}]（啊、吧、啦）（表示强调确认语气，也可以表示列举，组成类似“鱼呀，鸡呀”的用法）
	2）有一些相似性的词语： นะ[na^{453}]（啊—陈述句和祈使句） จัง[caŋ^{33}]（啊—感叹句，是泰语里专用的感叹语气词） หรอก[rɔk^{22}]（呢—陈述句） สิ[si^{22}]（嘛—祈使句）
	3）不对应的词语： สิ[si^{22}]（啊—祈使句）

续表

<table>
<tr><th colspan="3">泰语</th></tr>
<tr><td rowspan="2">2.表敬语气词</td><td>1）对皇室专用的：
ขอรับ[khɔ:^{24}rap^{453}]
เพคะ[phe:^{33}kha^{41}]</td><td rowspan="3">没有对应的汉语语气词</td></tr>
<tr><td>2）对长辈专用的：
ครับ[khrap^{453}]
คะ[kha^{453}]
ค่ะ [kha^{41}]</td></tr>
<tr><td>3.非礼貌性语气词</td><td>วะ[wa^{453}]、ว่ะ [wa^{41}]</td></tr>
</table>

刘培杰（2007）①把泰语语气词分成以下9组：

1组：“แล้ว”[lɛw^{453}]（了）

2组：“เหรอ”[rə:^{24}]（吗）、“มั้ง”[maŋ^{453}]（吧）、“นิ”[ni^{453}]（嘛）

3组：“หรือเปล่า”[rɯ:^{24}plaw^{22}]（吗）、“สิ”[si^{22}]（吧）、“ล่ะ”[la^{41}]（呢）

4组：“จัง”[caŋ^{33}]（呀）

5组：“เลย”[lə:j^{33}]（啊、吧、啦）

6组：“ไหม”[maj^{24}]（吗）

7组：“เถอะ”[thə^{22}]（吧）

8组：“นะ”[na^{453}]（呢/啊）

9组：“อ่า”[ʔa:^{22}]（啊）

从这9组可以排出14种顺序：1+2、1+3、1+8、1+9、3+8、4+5、4+8、5+6、5+7、5+8、5+9、6+8、6+9、7+8。从这些排序来看，泰语语气词的连用也是按照时体、语气、情态和感情的顺序来排列的。表示抒情的“นะ”[na^{453}]、“อ่า[ʔa:^{22}]”排在最后，带有时体意义的“แล้ว”[lɛw^{453}]排在最内层。泰语里的表敬语气词**ครับ**[khap^{453}]、**คะ**[kha^{453}]要排在整个连用的最外层，越南语里的表敬语气词ạ[ɑ^{221}]也是排在语气词连用的最外层。越

① 刘培杰：《泰国学生汉语语气词习得偏误研究》，硕士学位论文，吉林大学，2007年。

南语里的同一类的语气词如果语气没有冲突，还可以逆序。[①]总之，研究汉语的类型学特点必须把汉语的研究与其他语言的语言现象的对比结合起来。

二　语气词的界定

关于语气词的界定，齐沪扬（2002：17）指出语气的表达要有形式标志。齐沪扬（2002：60—61）指出，语气词后一般有语音停顿，在句末可以连用，汉语的语气词会有不同的变体。郭锐（2002：235）指出，语气词的特点是置于句尾，有些语气词可以放在句中停顿前或另外一个语气词前。两位学者的共识就是语气词可以用在句末，语气词词后有语音停顿，可以连用。

徐晶凝（2008：132）认为语气助词不参与汉语句子的命题结构，是情态和话语标记，它具有三个重要特点：一是在语法上，它不是语法结构必需的成分，有或没有不影响语法结构的合法与否；二是在语义上，有或没有不影响语法表达形式的内容（命题）；三是在情态上，它是必需的成分，它的目的在于表示句子与语境的关联性以及满足听话人的面子需要，更好地保证交际成功。我们对这三点均提出质疑，首先，有些语气词影响句子是否合法，比如在疑问句“你呢？”中去掉“呢”句子的类型和表达的内容都变了。“的”“了”如果去掉了，有时句子不成立，有时句子的内容变了。其次，在语义上它是影响语法表达形式的内容的，因为语句表达的内容不限于命题，比如“你好？”与“你好吗？”表达的意思有很大的不同，前者表示吃惊，后者表示询问。王珏（2012：60）也持相同的观点，他认为很难判断句末语气词“的”对句法结构和命题有没有影响。最后，徐晶凝（2008）很有见地的指出了语气词是表达情态的，但语气词并不一定顾及听话者的面子，比如“滚吧，还等什么”，这里的“吧”表达的是祈使语气，并非是给说话人留面子。汉语里的语气词表达礼貌的功能并不强，汉语的礼貌功能主要是通过语调来实现的。

王珏（2012）提出了鉴别语气词的四条标准：第一是要轻声，后有停顿；第二是后附于对话句及其篇章成分；第三是右层递进连用，语流合音；第四是语气词的使用具有非强制性。我们认为：第一条标准首先应该

① 武氏明河：《汉越语气词对比研究》，博士学位论文，华东师范大学，2012年。

被排除，因为从泰语、缅甸语和越南语来看，这些语言的语气词都是有声调的，都不是轻声。第二条后附于对话句或者篇章成分也不是必需的，比如缅甸语里的语气词有书面语专用和口语专用，书面语专用的语气词未必就一定要用在对话句里，至于后附于篇章成分的用法是从语气词的句尾用法发展来的，也不是本质的具有决定作用的判定标准。第三条右层递进连用确实是我们研究的缅甸语、泰语和越南语共有的特征，语流合音的情况，其他三种语言里很少，因为它们的语气词是有声调的。第四条也不具有类型普遍性，因为其他三种语言里有些语气词是疑问语气或者祈使语气的标记，没有语气词，疑问语气或者祈使语气就完成不了。

通过以上分析，我们认为鉴定语气词的形式标准只有两条，一是用在句末，其后有停顿；二是可以与别的语气词连用。但这两条形式标准必须和意义标准结合起来，即语气词或者表达了功能语气（陈述语气、疑问语气、祈使语气和感叹语气），或者表达了说话人对命题的主观情感或者态度，或者两者兼而有之，汉语里的语气词多数是两者兼而有之，功能语气与语气词的关系是内容与形式的关系。因为语气词表达了说话者的主观情感和态度，因此常常要求听话人回应，自然也就具有了交互主观性。

结　语

一　本书研究得出的主要结论

（一）我们通过基于实验语音学理论的实验和汉语与缅甸语、越南语及泰语的对比证明，与其他有声调的语言相比，汉语的疑问语气词比其他语言少得多，其他语言还有专门作为疑问标记的疑问语气词，而汉语没有；汉语对语调的依赖更强，这也许是汉语里的句末语气词都语法化为轻声的原因。用在是非问句里的“吗”和“吧”以及用在省略了疑问代词的“呢”字疑问句里，汉语的这些疑问语气词都要随着疑问语调的升高而升高，是语调影响了汉语的疑问语气词，而其他三种语言则相反，其他三种语言里的疑问语气词自身的调型和调值基本不变，甚至还可以影响到其前音节调值的高低。汉语里比较特殊的语气词是“啊”，它的调型一般不受句类的影响，在陈述句末尾与在疑问句末尾的语气词“啊”的调型没有什么区别，这一特征说明“啊”游离于语气系统之外表达的是情感，这也是汉语里语气词连用时“啊”总是处在最外层及衍生出叹词用法的原因；越南语里的语气词也可以有叹词的用法，这说明从语言类型上看，句末语气词有派生出叹词的可能性。汉语里没有专门的语气标记，而其他三种语言里则有专门的表达功能语气的语气词。

（二）实验证明汉语里的“吗”“呢”“吧”在疑问句里表达疑问语气一般是要和语调结合在一起的，去掉这些疑问语气词，疑问的程度或疑问语气会发生变化；如果没有语调（词语的音高升高或者句尾韵律词的音高斜坡加大或者焦点词语的韵律升高、焦点后词语的音高降低等韵律变化）的配合的话，这些语气词所在的语句就会变成相应的陈述句；据此，我们判定汉语里的“吗”“呢”“吧”是疑问语气词，但鉴于其对疑问语调的依赖，我们认为它们不属于专属的疑问标记。越南语、泰语和缅甸语里都有专门的疑问语气、祈使语气和感叹语气标记。越南语、泰语和缅甸语里的疑问语气词的声调在疑问句里保持不变，不受其前音节的影响，从一个侧面证明了刘丹青（2017：93）的理论假设“声调发达的语言，语气词也比较发达，语调的起伏度要小一些”，当然要需要证明这一共性是否是类型学共性，还需要对更多的有声调的语言进行语音实证分析。

Greenberg J. H.（1963）提出的语言共性8是：如果可以根据语调模式区分是非问句和其他相应的陈述句，那么语调模式上的区别性特征表现在句末。[①]汉语区分是非问句和其他相应的陈述句不仅靠语调，还要靠语气词，我们的实验证明要区别带“呢”和“吧”的句子是疑问句还是陈述句，不仅要靠最后一个音节的音高，其前的音高也要升高或者降低，只有带“吗”的是非问句仅需要升高最后一个字“吗”的音高，这三个词的实验被试都在30人以上，经统计学的检验，数据是有效的，符合Greenberg J. H.（1963）共性8。

（三）通过对现代汉语语料库的分析和汉外对比及研究中介语输出情况，我们得到的结论是：语气词“呢”的核心功能是用在疑问句里表示疑问、深究，占总用法的68.9%；边缘功能是在陈述里指明事实，略带夸张的意味，占总用法的27.7%，用作话题标记（承接当前语境转换出的新话题）是其边缘功能。“吧”的核心功能是表示请求、命令、催促、建议、商量、退让、无奈等祈使语气，占总用法的71.95%，扩展功能是在是非问句中表示猜测、不确定的语气，占总用法的14.4%，边缘功能是用作话题标记，表达犹豫的语气，有时也可以表示举例。“嘛”的原型意义（核心功能）是表示所述事情道理的“显而易见”，重在说理，有较强的口语性，主要用在陈述句和反问句里，占总用法的71.4%，扩展功能是用在祈使句里表达关系亲密的请求，或者带有不耐烦、不高兴态度的建议；边缘功能是用在应对语后增加冷淡、不满、惊喜或者确认的口气，用在假设小句的末尾，非常口语化，引领出一个新的话题；“啊”的核心功能是在陈述句句末和感叹句句末抒情，有些时候有提醒、警告、申明的意思，这

① 刘丹青：《语言类型学》，中华书局2017年版。

种用法占总用法的65.9%，其边缘功能是用在祈使句里表示强烈的催促语气，扩展功能是用在句首表示感叹（其叹词用法来自语气词用法）、用在句中作为话题标记（这时，语气词“啊”的读音比较长），其附在相应的话题、关联词、应答语以及并列词语后，因此抒发了强烈的情感，凸显了其前成分的重要性。

（四）本报告结合语料分析指出“呢”“嘛”“吧”“啊”用在话题后、关联词语、应对语后、假设小句后的功能是不同的；“嘛”“吧”“啊”用在祈使句后面的功能也是有差异的。同缅甸语比较而言，汉语里的这些语气词不属于专门的话题标记。在所有的非疑问句里使用的语气里面“啊”的使用频率是最高的，其除了扩展为话题标记外，还可以作叹词用（越南语语气词也有类似的情况），在与其他的语气词共现时，“啊”总是在最外面表示抒情语气，因此“啊”是现代汉语语气词里的显赫范畴。

（五）现代汉语里的句末语气词“了$_2$”既报道新事态或者新状态的出现，又指明这一事态或者状态同说话参照时间的联系，同时还表达了肯定语气，其功能是时、体和情态三者的合一，这也属于汉语的类型学特征[①]，此外，汉语里有其他语言没有的特殊构式“太+动词/形容词+了”。了$_2$的核心功能表达动作有了结果的完成体，边缘功能是报到将要发生的新情况，扩展功能是表达感叹语气和祈使语气。了$_2$表祈使语气也符合语言演变的共性，世界上有不少语言都是用现实标记表祈使语气的。

泰语、缅甸语和越南语里有与汉语语气词“了”意义相交叉的词语。汉语语气词“的”既可以表示已然体，又可以表示确认语气，还与汉语语气词“了”表示先时体的意义有交叉，“的”和“了”在汉语里的这种语义关联性，其他语言里无相对应的用法。

（六）我们用实验和统计学上数据的有效性的分析证明“是……的”结构中“是”的音高与判断动词“是”一致，这个格式里的“是”根据表达需要可以重读，它本身成为焦点，不是焦点标记。我们对这一结构进行了重新界定，即：“是……的”强调结构中起决定作用的句法成分是“的”，这个结构要求“的”不是结构助词，这样焦点就存在于这个结

① 刘丹青（2014：393）指出汉语“了”蕴含过去时的用途，可能代表了有体无时语言的普遍状况。

构的中间，不一定紧跟在“是”的后面，因为“的”作用更重要，因此“是”常常可以省略，“的”不可以省略，“的”有确认的语气，有时还表示已然体、过去时。

我们认为应当区分“的$_1$”“的$_2$”和“的$_3$”，“的$_1$”是结构助词，“的$_2$”是语气词，“的$_3$”是时体助词。现代汉语里“的”的核心功能是结构助词，扩展功能是语气词，边缘功能是表示时体意义。

（七）我们对语气和语气词进行了界定，结合语言类型比较，认为鉴定语气词的形式标准只有两条，一是用在句末，其后有停顿；二是可以与别的语气词连用。但这两条形式标准必须和意义标准结合起来，即语气词或者表达了功能语气（陈述语气、疑问语气、祈使语气和感叹语气），或者表达了说话人对命题的主观情感或者态度，或者两者兼而有之，汉语里的语气词多数是两者兼而有之，语气词与功能语气的关系是内容和形式的关系。

（八）我们对汉语语气词连用顺序的归纳为：的、了>呢$_1$（持续体、申明语气）>呢$_2$（疑问语气）、吧、吗>啊；并指出这一连用顺序符合时体>功能语气>情态>情感的语言类型学特征。这几个语气词都是汉语里的显赫范畴，它们都是汉语里的高频词，它们的高度显赫和极端多义，也是这几个典型语气词不同于其他有语气词语言的类型学特征。[①]

二　本书研究的不足之处

本书对语气词的研究是基于书面语的，对语气词和语调的互动关系的研究是基于语音实验的，而不是基于真实的交际口语语料。下一步努力的方向应该是基于多语平行口语语料库，结合实验语言学、互动语言学、功能语言学和类型学方法进行实证研究，可以通过汉语与泰语、越南语、缅甸语的对比看出汉语语气成分类型的特点，寻找在汉语里占优势的表述方式在三国语言里的对应形式，寻找现代汉语口语语气语调功能的类型特征，并通过三国汉语学习者口语语气语调的偏误和习得规律来印证我们研究结论的有效性，深化对汉语语气词功能特征的研究。

---

① 刘丹青（2014：387——388）《论语言库藏的物尽其用原则》指出语法库藏中存在着一种马太效应，越常用，越显赫；越显赫，越常用。显赫范畴的不同是形义关系语际差异的根本原因。这种马太效应在词库中也有表现，即高频词的极端多义性。

参考文献

一　著作

北京大学中文系1955级、1957级语言班：《现代汉语虚词例释》，商务印书馆1982年版。

北京语言学院语言教学研究所：《现代汉语频率词典》，北京语言学院出版社1985年版。

曹逢甫：《华语虚字的研究与教学——以“呢”为例》，载世界华语文教育学会主编《第六届世界华语文教学研讨会论文集》（1），世界华文出版社2000年版。

曹广顺：《近代汉语助词》，语文出版社1995年版。

曹文：《汉语焦点重音的韵律实现》，北京语言大学出版社2010年版。

陈前瑞：《汉语双“了”句的兴衰及相关的理论问题》，载中国语文杂志社编《语法研究和探索》（13），商务印书馆2006年版。

陈前瑞、胡亚：《词尾和句尾“了”的分析模式》，载《汉语史学报》第15辑，上海教育出版社2015年版。

崔希亮：《事件情态和汉语的表态系统》，《语法研究和探索（12）》，商务印书馆2003年版。

戴庆厦：《戴庆厦文集》（全五册），中央民族大学出版社2012年版。

杜道流：《现代汉语感叹句研究》，安徽大学出版社2005年版。

方梅：《再说“呢”》，载于《语法研究和探索》（18），商务印书馆2016年版。

方梅：《北京话语气词变异形式的互动功能》，方梅主编《互动语言学与汉语研究》第一辑，世界图书出版公司2016年版。

［美］C. J. 菲尔墨：《格辩》，胡明扬译，商务印书馆2002年版。

冯胜利：《汉语的韵律、词法与句法》，北京大学出版社1997年版。

冯春田：《近代汉语语法研究》，山东教育出版社2000年版。

高名凯：《汉语语法论》，商务印书馆1986年版。

高美淑：《汉语祈使句语调的实验研究》，选自蔡莲红、周同春、陶建华主编《新世纪的现代语音学——第五届全国现代语音学学术会议论文集》，清华大学出版社2001年版。

高增霞：《从互动角度看“吧”的使用》，方梅主编：《互动语言学与汉语研究》（第1辑），世界图书出版公司2016年版。

郭锦桴：《汉语声调语调阐要与探索》，北京语言学院出版社1993年版。

郭锐：《现代汉语词类研究》，商务印书馆2002年版。

黄伯荣、廖序东：《现代汉语（下册）》（增订六版），高等教育出版社2017年版。

胡明扬：《词类问题考察》，北京语言文化大学出版社1996年版。

胡明扬：《北京话的语气助词和叹词》，《胡明扬语言学论文选》，中国人民大学出版社1991年版。

胡裕树（主编）:《现代汉语》（重订本），上海教育出版社1995年版。

江海燕:《汉语语调问题的实验研究》，首都师范大学出版社2010年版。

蒋绍愚：《近代汉语研究概况》，北京大学出版社2005年版。

金利民：《汉语中介语的体标记变化规律》，外语教学与研究出版社2009年版。

金立鑫：《什么是语言类型学》，上海外语教育出版社2011年版。

科姆里:《语言共性和语言类型》，沈家煊译，华夏出版社1989年版。

黎锦熙：《新著国语文法》，商务印书馆1998年版。

李明晶：《现代汉语体貌系统的二元分析：动貌和视点体》，北京大学出版社2013年版。

李宇明：《汉语量范畴研究》，华中师范大学出版社2001年版。

李晓琪：《现代汉语虚词讲义》，北京大学出版社2005年版。

刘丹青编：《语法研究调查手册》，上海教育出版社2008年版。

刘丹青：《语言类型学》，中华书局2017年版。

刘敏芝：《汉语结构助词“的”历史演变研究》，语文出版社2008年版。

刘月华等：《实用现代汉语语法》，外语教学与研究出版社1983年版。

卢福波：《对外汉语教学语法研究》，北京语言大学出版社2004年版。

林茂灿：《汉语语调实验研究》，中国社会科学出版社2012年版。

鲁川：《汉语语法的意合网络》，商务印书馆2001年版。

鲁川：《语言的主观信息和汉语的情态标记》，《语法研究和探索（12）》，商务印书馆2003年版。

吕叔湘：《汉语语法分析问题》，商务印书馆1979年版。

吕叔湘、朱德熙：《语法修辞讲话》，中国青年出版社1979年版。

吕叔湘：《现代汉语八百词》，商务印书馆1980版。

吕叔湘：《中国文法要略》，商务印书馆1982年版。

吕叔湘：《汉语语法论文集》，商务印书馆1984年版。

吕叔湘：《现代汉语八百词》，商务印书馆1999年版。

吕叔湘：《释〈景德传灯录〉在、著二助词》，吕叔湘主编《汉语语法论文集》，商务印书馆2002年版。

罗骥：《北宋语气词及其源流》，巴蜀书社2003年版。

［澳］罗伯特·迪克森：《语言兴衰论》，朱晓农等译，北京大学出版社2010年版。

马建中：《马氏文通》，商务印书馆2010年版。

马庆株：《语法研究入门》，商务印书馆2003年版。

马真：《现代汉语虚词研究方法论》，商务印书馆2004年版。

彭利贞：《现代汉语情态研究》，中国社会科学出版社2007年版。

蒲立本（Edwin G. Pulleyblank）：《古汉语语法纲要》，孙景涛译，语文出版社2006年版。

钱乃荣主编：《汉语语言学》，北京语言学院出版社1995年版。

齐春红：《现代汉语语气副词研究》，云南人民出版社2008年版。

齐沪扬、张谊生、陈昌来：《现代汉语虚词研究综述》，安徽教育出版社2002年版。

齐沪扬：《语气词与语气系统》，安徽教育出版社2002年版。

齐沪扬：《对外汉语教学语法》，复旦大学出版社2005年版。

曲永恩：《实用缅甸语语法》，辽宁民族出版社2000年版。

阮文成：《现代越南语》，社会科学出版社2003年版。

杉村博文：《“的”字结构、承指与分类》，出自江蓝生、侯精一主编《汉语现状与历史的研究》，中国社会科学出版社1999年版。

孙汝建：《语气和口气研究》，中国文联出版社1999年版。

孙锡信：《近代汉语语气词》，语文出版社1997年版。

邵敬敏主编：《现代汉语通论》，上海教育出版社2007年版。

邵敬敏：《现代汉语疑问句研究》（增订本），商务印书馆2014年版。

沈力：《汉语的直陈语态范畴》，载于《语法研究和探索》（12），商务印书馆2003年版。

沈家煊：《不对称和标记论》，江西教育出版社1999年版。

石定栩：《汉语的语气和句末助词》，《语言学论丛》编委会编《语言学论丛（39）》，商务印书馆2009年版。

石锋：《语调格局——实验语言学的奠基石》，商务印书馆2013年版。

史金生：《语气词“呢”在疑问句中的功能》，《面临新世纪挑战的现代汉语语法研究》，山东教育出版社2000年版。

史有为：《说“哪儿上的”及其“的”》，《呼唤柔性》，海南出版社1992年版。

史有为：《“V的N”的“体貌”问题》，《语法研究和探索（10）》，商务印书馆2000年版。

太田辰夫：《中国语历史文法》，蒋绍愚、徐昌华合译，北京大学出版社2003年版。

完权：《“的”性质与功能》，商务印书馆2016年版。

王何忠：《缅甸语虚词用法例释》，云南民族出版社2004年版。

王力：《汉语史稿》，中华书局1980年版。

王力：《中国现代语法》，商务印书馆1985年版。

王力：《王力文集·第1卷（中国语法理论）》，山东教育出版社1984年版。

王珏：《现代汉语语气词系统初探》，邵敬敏、石定栩主编：《汉语语法研究的新拓展》（第5辑），北京大学出版社2011年版。

王芝清、李秀：《“强调”类语气副词与对外汉语教学》，内蒙古师范大学出版社2009年版。

汪大年：《缅甸语概论》，北京大学出版社1997年版。

［美］威廉·克罗夫特：《语言类型学与语言共性》，龚群虎等译，复旦大学出版社2009年版。

温锁林：《现代汉语语用平面研究》，北京图书馆出版社2001年版。

向熹：《简明汉语史》，高等教育出版社1993年版。

邢福义：《汉语语法学》，东北师范大学出版社1996年版。

邢福义：《汉语语法三百问》，商务印书馆2002年版。

邢福义：《汉语复句研究》，商务印书馆2002年版。

邢福义：《邢福义学术论著选》，华中师范大学出版社2003年版。

邢福义、汪国胜：《现代汉语》（第二版），华中师范大学出版社2011年版。

熊子瑜、林茂灿：《语气词“maO”的疑问用法和非疑问用法》，《第七届全国人机语音通讯学术会议（NCMMSC7）论文集》，清华大学出版社2003年版。

徐晶凝：《现代汉语话语情态研究》，昆仑出版社2008年版。

徐阳春：《虚词“的”及其相关问题研究》，中国社会科学出版社2006年版。

许清章：《缅甸语语法》，外语教学与研究出版社1994年版。

姚双云：《自然口语中的关联标记研究》，中国社会科学出版社2012年版。

姚双云：《关联标记的语体差异性研究》，世界图书出版公司2017年版。

杨纯莉：《疑问句句末语气助词“吗”的音高和语调关系研究》，《第六届东亚汉语教学研究生论坛暨第九届北京地区对外汉语教学研究生学术论坛论文集》，北京大学出版社2016年版。

叶军：《汉语语句韵律的语法功能》，华东师范大学出版社2001年版。

叶琼：《现代汉语认识判断语气的体系研究》，上海人民出版社2016年版。

俞理明：《语言迁移与二语习得——回顾、反思和研究》，上海外语教育出版社2004年版。

俞光中、植田均（日本）：《近代汉语语法研究》，学林出版社1999年版。

（清）袁仁林：《虚子说》，解惠全注，中华书局1989年版。

袁毓林：《现代汉语祈使句研究》，北京大学出版社1993年版。

翟燕：《清代北方话语气词研究》，山东大学出版社2013年版。

张斌：《现代汉语》，中央广播电视大学出版社1983年版。

张斌：《现代汉语虚词词典》，商务印书馆2001年版。

张斌：《新编现代汉语》，复旦大学出版社2002年版。

张斌、范开泰：《现代汉语虚词研究综述》，安徽教育出版社2002年版。

张敏：《认知语言学与汉语名词短语》，中国社会科学出版社1998年版。

张则顺：《现代汉语确信副词研究》，中国社会科学出版社2015年版。

张谊生：《现代汉语虚词》，华东师范大学出版社2000年版。

张谊生：《现代汉语副词探索》，学林出版社2000年版。

张谊生：《助词与相关格式》，安徽教育出版社2002年版。

章礼霞：《基于语用视角的汉语语句重音研究》，世界图书出版公司2014年版。

赵杨：《第二语言习得》，外语教学与研究出版社2015年版。

赵元任：《汉语口语语法》，吕叔湘译，商务印书馆1979年版。

周小兵：《对外汉语教学入门》，中山大学出版社2004年版。

钟智翔、曲永恩：《缅甸语语法》，世界图书出版公司2014年版。

朱德熙：《语法讲义》，商务印书馆1982年版。

左思民：《普通话基本语气词的主要特点》，程工、刘丹青主编：《汉语的形式与功能研究》，商务印书馆2009年版。

二 期刊、论文

边勤奋：《关于“了1”和“了2”》，《浙江师范大学学报》（社会科学版）1996年第3期。

曹剑芬：《汉语声调与语调的关系》，《中国语文》2002年第3期。

曹文、彭金美、李润、樊蔷蔷、张劲松：《普通话疑问程度的韵律表现》，中国语音学会语音学分会《第十届中国语音学学术会议（PCC2012）论文集》，上海同济大学，2012年。

陈妹金：《北京话疑问语气词的分布、功能及成因》，《中国语文》1995年第5期。

陈俊芳、郭雁文：《汉语疑问语气词的语用功能分析》，《中北大学学报》（社会科学版）2005年第6期。

陈平：《论汉语时间系统的三元结构》，《中国语文》1988年第6期。

陈振宁、王梦颖：《基于多维特征聚类和关联的语气研究——以北京话语气成分“啊”为例》，《语言研究集刊》2018年第二十集。

陈振宇：《“知道”“明白”类动词与疑问形式》，《汉语学习》2009年第4期。

陈前瑞：《句末“了”将来时间用法的发展》，《语言教学与研究》2005年第 1 期。

陈前瑞、胡亚：《词尾和句尾“了”的多功能模式》，《语言教学与研究》2016年第4期。

陈前瑞：《“了”的完成体与完整体功能的量化分析及其理论意义》，《世界汉语教学》2017年第3期。

储诚志：《语气词语气意义的分析问题——以“啊”为例》，《语言教学与研究》1994年第4期。

戴庆厦：《景颇语的结构助词“的”》，《语言教学与研究》1998年第4期。

戴庆厦：《汉语结合非汉语研究的一些理论问题》，《长江学术》2002年第1辑。

戴庆厦、闻静：《汉藏语“的”字结构》，《汉语学报》2011年第

4期。

戴庆厦:《汉语和非汉语结合研究是深化我国语言研究的必由之路》,《中国语文》2012年第5期。

戴庆厦:《论“分析性语言”研究眼光》,《云南师范大学学报》2017年第5期。

邓思颖:《汉语句类和语气的句法分析》,《汉语学报》2010年第1期。

杜建鑫、张卫国:《语气词“嘛”的用法及语用功能研究》,《湖北社会科学》2011年第5期。

段业辉:《语气副词的分布以及语用功能》,《汉语学习》1995年第4期。

方梅:《汉语对比焦点的句法表现手段》,《中国语文》1995年第4期。

龚萍:《疑问语气范畴标记“吗”的句法语用地位》,《外语与翻译》2016年第1期。

郭红:《时间助词“来着”与“的2”辨析》,《嘉兴学院学报》2017年第1期。

郭锐:《“吗”问句的确信度和回答方式》,《世界汉语教学》2000年第2期。

郭锐:《表述功能的转化和“的”字的作用》,《当代语言学》2000年第1期。

郭锐:《汉语词类划分的论证》,《中国语文》2001年第6期。

郭锐:《“吗”问句的确信度和回答方式》,《世界汉语教学》2002年第2期。

郭小武:《“了、呢、的”变韵说——兼论语气助词、叹词、象声词的强弱两套发音类型》,《中国语文》2000年第4期。

桂诗春、冯志伟、杨惠中、何安平、卫乃兴、李文中、梁茂成:《语料库语言学与中国外语教学》,《现代外语》2010年第4期。

何元建:《特指问句标记的类型学特征》,《外语教学与研究》2003年第5期。

黄国营:《句末语气词的层次地位》,《语言研究》1994年第1期。

贺阳：《试论汉语书面语的语气系统》，《中国人民大学学报》1992年第5期。

洪波：《从方言看普通话“了”的功能和意义》，《安庆师院社会科学学报》1995年第1期。

胡明扬：《语气助词的语气意义》，《汉语学习》1988年第6期。

胡明扬：《陈述语调和疑问语调的“吧”字句》，《语文建设》1993年第5期。

胡明扬：《单项对比分析法》，《中国语文》2000年第6期。

胡裕树、范晓：《试论语法研究的三个平面》，《新疆师范大学学报》1985年第2期。

胡清国：《句末语气词的语用功能》，《宁夏大学学报》（人文社会科学版）2008年第4期。

胡亚、陈前瑞：《“了”的完成体 与完整体功能的量化分析及其理论意义》，《世界汉语教学》2017年第3期。

胡壮麟：《英汉疑问语气系统的多层次和多元功能解释》，《外国语》1994年第1期。

孔令达：《关于动态助词“过1”和“过2”》，《中国语文》1986年第4期。

江蓝生：《疑问语气词“呢”的来源》，《语文研究》1986年第2期。

蒋绍愚：《动态助词“着”的形成过程》，《周口师范学院学报》2006年第1期。

劲松：《北京话的语气和语调》，《中国语文》1992年第2期。

金昌吉、张小萌：《现代汉语时体研究述评》，《汉语学习》1998年第4期。

金立鑫：《关于疑问句中的“呢”》，《语言教学与研究》1996年第4期。

金立鑫：《试论“了”的时体特征》，《语言教学与研究》1998年第1期。

金立鑫：《“S了”的时体意义及其句法条件》，中国对外汉语教学学会第七次学术讨论会论文，人民教育出版社2001年版。

金廷恩：《“体”成分的完句作用考察》，《汉语学习》1999年第2期。

李成团：《话语标记“嘛”的语用功能》，《现代外语》2008年第2期。

李大勤：《“WP呢?”问句疑问功能的成因试析》，《语言教学与研究》2002年第6期。

李芳：《泰语语气词nâ的分布差异以及功能一致性》，《民族语文》2018年第3期。

李讷、安珊笛、张伯江：《从话语角度论证语气词“的”》，《中国语文》1998年第2期。

李杰：《试论现代汉语状语的情感功能》，《甘肃高师学报》2005年第1期。

李晟宇：《假设、推测和征询“VP呢”》，《内蒙古师范大学学报（哲学社会科学版）》2004年第1期。

李晟宇：《疑问语气词的连用》，《语文学刊》2005年第 5 期。

李蕊、周小兵：《对外汉语教学助词“着”的选项与排序》，《世界汉语教学》2005年第1期。

李铁根：《“了1”“了2”区别方法的一点商榷》，《中国语文》1993年第3期。

李铁根：《“了”“着”“过”与汉语时制的表达》，《语言研究》2002年第3期。

李兴亚：《动态助词“了”自由隐现的条件》，《中国语文》1989年第3期。

李宇明：《语法研究中的“两个三角”和“三个平面”》，《世界汉语教学》1994年第4期。

李宇明：《主观量的成因》，《汉语学习》1997年第3期。

李宇明：《试论空间量》，《语言研究》1999年第2期。

李宇明：《“一V…数量”结构及其主观大量问题》，《汉语学习》1999年第4期。

李宇明：《数量词语与主观量》，《华中师范大学学报》1999年第6期。

李战子：《情态——从句子到语篇的推广》，《外语学刊》2000年第4期。

李战子：《从语气、情态到评价》，《外语研究》2005年第6期。

刘丹青：《汉语名词短语的句法类型特征》，《中国语文》2008年第1期。

刘丹青：《叹词的本质——代句词》，《世界汉语教学》2011年第2期。

刘丹青：《语言库藏类型学构想》，《当代语言学》2011年第1期。

刘丹青：《汉语的若干显赫范畴：语言库藏类型学视角》，《世界汉语教学》2012年第3期。

刘丹青：《论语言库藏的物尽其用原则》，《中国语文》2014年第5期。

刘翼斌、彭利：《论情态与体的同现互动限制》，《外国语》2010年第5期。

刘宁生：《叹词研究》，《南京师范大学学报》（社会科学版）1987年第3期。

刘兴兵：《Langacker的语言主观性理论仍需解决的问题》，《外语教学》2015年第6期。

刘瑾：《语言主观性的哲学考察》，《外语学刊》2009年第3期。

刘勋宁：《现代汉语句尾"了"的来源》，《方言》1985年第1期。

刘勋宁：《现代汉语词尾"了"的语法意义》，《中国语文》1989年第5期。

刘勋宁：《现代汉语的句子构造和句尾"了"的语法意义》，《语言教学与研究》1999年第3期。

刘勋宁：《现代汉语句尾"了"的语法意义及其解说》，《世界汉语教学》2002年第3期。

陆丙甫、郭中：《语言符号理据性面面观》，《外国语》2005年第6期。

陆丙甫、应学凤、张国华：《状态补语是汉语的显赫句法成分》，《中国语文》2015年第3期。

陆俭明：《关于现代汉语里的疑问语气词》，《中国语文》1984年第5期。

陆俭明：《从语法构式到修辞构式再到语法构式》，《当代修辞学》2016年第1期（总第193期）。

林茂灿：《汉语焦点重音和功能语气及其特征》，《汉字文化》2011年第6期。

林茂灿：《汉英语调的异同和对外汉语语调教学——避免“洋腔洋调”之我见》，《国际汉语教学研究》2015年第3期（总第7期）。

梁顺德：《结构助词“的”的使用规律》，《天津大学学报》1999年第1期。

康亮芳：《从现代汉语疑问句的构成情况看疑问句句末虚词“呢”》，《四川师范大学学报》（社会科学版）1998年第4期。

龙海平：《从焦点不确定性看“他是投的赞成票”句式》，《汉语学报》2011年第2期。

吕文华：《“了”与句子语气的完整及其它》，《语言教学与研究》1983年第3期。

吕叔湘：《助词说略》，《中国语文》1956年第6期。

吕叔湘：《疑问·否定·肯定》，《中国语文》1985年第4期。

吕叔湘：《叠用“是”和“不知道”》，《中国语文》1986年第4期。

木村英树：《“的”字句的句式语义及“的”字的功能扩展》，《中国语文》2003年第4期。

罗琼鹏：《匹配性与“都”对事件的量化》，《解放军外国语学院学报》2016年第4期。

马真：《说“也”》，《中国语文》1982年第4期。

倪宇：《现代汉语句末语气词及其语用功能研究》，《牡丹江教育学院学报》2013年第3期。

彭利贞、刘翼斌：《论情态与词尾“了”的同现限制》，《对外汉语研究》辑刊（总）2008年第13期。

彭小川、周芍：《也谈“了2”的语法意义》，《学术交流》2005年第1期。

彭利贞：《论一种对情态敏感的“了2”》，《中国语文》2009年第6期。

钱乃荣：《体助词“着”不表示“进行”意义》，《汉语学习》2000年第4期。

齐春红、卢文娟：《汉语结构助词“的”与泰语结构助词t’ iː^{41}的对比研究》，《云南民族大学学报》（哲学社会科学版）2010年第4期。

齐春红、黄意财：《现代汉语结构助词“的”和老挝语结构助词t hi^{33}的对比研究》，《云南民族大学学报》（哲学社会科学版）2011年第6期。

齐沪扬：《“呢”的意义分析和历时演变》，《上海师范大学学报》（哲学社会科学版）2002年第31卷第1期。

齐沪扬：《论现代汉语语气系统的建立》，《汉语学习》2002年第2期。

齐沪扬、朱敏：《现代汉语祈使句句末语气词选择性研究》，《上海师范大学学报》（哲学社会科学版）2005年第2期。

强星娜：《知情状态与直陈语气词“嘛”》，《世界汉语教学》2008年第2期。

屈承熹：《关联理论与汉语句末虚词的语篇功能》，《华东师范大学学报》（哲学社会科学版）2000年第3期。

屈承熹：《提顿词“嘛”与句末虚词“嘛”：语法分工与语用整合》，《修辞学习》2008年第5期。

冉永平：《言语交际中“吧”的语用功能及其语境顺应性特征》，《现代外语》2004年第4期（第27卷）。

邵敬敏：《语气词“呢”在疑问句中的作用》，《中国语文》1989年第3期。

邵敬敏：《论语气词“啊”在疑问句中的作用暨方法论的反思》，《语言科学》2012年第11卷第6期。

邵敬敏：《主观性的类型与主观化的途径》，《汉语学报》2017年第4期。

沈家煊：《“语法化”研究综观》，《外语教学与研究》1994年第4期。

沈家煊：《语用法的语法化》，《福建外语》1998年第2期。

沈家煊：《转指和转喻》，《当代语言学》1999年第1期。

沈家煊：《语言的“主观性”和“主观化”》，《外语教学与研究》2001年第4期。

沈家煊：《“移位”还是“移情”?——析“他是去年生的孩子”》，《中国语文》2008年第5期。

沈炯：《汉语语势重音的音理（简要报告）》，《语文研究》1994年第3期（总第52期）。

沈威：《论据性推断结构“X嘛”》，《汉语学报》2013年第2期。

宋玉柱：《关于时间助词“的”和“来着”》，《中国语文》1981年第4期。

宋玉柱：《动态存在句》，《汉语学习》1982年第6期。

孙大星：《现代汉语句末语气词“了”的研究》，《贵州工程应用技术学院学报》2018年第1期。

孙宏开：《论藏缅语语法结构类型的历史演变（续）》，《民族语文》1992年第6期。

孙宏开：《论藏缅语的语法形式》，《民族语文》1996年第2期。

孙宏开：《论藏缅语语法结构类型的历史演变》，《民族语文》1995年第5期。

孙汝建：《论“目的”、“用途”、“语气”的关系》，《南通师专学报》1998年第2期。

孙文访：《基于语言类型学的第二语言习得研究》，《语言教学与研究》2012年第2期。

石定栩：《理论语法与汉语教学——从“是”的句法功能谈起》，《世界汉语教学》2003年第2期。

石锋：《天津方言双字组声调分析》，《语音研究》1986年第1期。

石锋：《再论天津话声调及其变化》，《语言研究》1990年第2期。

石毓智：《论“的”的语法功能的同一性》，《世界汉语教学》2000年第1期。

施家炜：《外国留学生22类现代汉语句式的习得顺序研究》，《世界汉语教学》1998年第4期。

史金生：《传信语气词“的”“了”“呢”的共现顺序》，《汉语学习》2000年第5期。

史金生：《“又”“也”的辩驳语气用法及其语法化》，《世界汉语教学》2005年第4期。

唐正大：《了然于心·预料之中·出乎预料——句末“的”的语气词功能及其与“呢”之比较》，《东方语言学》2008年第3期。

完权：《事态句中的“的”》，《中国语文》2013年第1期。

完权：《信据力：“呢”的交互主观性》，《语言科学》2018年第1期。

王光和：《汉语感叹句形式特点浅析》，《贵州大学学报（社会科学版）》2002年第5期。

王娟、徐杰：《“吗”问句的句法生成》，《语言科学》2014年第5期。

王珏：《语气词“啊”的三分及其形式表现与功能》，《外国语》2005年第6期。

玉珏：《现代汉语语气词的界定标准》，《徐州师范大学学报》（哲学社会科学版）2012年第6期。

王珏：《再论“吗”的属性、功能及其与语调的关系》，《汉语学习》2016年第5期。

王珏：《语气词句末迭用式及其系统研究》，《当代修辞学》2017年第3期。

王珏、毕燕娟：《语气词句末迭用顺序研究》，《语言教学与研究》2018年第1期。

王珏：《语气词句末迭用顺序研究》，《语言教学与研究》2018年第1期。

王珏：《由语调/疑标和语气词的共现关系构建述题的语气结构》，《语言教学与研究》2020（a）年第2期。

王珏：《由功能模式出发研究语气词口气及其系统》，《中国语文》2020（b）年第5期。

王珏、黄梦迪：《“了 1”和“了 2”成句能力的制约因素》，《汉语学习》2020年第1期。

王珏：《由语气结构确定语气词的上位范畴》，《语言科学》2021年第3期。

王珏：《语气副词和语气词的三个区别和层次》，《汉语学习》2021年第5期。

王文芳：《现代汉语语气词“吧”研究综述》，《盐城师范学院学报》（人文社会科学版）2009年第29卷第2期。

王寅：《主客主多重互动理解》，《哲学动态》2009年第10期。

王韫佳：《轻声对非轻声音节调域的调节》，《世界汉语教学》1995年第2期。

汪大年：《缅甸语与汉藏语系比较研究》，《民族语文》2010年第4期。

文贞惠：《“N1（的）N2”偏正结构中N1与N2之间的语义关系鉴定》，《语文研究》1999年第3期。

吴福祥：《汉语体标记“了、着”为什么不能强制性使用》，《当代语言学》2005年第3期。

吴福祥：《关于语法演变的机制》，《古汉语研究》2013年第3期。

吴福祥：《汉语伴随介词语法化的类型学研究——兼论SVO型语言中伴随介词的两种演化模式》，《中国语文》2003年第1期。

吴福祥：《从“得”义动词到补语标记——东南亚语言的一种语法化区域》，《中国语文》2009年第3期。

吴建明、金立鑫：《语言类型学的“相关性”研究》，《外语教学与研究》2017年第5期。

吴继峰、王亚琼：《第二语言习得顺序研究工具——蕴含量表评介》，《云南师范大学学报（对外汉语教学与研究版）》2014年第1期。

肖治野、沈家煊：《“了2”的行、知、言三域》，《中国语文》2009年第6期。

小门典夫：《凉山彝语语气助词su^{33}的功能》，《西南民族学院学报》2000年第2期。

向明友、杨国萍：《语法化动因的语用规律阐释》，《外语与外语教学》2018年第6期。

熊子瑜、林茂灿：《“啊”的韵律特征及其话语交际功能》，《当代语言学》2004年第6卷第2期。

熊仲儒：《“呢”在疑问句中的意义》，《安徽师范大学学报》（人文社会科学版）1999年第1期。

熊仲儒：《“是……的”的构件分析》，《中国语文》2007年第4期。

徐晶凝：《汉语语气表达方式及语气系统的归纳》，《北京大学学报（哲学社会科学版）》2000年第3期。

徐杰：《疑问范畴与疑问句式》，《语言研究》1999年第2期。

薛蓓：《连词研究中连介区分问题的探讨》，《语文学刊》2013年第9期。

颜红菊：《副词“真”的主观性分析》，《语言研究》2010年第1期。

姚双云：《由“语义镜像法”看“而且”的并列用法》，《汉语学报》2017年第3期。

姚双云：《口语中的连词居尾与非完整复句》，《汉语学报》2018年第2期。

杨德峰：《连词带语气词情况及语气词的作用》，《华文教学与研究》2018年第1期。

杨素英、黄月圆：《汉语体标记习得过程中的标记不足现象》，《中文教师学会学报》2000年第3期。

杨秀明：《漳州方言的语气词“啦”及其流变》，《漳州师范学院学报》（哲学社会科学版）2002年第2期。

杨永龙：《句尾语气词“吗”的语法化过程》，《语言科学》2003年第1期。

杨永忠：《语气范畴标记的句法地位》，《现代外语》2011年第4期。

岳麻腊：《缅甸语研究综述》，《南开语言学刊》2008年第1期。

叶蓉：《关于非是非问句里的“呢”》，《中国语文》1994年第6期。

余成林：《汉藏语的话题标记——兼与汉语比较》，《中央民族大学学报》（哲学社会科学版）2011年第1期。

易查方：《语气词“嘛”表情功能分析》，《现代语文（语言研究版）》2007年第3期。

于秀金：《汉语（非）现实范畴的显赫性与扩张性——跨语言原型范畴化视角》，《外语教学与研究》2016年第5期。

于秀金：《跨语言（非）现实与时—体—情态的范畴关联及显赫性格局》，《外国语》2018年第3期。

于秀金、金立鑫：《认知类型学：跨语言差异与共性的认知解释》，《外语教学》2019年第4期。

袁毓林：《论否定句的焦点、预设和辖域歧义》，《中国语文》2000年第2期。

袁毓林：《从焦点理论看句尾“的”句法语义功能》，《中国语文》2003年第1期。

张伯江：《疑问句功能琐议》，《中国语文》1997年第2期。

张伯江：《认识观的语法表现》，《国外语言学》1997年第2期。

张海鹏：《现代汉语副词“还”的语义分析》，《赤峰学院学报》（哲学社会科学版）2015年第1期。

张小峰：《“呢”问句的话语功能及语气词“呢”的隐现》，《南京师大学报》（社会科学版）2017年第6期。

张亚军：《语气副词的功能及其词类归属》，《扬州大学学报》（人文社会科学版）2005年第5期。

张云秋：《现代汉语口气问题初探》，《汉语学习》2002年版第2期。

张谊生：《现代汉语副词“才”的共时比较》，《上海师范大学学报》（社会科学版）1999年第3期。

张培翠：《汉语完成体标记“了”对英语中介语中一般过去时标记的影响——语言迁移现象的普遍语法视角》2013年第4期。

赵金铭：《从类型学视野看汉语差比句偏误》，《世界汉语教学》2006年第4期。

赵春利、石定栩：《语气、情态与句子功能类型》，《外语教学与研究》2011年第4期。

赵立江：《留学生“了”的习得过程考察与分析》，《语言教学与研究》1997年第2期。

周士宏：《“吧”的意义、功能再议》，《语言教学与研究》2009年第2期。

周静、肖童：《从大数据看话题标记“就/从X来说”的差异性与趋同性》，《当代修辞学》2019年第1期。

周小兵：《“够+形容词”的句式》，《汉语学习》1995年第6期。

周小兵：《学习难度的测定和考察》，《世界汉语教学》2004年第1期。

周小兵：《越南人学习汉语语法点难度考察》，《云南师范大学学报（对外汉语教学与研究版）》2007年第5期。

朱德熙：《“的”字结构和判断句》，《中国语文》1978年第1、2期。

朱德熙：《与动词“给”相关的句法问题》，《方言》1979年第2期。

三　学位论文

晁代金：《巧合类语气副词研究》，硕士学位论文，广西师范大学，2015年。

陈晨：《留学生汉语体标记习得的实证研究》，博士学位论文，中央民族大学，2010年。

陈燕娜：《中级印度尼西亚学习者汉语语气副词习得研究》，硕士学位论文，北京语言大学，2008年。

陈前瑞：《汉语体貌系统研究》，博士学位论文，华中师范大学，2003年。

陈艳艳：《现代汉语“得”和泰语“ได้[dai⁴¹]”的用法及语法化对比》，硕士学位论文，广西民族大学，2009年。

金智妍：《现代汉语句末语气词意义研究》，博士学位论文，复旦大学，2011年。

李秉震：《汉语话题标记的语义、语用功能研究》，博士学位论文，南开大学，2010年。

李善熙：《汉语“主观量”的表达研究》，博士学位论文，中国社会科学院，2005年。

李晟宇：《“呢”字疑问句研究》，博士学位论文，华中师范大学，2004年。

沈笑寒：《泰国留学生汉语语气词习得研究》，硕士学位论文，云南师范大学，2015年。

唐露：《基于语料库的现代汉语常用语气词的连用》，硕士学位论文，华中师范大学，2014年。

王蓓：《汉语韵律知觉的研究》，博士学位论文，中国科学院心理研究所，2002年。

王娟：《疑问语气范畴与汉语疑问句的生成机制》，博士学位论文，华中师范大学，2011年。

王晓平：《现代汉语“看来”的句法分析》，硕士学位论文，上海师范大学，2002。

吴志云：《语气副词“确实”的多角度研究》，硕士学位论文，广西师范大学，2008年。

武氏明河：《汉越语气词对比研究》，博士学位论文，华东师范大学，2012年。

杨柳：《古汉语情绪范畴“啊”的系列演化》，硕士学位论文，华中师范大学，2016年。

叶含香：《汉语“正在”“正”“在”“着”和泰语“กำลัง”“อยู่”的对比分析》，硕士学位论文，广西民族大学，2013年。

张伟君：《汉语“着”与泰语“อยู่”的比较研究》，硕士学位论文，云南民族大学，2017年。

张小峰：《现代汉语语气词“吧”、“呢”、“啊”的话语功能研究》，博士学位论文，上海师范大学，2003年。

张馨文：《韩国高中生学习“了”偏误分析及教学策略》，硕士学位论文，沈阳师范大学，2018年。

四 外文文献

Arnold，Jennifer E. & Thomas Wasow. Heaviness vs. newness：the effects of structural complexity and discourse status on constituent ordering. *Language*，2000，（76）：28—55.

Biq，Y. -O. *The Semantics and Pragmatics of“Cai”and “Jiu”in Mandarin Chinese*，Ph. D. dissertation，Cornell University，1984.

Bhat，D. N. S.：Word classes and sentential functions. In Petra A. Vogel & Bernard Comrie（eds.）*Approaches to the Typology of Word Classes.* Berlin：Mouton de Gruyter，2000.

Bybee，Joan & Fleischman，Suzanne（ed.）：*Modality in Grammar and Discourse*，Amsterdam：J. Benjamins ，1995.

Bybee，Joan：Semantic aspects of morphological typology，In Joan Bybee，John Haiman，and SandravA. Thompson，eds. *Essays on Language Function and Language Type.* Amsterdam/Philadelphia：John Benjamins，1997.

Bùi Minh Toán：*Giáo trình nhữ pháp Tiếng Việt.* NXB Đại học sư phạm，2007.（裴明算：《越南语教程》，河内师范大学出版社2007年版。）

Bùi Minh Toán（chủ biên）& Nguyễn Thị Lương：Giáo trình ngữ pháp tiếng Việt. NXB Đại học sư phạm，H.，tháng 11 năm，2010.（裴明端、阮

氏梁：《越语语法教程》，河内师范大学出版社2010年版。）

Diệp Quang Ban：Ngữ pháp tiếng việt，NXB giáo dụ，2009.

Diệp Quang Ban&Hoàng Văn Thung：*Ngữ pháp tiếng Việt*，*tập 1*. NXB Giáo dục Việt Nam，H.，tháng 3 năm，trang，2012.

Đinh Văn Đức：*Ngữ pháp Tiếng Việt –từ loại*. NXB Đại học quốc gia Hà Nội，2001.（丁文德：《越南语法·词类》，河内国家大学出版社2001年版。）

Driven，R.，& Verspoor，M.：*Cognitive Exploration of Language and Linguistics.* Amsterdam/Philedelphia：John Benjamins Publishing Company，1998.

Dyvik，Helge：Translations as semantic mirrors：from parallel corpus to wordnet，in：Aijmer，Karin & Bengt Altenberg（eds）. Working with New Corpora. Papers from the 23rd International Conference on English Language Research on Computerized Corpora（ICAME 23）. Amsterdam/New York：Rodopi，2002：（23）：314—330.

Joseph H.，Greenberg：Universals of Language. Cambridge：MIT Press，1963.

Joseph H，Greenberg：Some Universals of Grammar with Particular Reference to the Order of Meaningful Elements. In Greenberg J H . *Universals of Language* Cambridge：MIT Press，1963/1966.

Halliday M. A. K.：*An introduction to Functional Grammar*，London：Edward Amold，P，1985：71—78。

Hirst，D.，Di Cristo A.：*Intonation systems*：*A survey of twenty languages.* Cambridge：Cambridge University press，1998.

Huang，Shuanfan：*Chinese Grammar at work.* Amsterdam：John Benjamins Publishing Company，2013.

Istvan Kecskes：*Situation-Bound Utterances in L1 and L2*. Berlin / NewYork：Mouton de Gruyter，2003.

Istvan Kecskes：Contextual Meaning and Word Meaning. *Journal of Foreign Languages*，2006（05）：18—32.

J. L. Austin：*How to Do Things with Words*，Guide by Gu Yueguo，

Foreign Language Teaching And Reserch press，2002.

Kamchai Thonglor：*Thai Grammar*，Bamrungsarn Press，1990.

Li. Charles N. and Sandra A. Thompson：*Mandarin Chinese：A Functional Reference Grammar*. University of California Press，1981.

Langacker，R. W.：Observations and speculations on subjectivity. In J. Haimen（ed.）. *Iconicity in Syntax*. Amsterdam：John Benjamins，1985：109—150.

Liu，F. & Xu，Y.：Parallel encoding of Focus and Interrogative Meaning in Mandarin Intonation. *Phonetica*，2005（62）.

Lyons，J.：*Semantics*（V. 2），London：Cambridge University Press，1977.

Lyons，J.：*Linguistics Semantics*，*an Introduction*，London：Cambridge University Press，1995.

Morris，Charles W.：Foundations of the Theory of Signs，in O. Neurath，R. Carnap & C. W. Morris，eds.，*Encyclopedia of United Science*. Chicago：Chicago University Press，1938.

Martin，J. R.：Beyond exchange：Appraisal systems in English. In S. Hunston& G. Thompson（eds.）. *Evaluation in Text：Authorial Stance and the Construction of Discourse*. Oxford：Oxford University Press，2000：142—175.

Martin，J. R. & D. Rose：*Working with Discourse：Meaning beyond the Clause*. London：Continuum，2003.

Martin，J. R. & P. R. R. *White：The Language of Evaluation：Appraisal in English*. London&NewYork：Palgrave Macmillan，2005.

NguyễnKimThản：*Nghiêncứungữ pháp tiếng việt*，NXB Giáo dục Hà Nội，1997.

Nguyễn Quế Anh：*Hư từ trong Tiếng Việt hiện đại* . NXB Khoa học xã hôi-Hà Nội，1988.

Palmer F. R.：*Mood and Modality*（1st edition），London：Cambridge University Press，1986.

Palmer F. R.：*Mood and Modality*，Beijing：World Publishing

Corporation，2007.

Qi，Chunhong：*Probe into the Typological Features of Chinese Modal Particle "Ni"*，in the conference proceedings "Advances in Education Research"，Information Engineering Research Institute，2016：522—525.

Ratri Dhanvârjor：*The Nature of Thai Function Words*，Master dissertation，Chulalongkorn University，1973.

Teng，S. H.：*Remarks on Cleft Sentences* in Chinese，JCL7，1978：101—113.

Teng，S. H.：Acquisition of LE in L2 Chinese. *Chinese Teaching In The World*，1999（1）：56—64.

Traugott，E. & R. B. Dasher：*Regularity in Semantic Change*. Cambridge：Cambridge University Press，2002.

Trần Trọng Kim：*Văn phạm Việt Nam*. XB Lê Thăng，1940.

Trudgill，Peter：*Sociolinguistic typology：social determinants of linguistic complexity* . New York：Oxford University Press，2011.

Verhagen，A.：*Constructionsof Intersubjectivity：Discourse，Syntax andCognition*. Oxford：Oxford University Press，2005.

Verspoor，M. & Dirven，R. & Radden，G. Putting Concepts Together：Syntax. *Cognitive Exploration of Language and Linguistics*. Dirven，R. & Verspoor，M.（eds）Amsterdam/Philadelphia：John Benjamins Publishing Company，1998.

Von Wright，G. H.：*An essay in modal logic*. Amsterdam：North-Holland，1951.

Xu，Yi：*Effects of tone and focus on the formation and alignment of* F_0 *contours*. Journal of Phonetics，1999：（27）：55—105.

Xu，Jie and Teon Boon Seong：Focus-marking in Chinese and Malay. *International Symposium on Topic and Focus in Chinese.* HongKong Polytechnic Univesrity. 2000（06）：21—22.

Xu，Y. & Xu，C. X.：Phonetic Realization of Focus in English Declarative Intonation. *Journal of Phonetics*，2005（33）.（缅甸联邦教育部缅甸语言编辑委员会：《缅甸语语法》，仰光大学出版社2013年版。）

后　记

今天美丽的昆明迎来了一场春后初雪，洁白无瑕的雪花覆盖住了草坪和树梢，空气显得异常清新，我也怀着激动的心情结束了这本书的写作，希望我的研究能像这场雪一样给现代汉语语气词的研究带来一道别样的风景。

我的博士学位论文研究的是现代汉语语气副词，该研究激发了我对现代汉语语气词的功能特征进行深究的极大兴趣。本书历时近六年，尝试用实验语音学、跨语言对比等新方法对典型的现代汉语语气词的功能特征进行深究。

本书研究所运用的实验语音学方法得益于2015年参加石锋教授在北京语言大学组织的实验语音学研究培训。本书的越南语和汉语对比部分由我的越南学生杜氏缘（Do Thi Duyen）协助完成；泰语部分由我的泰国学生侯桂珠（Supaporn Thirasopee Khodiev）、慈素心（Miss Kanchana Phewkham）协助完成，泰语的国际音标先由云南师范大学华文学院亚非语言文学专业2019级研究生森晖校订，后由云南民族大学杨光远教授修订；缅甸语的对比部分由我的缅甸学生杜曼诗完成，后由云南民族大学2017级亚非语言文学专业缅甸语语言学方向研究生李夏校订，我在这里对他们表示最诚挚的谢意！

这本书的一些研究内容，我曾在多个语言学学术研讨会上报告过，跟与会的专家学者进行了交流，得到了他们的认可与指正，尤其是得到了美国南卡罗来纳大学刘江教授的宝贵学术指导，这里向他们表示最诚挚的谢意！

本书的研究是基于多语语料库和汉语中介语语料库、用实证的方法研究现代汉语语气词功能类型特征的一种尝试，不当之处恭请学界各位专家学者指正！

齐春红

2022年2月22日写于昆明